세계의 섭리 역사

세계의 섭리 역사

세계의 섭리적 원리·작용·역사에 대하여

염기식 지음

한국학술정보㈜

섭리는 세계 위에 나타난 하나님의 창조 목적과 주재 의지를 대변한다. 그중에서도 '세계의 섭리 역사'는 이 같은 목적과 의지를 일관시키기 때문에, 이를 근거로 천고로부터 살아 계신 하나님의 존재성을 증거하고, 성령으로서 역사하신 발자취를 추적할 수 있다. 만물, 만사, 만 인류, 만 영혼을 명실상부하게 하나님의 품안에 두리라.

세계사의 섭리 밝힘 목적

섭리는 하나님과 연관되며 섭리를 벗어난 인류 역사는 어디에도 없다. "대저 神은 인간이 사유할 수 있는 최대 최고로서 창조와 섭리와 심판을 주관하는 속성을 가졌다."[1] 하나님은 "이 세계를 통치할 뿐 아니라 섭리를 주관하며 모든 것을 자신에게로 목적 지운다."[2][3] 신조적인 고찰로서, "우리는 지혜롭고 영원하시고 전능하신 하나님께서 그의 섭리로 하늘과 땅의 모든 만물들을 섭리하고 주관하신다고 믿는다."[4] "하나님은 인생과 우주를 창조하고 절대적으로 섭리하신다(전변설)."[5] "하나님은 곧 섭리의 하나님이시요, 역사는 그 나가는 바퀴를 섭리의 축으로 꿰었다."[6] 그래서 벌코프는 "창조주가 그의 모든 피조물을 보존하시고, 세계에서 일어나는 모든 일 가운데 활동

---

1) 「신 존재 증명에 관한 고찰」, 김교동 저, 논문, p.249.

2) 『신학대전』 I, p.44, a.4 참조 - 『중세철학의 정신(존재와 영원)』, 장욱 저, 동과서, 2002, p.293.

3) 아리스토텔레스는 하나님이 인간사를 주관한다는 것을 믿지 않는다고 했지만, 하나님은 창조자이실 뿐 아니라 섭리자이시다. - 「루터의 신론」, 이양호 저, 신학논단, p.246.

4) 제2헬베틱 신앙고백 6장 '하나님의 섭리 중에서' - 『신론(하나님의 계획과 섭리)』, 김규승 저, 신한흥, 2001, p.142.

5) 『원통불법의 요체』, 청화선사 법어집(2), 성륜각, 2003, p.113.

6) 『뜻으로 본 한국역사』, 함석헌 저, 일우사, 1962, p.57.

하시며, 만물을 그들이 지정된 목적으로 인도하시는 神적 능력의 지속적인 행사"를 섭리라고 했다.7) 세계 안에서 분명한 작용력과 행적이 있었기 때문에 칼뱅은 이 세상에는 운명이나 우연과 같은 것은 존재하지 않으며, 하나님의 은밀한 계획에 따라 만사가 지배되는 것으로 생각했다.8) 헤겔도 "섭리가 이 세계를 지배하며, 이 섭리의 계획을 인식하는 것은 가능하다"9)고 말했다.

요약하면 하나님은 창조주로서 세속적인 법과 권력 행사가 아닌 섭리로 세계를 어떤 형태로든 통치하고 유지하려 하셨다는 것이다.10)11) 하나님은 창조, 통치, 구속, 심판, 구원이란 절대 주재 권능을 행사하셨는데 우리는 왜 이것을 감지하지 못했는가? "야훼의 섭리는 만물 위에 있다."12) 그런데도 여건이 여의치 않았던 것은 섭리성을 원리적으로 통찰할 만한 지혜 관점을 확보하지 못해서이다. 하나님이 초월자라면 초월성에 대한 진리적 논조가 있어야 하고, 창조주라면 세상을 통해 증거되어야 한다. 천지 역사를 주재하신 만큼 마땅히 합당한 증거가 따라야 한다. 하나님이 천지를 창조하셨다면 세상에 널려 있는 것이 증거물이고, 역사를 주재하셨다면 발자취가 모두 섭리를 추적할 수 있는 판단 대상이다. 하나님이 이 과제를 해결하지 못할 것 같은가? 과거에는 모든 것을 전제만 하였고 진리로서 해결한 것이 아무것도 없었다.

---

7) 『조직신학(상)』, 루이스 벌코프 저, 권수경·이상원 공역, 크리스천다이제스트, 2000, p.373.
8) 「칼뱅의 섭리론」, 이양호 저, 연세대학교연합신학대학원, 현대와 신학, 권 22, p.1.
9) 「헤겔의 역사철학에 관한 연구」, 이계룡 저, 서강대학교대학원 정치외교학과 석사학위논문, 2004, p.14.
10) "성경은 神의 통치를 강하게 증거하고 있고, 그것은 섭리라는 교리를 통해 기독교 신학에 자리 잡았다." - 「요한 칼뱅의 섭리론」, 박상재 저, 한신대학교신학대학원 조직신학전공 석사학위논문, 1999, p.30.
11) 하나님은 천지를 창조하시고 섭리를 통해 만물과 역사를 통치하심.
12) 욥 38~39장 - 『신론(하나님의 계획과 섭리)』, 앞의 책, p.320.

그래서 이 연구가 만세로부터 작용된 섭리의 원리성을 추출하여 하나님이 주재하신 뜻을 판단할 수 있도록 안목을 제공하고자 한다. 해결할 과제가 산적해 있기는 하지만, 섭리는 하나님이 창조주이신 것을 확인할 수 있는 핵심 주제이므로 섭리만 밝힐 수 있다면 다른 문제는 부차적이다. 섭리를 알면 유구한 역사를 일시에 장악할 수 있다. 여기에 이 연구가 나서지 않을 수 없는 세계사에 대한 섭리 밝힘 목적이 있다.[13]

'근세 세계에 와서 중심적인 관심의 대상으로서 떠오른 것은 자연이나 神이 아니라 역사였고, 역사의 본질과 목적을 파헤침으로써 인간의 운명과 위치를 구명'하고자 했는데,[14] 이런 추세는 섭리를 밝히고자 한 노력과 무관하지 않다. 역사는 하나님의 주관 의지와 존재 본질과 직결되어 있어 역사를 탐구하면 결국 드러날 것은 하나님뿐이다. '유신론적인 역사주의에서는 神이 역사 가운데서 자신을 계시하며, 따라서 神의 목적이 곧 역사의 의미'라고 했는데,[15] 이런 주장도 섭리를 통하면 확인된다. "하나님을 찾는 옳은 방법은 그 하신 일에서 찾아야 하며, 하신 일을 통해 우리에게 자신을 전달하신다."[16] 이를 위해 쉼 없이 이루고 전달하셨는데 왜 자신이 창조한 세계 안에서 존재가 감추어져 있었는가? 감추어진 것이 아니라 부지런히 드러내셨지만 우리가 분별하지 못한 것뿐이다. 왜 이전에는 분별할 수 없었는데 지금은 알게 되었는가? 이전에는 섭리가 완수되지 못했지만

---

13) 이 연구는 하나님이 인간과 자연과 인류의 문명 역사를 주재, 주관하신 것을 증거할 수 있어야 한다. 그리해야 하나님이 이 땅에 강림하신 것과 창조주이신 것이 증거된다(천지의 주재 역사).

14) 『역사주의와 역사철학』, 이한구 저, 문학과 지성사, 1990. p.4.

15) 위의 책. p.192.

16) 『신론(하나님의 계획과 섭리)』, 앞의 책. p.23.

오늘날은 하나님이 강림하심으로써 밝혀지게 되었기 때문이다.

섭리된 역사는 우리가 겪어도 알 수 없고 보아도 볼 수 없는 영역으로서, 하나님이 풀어야 한 차원적인 문제였다. 하나님이 성령으로 역사하셔야 주관하신 섭리가 증거되고 이루고자 한 창조 목적이 드러난다.[17] 어떻게 하나님은 이 우주와 시공간과 역사를 온전하게 장악, 총괄, 초월, 주재하실 수 있는가?[18] 이것은 전제가 아니며, 이 연구를 통해 입증 절차에 돌입했다.[19] 세속 역사를 통해서는 아무것도 발견할 수 없지만 섭리를 통하면 일체를 분별할 수 있다. 섭리를 알면 역사가 새롭게 다가오고 온 인류가 놀라운 구원의 역사를 체험하리라.

삶은 소중한 것이지만 진리를 구하는 것은 생사 이전의 본질적인 문제이다. 그래서 삶을 투신하여 얻은 세계의 섭리 원리와 역사를 펼치게 된 것이니, 이 씨앗 메시지가 새로운 진리상을 열망하는 분들의 가슴 위에 뿌려져 우주적인 혼으로 만개될 수 있길 기대하면서……

경남 진주에서

염기식 씀

---

17) 섭리는 강림하신 하나님이 성령의 역사로서 밝힐 수 있는 고유한 창조 주권임.

18) "성령의 사역은 만물을 완전케 하며, 생명을 공급하여 주며, 항상 편재하면서 성화 작업을 주도한다." - 「구속사적 관점에서 본 성령의 내주 연구」, 마종삼 저, 총신대학교대학원 신학과 조직신학전공 석사학위 논문, 2003, p.15.

19) 인류 역사는 보혜사 하나님이 강림하셨기 때문에 세계의 종말을 선언할 수 있었고, 하나님의 강림 본체를 증거할 수 있었으며, 성령의 시대를 개막했다. 강림하지 못했다면 맞이할 수 없는, 하나님이 진리의 성령으로서 이룬 본격적인 사역임.

제2편 세계의 섭리 원리 / 51

제4편 결론 / 263

제1편

섭리사관 개관

기독교가 세계화, 보편화되어 그야말로 만 인류를 구원하는 종교가 되기 위해서는 복음에 더하여 하나님의 창조 섭리를 보편화, 세계화해야 한다. 섭리에는 하나님의 주재 권능과 창조 목적과 역사하신 발자취가 빠짐없이 스며 있다. 섭리로서는 만 역사에 미치지 않은 것이 없다. 유교, 불교, 이슬람…… 세계의 어디서도 작용했기 때문에 섭리를 밝히는 것이 이방인들까지 구원하는 길이다. 복음은 그 씨를 낱낱이 뿌려야 하고, 뿌렸어도 싹이 나고 나지 않는 곳이 있었지만, 섭리는 모든 곳에서 이미 역사되었다. 섭리로서 만상, 만물, 만 영혼, 만 역사를 포섭해야 한다.

제1장

섭리 역사의 완수 본질

1. 세계관적 문제

태초의 창조와 함께 하나님이 천지 역사를 주관하셨다고 하지만 정말 하나님이 유사 이래 역사의 전면에 나섰던 적은 한 번도 없었다. 하나님의 모습이 드러나지 않다 보니 역사의 지배 원동력도 각종 이념화의 길을 걷게 되었다. 헤겔이 말하길, "세계를 지배하는 것은 이성이고 이성이 역사 속에서 역사적 매개를 통하여 자기를 실현할 때, 그것이 정신으로 규정"된다고 했고,[20] 사마천은 『사기』에서, 역사의 전면에 인간을 내세워 인간의 모습을 통해 세계의 모습을 그려 내려고 하였다. 역사의 중심에 서서 "세계를 움직이게 하는 것은 인간 이외에는 없다"고 했다.[21] 정말 그러한가? 기독교에서는 "하나님은 만물의 창조자이며, 궁극적으로 만물을 지배하는 존재자다"[22]라고 주

---

20) 「헤겔 역사철학에 있어서 자유실현의 도정」, 한미순 저, 전남대학교대학원 철학과 석사학위논문, 1988, p.15.

21) 『사마천과 함께하는 역사여행』, 다케다 다이준 저, 이시헌 역, 하나미디어, 1993, p.65.

22) 『인간의 본질에 관한 7가지 이론』, 레즐리 스티븐슨 저, 임철규 역, 종로서적, 1995, p.64.

장했다. 그렇다면 천지를 창조하고 만물을 지배한 세상적 근거는? 아무리 찾아보아도 없으니까 우주에 관한 기독교 측의 주장은 회의적인 반론에 부딪혔다.23) 물론 기독교 내에서도 의문을 풀기 위해 "교리를 학리적으로 철학적 체계에 의해 논증하려고 했던 노력이 없었던 것은 아니다(스콜라 철학 운동-Scholasticism)."24) 그런데도 성과가 없으니까 르네상스 이후 18세기 초두부터는 神 절대적인 지배 개념에서 탈피하여 나름대로 역사의 지배 관념을 창출하려고 한 경향이 두드러졌다. 즉, "우연적인 사건으로 간주하든가, 신앙상의 것이어서 인간으로서 알 수 없는 神 또는 業으로 간주하고 있었던 역사의 근저에 근원적인 법칙과 이성이라고 하는 사상을 부여하려고 시도하였다(비코)."25)26) 神의 지배 전면에 법칙을 내세워 세계 역사의 목적성과 통일성을 부여하려고 했다.

"역사 철학에 있어서 헤겔(1770~1831)이 이룬 가장 중요한 업적은 역사를 일정한 법칙성에 의한 발전의 과정으로 포착한 데 있다."27) 그리고 그렇게 판단한 인간에 의해 神은 할 수 없이 만물의 지배 관점 자리로부터도 물러나게 되었으며, 마르크스는 "역사의 이면에는 보편적인 법칙이 있으며, 앞으로 역사의 큰 발전은 이 법칙을 앎으로써 예언할 수 있다"28)고 단언하였다. "역사는 변화라는 것을 무시하

---

23) 神이 존재한다는 주장과 神이 천지를 창조하셨다는 주장과 神이 만물을 지배한다는 주장 등등. "하나님에 관한 기독교 교리 중 또 하나의 핵심된 부분은 하나님이 세상을 창조하셨다는 것이다(창 1:1, 욥 38:4)." - 위의 책, p.56.

24) "중세 기독교 교리를 주축으로 하고 희랍의 철학을 기독교 교리에 예속시켜 신앙과 이론이 합치될 수 있도록 입증하고자 한 합리화의 소산." - 『교육의 역사 및 철학적 기초』, 조영일 저, 형설출판사, 1993, p.77.

25) 「헤겔 역사철학에 있어서 자유실현의 도정」, 앞의 논문, p.8.

26) 비코(Vico, 1688~1744): 이탈리아의 철학자·법학자·역사철학 및 민족심리학을 개척하였음.

27) 위의 논문, p.3.

고서는 존재할 수 없다. 자연, 인간 할 것 없이 모든 것은 항상 갱신하고 발전하며 또 붕괴한다."[29] 지금까지 역사는 변하였고 또 변화할 것을 전제로 하고 있는데, 신앙인은 불변한 神의 존재에 의한 절대 지배만을 고집하고 있으므로, "역사의 변화는 낡은 질적 상태에서 새로운 질적 상태로, 그리고 단순한 것에서 복잡한 것으로 옮아간다"[30]고 본 것은 참으로 현실적인 개안 접근이다.

하지만 인류가 역사의 지배 관념을 법칙을 통해 대처함으로써 얻은 것은 무엇인가? 만상이 이루고자 한 이상적인 목적을 찾았는가?[31] 어디로부터 와서 어디로 가고 있는지 진행 방향을 추적하였는가? "어느 곳에서도 神은 존재하지 않고, 우주는 자체만으로 존재하며, 모든 것은 물질의 과학적 법칙에 의해 결정된 것이기 때문에 우주의 본질은 근본적으로 물질적"[32]이라고 본 유물론적인 판단 부류뿐, 창조 역사를 끝내 증거하지 못하였고, 세계 가운데서 이루어진 섭리 역사는 아예 실종되어 버렸다. 반드시 해결하지 않으면 안 되는 정신적 고뇌인데도 각자가 자기주장만 펼쳤다.

이 연구는[33] 세계의 진리와 인류의 장래에 대해 염려하고 있는 분들에게 묻고 싶다. 정말 하나님은 천지를 창조하셨는가? 세계 역사를 주관하셨는가? 뭇 영혼을 고무한 살아 계신 분인가? 부정적이라고 생

---

28) 『인간의 본질에 관한 7가지 이론』, 앞의 책, p.76.

29) 『교육사 교육철학 연구』, 손인수 저, 문음사, 1992, p.11.

30) 위의 책, p.12.

31) "종교철학은 역사와 우주의 목적성을 강조한다." -『교육철학』, George R. Knigkt 저, 김병길 역, 교육과학사, 1993, p.27.

32) 『인간의 본질에 관한 7가지 이론』, 앞의 책, p.8.

33) 이 연구는 『세계섭리론』의 총 6편 중 제3편 「세계의 섭리 본질」과 제5편 「보혜사 하나님의 지상 강림 섭리」 장을 근거로 해서 단행본화함.

각한다면 더 이상 다음 장을 넘길 필요가 없지만, 일루의 근거라도 찾고자 하는 분이 있다면 이곳에 인류가 안고 있는 세계관적 문제가 함축되어 있다는 사실을 알 수 있다.

"천지 세계는 하나인데 왜 종교는 여러 개인가? 그것도 제각각 유일무이하다고 내세워 무엇 하나 양보하지 않는가?"[34] 애초부터 하나인 진리를 전제했던 것이라면 절대 진리를 주장한 종교들은 먼저 그 하나인 근본 바탕부터 밝혀야 했다. 주장된 진리를 보면 세계에 가로놓인 핵심 문제와 동떨어져 있다. 천지가 창조되었다면 창조는 가장 근원된 작용 바탕으로 만사, 만 진리가 창조로 인해 생겼으며, 인함으로부터 하나님의 존재성과 주재하신 섭리가 연관된다는 것인데, 세상진리가 창조와 동떨어져 있다는 것은 문제이다.

하지만 "성경은 고작 6천 년의 창조만 기록하고 있는데 누가 기독교의 창조설을 믿겠는가?"[35] 하나님의 계시는 인간으로서는 헤아릴 수 없는 차원적인 비밀이 숨겨져 있다. 이 비밀고는 삼라만상이 직접 품고 있다. 그런데도 보아야 할 것을 보지 못해 우리의 눈에 콩깍지가 끼었다. 알라와 여호와가 피차 배격된 인류 역사, "모든 인류는 기독교 신자가 되어야 하고 여타 종교는 없어져야 하며 기독교 하나로 전 세계가 통일되어야 한다"[36]고 믿고 있는 神의 창조설에 근거한 전도 목적, 예정설보다는 인과론이 더 인본적이라고 여긴 無二 관점, 하나님과 부처님이 함께할 수 없는 진리적 현실……. 이 같은 외골수적 세계관이 인류를 돌이킬 수 없는 종말 국면으로 치닫게 하고 말았다.

---

34) "양보하는 것은 곧 자기 종교의 패망을 의미한다고 보기 때문에 절대로 양보라는 것은 있을 수 없다." - 『기독교는 과연 진리인가』, 임학산 저, 지성기획, 1987, p.300.

35) 위의 책, p.22.

36) 위의 책, p.60.

따라서 이 연구가 서술하고자 하는 저술 핵심은 지금까지 야기된 세계관적인 문제를 바탕으로 하나님이 천지를 창조하고 세계 역사를 주관하고 오늘날에도 살아 계셔서 펼친 성령의 역사를 섭리로서 증거하는 작업이다. 여태껏 좁혀지지 않은 세계와 하나님과의 거리 차를 섭리를 밝혀 메우리라. 무신론자의 기수가 된 포이어바흐는 "근대의 과제는 신학을 인간학으로 바꾸는 일"[37]이라고 주장했는데, 이제는 정말 하나님의 지상 강림 역사에 대하여 관심을 쏟아야 한다. 문제는 여전히 강림 전이나 이후나 神을 이해할 수 없는 어려움이 있으므로, 이 연구가 밝힌 메시지에 귀를 기울여야 한다. 믿음은 오히려 단순한 면이 있는데, 성령의 역사를 증거하기 위해 섭리를 풀어 놓으니까 더 이해하기 어렵다.[38] 하지만 이전에는 이해하고 싶어도 이해할 수 없는 차원적인 장벽이 있었지만, 先天 섭리가 완수된 지금은 노력하는 자 누구라도 판단할 수 있고 이치로서 가늠할 수 있다. 선지자들이 신의(神意)를 깨닫기 위해 겪었던 고뇌만큼은 들 수 있으리라.

2. 섭리의 완수 시기 판단

섭리사관이란 섭리란 무엇인가란 문제에 대해 난무한 일체 의혹을 물리치고 하나님에 의해 세계 역사가 지배된다고 보는 관점이다. 재수나 운처럼 뚜렷한 원인 작용과 근거를 분별할 수는 없지만, "모든 일은 그냥 발생되는 것이 아니라 하나님의 섭리에 의해 이루어진다."[39]

---

37) 「역사이해에 관한 기론적 고찰」, 김도종 저, 원광대학교대학원 불교학과 철학박사학위논문, 1987, p.72.
38) 섭리는 만인이 공유한 체험이 아니고 길이란 역사 본을 통해 추출된 원리 관점이기 때문에 만인이 접근하는 데 있어 큰 어려움이 예상됨.
39) 『신론(하나님의 계획과 섭리)』, 김규승 저, 신한흥, 2001, p.337.

곧 "세상과 우리들의 삶이 우연이나 운명이 아니라 하나님에 의해 지배된다"[40]고 믿는 것이다. 그렇지만 그렇게 섭리되었다고 해서 '하나님의 섭리를 숙명론 내지 결정론'[41])으로 오인해서는 안 된다. 섭리 작용을 몰랐기에 숙명으로 여긴 것이지, 알면 자주적으로 개척할 수 있다. 섭리도 결정적인 성향은 내포하고 있지만, 역사가의 주장처럼 법칙적으로 드러나는 것은 아니기 때문이다. "역사가 거부할 수 없는 어떤 필연적인 법칙에 따라 전개되어 간다고 보기도 하고(역사주의), 혹은 인간 스스로가 역사의 능동적인 창조자"라고 본 논란이 있기는 하지만,[42]) 섭리는 그런 법칙 이상이다.

"역사를 지배하는 법칙에 관한 이론은 역사의 법칙을 어떻게 규정하느냐에 따라 크게 진보이론, 몰락이론, 순환이론 등으로 나누며",[43]) 이들은 역사를 지배한 섭리의 대작용력을 미처 알지 못한 상태에서 재단한 관점이다. 사실상 역사를 이끈 것은 섭리인데, 섭리는 배제시키고 역사만으로 법칙성을 세워 역사가 시사하는 것과 초점이 어긋나 버렸다. 역사의 법칙에 대해 일갈한 헤겔, 콩트, 마르크스의 단계별 발전 법칙을 살펴보면 나름대로 가닥 잡은 입장을 밝힌 것일 뿐 일관성이 없다. 펼쳐 놓은 역사만으로는 역사의 진행 본질을 알 수 없다. "그리스 철학에서는 이 세계를 합리적이고 합목적적이며 이상적인 하나의 질서로 보았기 때문에"[44]) 섭리도 질서 구축에 관여되었

---

40) 위의 책, p.335.

41) 「하나님의 섭리에 관한 신학적 이해」, 정애숙 저, 서강대학교대학원 종교학과 신학전공 문학석사학위논문, 1989, p.4.

42) 『역사주의와 역사철학』, 이한모 저, 문학과 지성사, 1990, p.107.

43) 위의 책, p.106.

44) 「하나님의 섭리에 관한 신학적 이해」, 앞의 논문, p.27.

다고 여기는데, 섭리는 드러난 질서가 아니고 내재된 성향이 더 짙다. 합목적적이라면 작용된 근거를 판단할 수 있어야 하는데, 온당하게 주관되었어도 사실은 보이지 않는 손과도 같은 묘령의 지배력이었다. 결코 무작위, 무목적, 무질서한 작용이 아니지만, 섭리는 인식상 좀체 포착하기 어려운 무위적 작용력인 것처럼 보였다. 무형의 하나님이 그것도 역사의 이면에서 법칙이 아닌 의지로서 주관하시다 보니 현상적인 질서로서 감지할 수 없었던 까닭이다.

그래서 섭리는 '창조주의 끊임없는 활동으로 정의(기독교 신학)'45) 하였지만 그 활동상이 청사에 기록될 수 없었고, 분열한 본질 속에 깊숙이 잠재되었다. 그러니까 드러나 버린 역사는 많은 부분들이 망실되고 말았지만 함축된 창조 역사는 길이길이 보존되어 재생의 때를 기다릴 수 있었다.46) 섭리란 무엇인가란 문제에 대해 정의는 내려졌어도 실체를 볼 수 없었던 이유가 여기에 있다. "섭리는 하나님의 피조물인 인간을 계속적으로 보살피는 창조주 성부로서의 후견(욥 10:12)"47)이라고 말한 것처럼 역사의 전면에 드러날 수 없었다.48) 그 후견을 좀 더 구체적으로 서술한다면, "처음 창조의 순간부터 미래를 거쳐 영원까지 모든 창조물을 하나님께서 후원하시고 보살피고 감독하는 것이다."49) 이런 이유 때문에 유한한 인간으로서는 하나님의 섭

---

45) 『새성경 사전』, p.830.

46) "神적 섭리의 본질적 요소로서 하나님은 창조 세계와 그 안에 있는 모든 것을 보존하신다." - 『하나님의 섭리』, 폴 헬름 저, 이승구 역, 한국기독교학생회출판부, 2004, p.18.

47) 위의 논문, p.3.

48) 칼뱅은 섭리를 주권적인 하나님께서 자신의 은밀하신 목적에 따라 만물을 능동적으로 통치하시는 것으로, 그리고 '보에시우스(480~524/525)는 섭리란 만물 뒤에 있으며 만물을 지배하는 神적 이성(위의 논문, p.29)'으로 정의한다.

49) 위의 논문, p.5.

리를 파악하기 어려웠다. 하지만 천지가 창조된 이상 하나님은 그렇게 창조된 세계가 지속되도록 활동하셔야 하므로, 섭리 활동은 숙명도 법칙도 아닌 존재한 의지로서 관여되었다. 섭리는 '미리 앞서 본다, 예견한다, 미리 계획한다'[50]는 뜻도 있지만, 이런 의미를 포함해서 세계를 지키고 유지하고 후원, 감독하기 위한 의지로서도 팽배되었다.

섭리가 존재적·본질적·의지적으로 작용한 것인데도 판단하기가 어려워 일관된 섭리 치적을 부각시킬 수 없었지만 인류 역사가 하나님의 뜻으로 일관된 살아 있는 의지 작용의 적나라한 표현이란 관점에 입각하면 역사가들이 내린 역사에 대한 정의 의미가 다시 살아날 수 있다. 역사란 무엇인가에 대해 카아가 내렸던 요지, "역사란 역사가와 사실 사이의 상호작용의 부단한 과정이며, 현재와 과거 사이의 끊임없는 대화"라고 본 것은[51] 현재 우리가 어떤 결론에 도달하는가에 따라서 과거의 역사가 규정된다는 뜻이다. 한편으로는 이해할 수 없는 것이 역사는 이미 일어난 일이고 완료된 과거인데 어떻게 현재 도달한 관점이 영향을 끼칠 수 있단 말인가? 역사를 독자적인 사실이라고 보면 도무지 이해할 길이 없다. 따라서 역사는 한 존재 안에서 발해진 의지의 생성 상황으로 보아야 하며, 그리해야 역사적 사실로서의 지위가 해석에 따라 결정되더라도 주관에 의해 좌우되지 않는다. 그런데도 해석이라는 요소가 역사의 사실 안에 들어가는 것은[52] 기로에 선 인간이 과거의 인생 역정을 바탕으로 모종의 결단을 내리

---

50) 『신론(하나님의 계획과 섭리)』, 앞의 책, p.311.

51) 『역사란 무엇인가』, 이기백·차하순 편, 문학과 지성사, 1983, p.27.

52) 위의 책, p.27.

는 것과 같다.

역사는 무수하게 진행되었지만 하나님이 뜻하신 존재 의지 안에 있기 때문에 오늘날에도 살아 계신 하나님이 어떤 뜻을 가졌고, 그것을 인간이 어떻게 깨닫는가에 따라 의미가 판이해진다. 그래서 '역사가 역사가의 해석으로부터 독립해 존립하는 역사적 사실'[53]일 수 없다고 표현했던 것이다. 모든 역사는 현대의 역사이다.[54] "역사상의 사실(事實)이란 어떤 역사가에 있어서나 자신이 이것을 창조하기까지는 존재하지 않는다(칼 베커)."[55] 역사가의 주 임무는 기록에 있는 것이 아니고 가치를 재평가하는 데 있다[56]는 것은 역사를 판단하는 의식이 주관적이라는 뜻이 아니라 섭리된 역사 전체가 존재적이라는 뜻이다. 역사의 이면에서 작용된 것은 섭리인데, 이것을 현상적인 질서로서 접근하면 정의 개념의 초점이 맞지 않으므로 미비된 관점이라도 부분적으로는 역사에 있어 섭리적인 지배력을 인식했다고 볼 수 있다.

그렇다면 판단 기준이 되는 현대의 역사 시점은 도대체 언제일까? 현대란 시점을 확정해야 말 그대로 일체 역사를 판단할 수 있는데, 그렇지 못하면 어떤 정의도 유동적이 되어 미스터리한 판단 과제를 남긴다. 역사는 모든 현대를 포함할 수밖에 없기 때문에 전체인 미래까지 포함해야 하고, 미래 역사를 현대의 요구 기준으로 삼아야 과거를 판단할 수 있다. "과거에서 시작하여 미래에까지 미쳐 일관성 있

---

53) 위의 책, p.8.

54) "모든 역사적 판단의 기초를 이루는 것은 실천적 요구이기 때문에 모든 역사에는 '현대의 역사'라는 성격이 부여된다. 서술되는 사건이 아무리 먼 시대의 것이더라도 역사가 실제로 반영하는 것은 현재의 요구 및 현재의 상황이며, 사건은 다만 그 속에서 메아리칠 따름이다." - B. Croce, History, Engl.transl., p.19.

55) 칼 베커: 미국의 사가.

56) 위의 책, p.18.

게 연속하는 본질적인 현재로서 이해해야 한다."[57] 시시각각 변하는 현재의 상황을 극복하고 미래의 역사까지 포함해야 하는데, 문제는 도래하치 않은 역사를 어떻게 판단할 수 있는가 하는 것이다. 과거의 역사적 사실들을 발굴해서 재구성, 재평가하는 것도 어려운데 미래 역사까지 내다보아야 하는 점쟁이라도 되어야 하는가? 이 문제를 해결하기 위해서는 무엇보다도 역사가 하나님의 뜻에 따라 주재된 살아 생동하는 의지체란 사실을 확인하는 것이 중요하다. 어떻게 하든 우리는 미래를 포함한 전체 역사를 포괄해야 역사를 온전히 판단할 수 있다. "인생을 넘어 뛴 자리에 서야 참 인생을 볼 수 있듯, 역사도 온전히 넘어 뛴 자리에 서야 참 역사를 볼 수 있다. 우주와 인생과 역사를 굽어보아야 하는데",[58] 그것이 하나님의 뜻으로서 주관된 역사, 곧 섭리사관에 입각하는 것이다. 섭리는 역사를 판단하는 핵심 가닥을 붙잡아야 하는 것으로, 그리하면 역사가 추진된 작용성까지 추적할 수 있다. 섭리를 안 연후에야 역사를 알 수 있기 때문에 섭리를 아는 것이 역사를 아는 제일 관점이다.

섭리를 몰랐던 先天 역사가 안개 속에 가려진 미스터리한 역사라면 하나님이 강림하신 이후의 後天 역사는 하늘의 질서를 경계 지을 만큼 제반 본질이 밝혀지게 된 시대이다. 우리는 섭리로서 역사된 뜻을 알아야 미래에까지 걸쳐 있는 뜻을 꿰뚫고, 삼세 간에 걸쳐(시공간 초월) 있는 하나님을 엿볼 수 있다. 미래 역사를 알기 위해서는 미래에도 존재하고 계신 하나님을 알아야 하며, 과거의 역사적 사실과 장차 이루어질 뜻이 일치해야 역사의 의미가 생동한다. 역사는 과거로

---

57) 위의 책, p.110.
58) 『뜻으로 본 한국역사』, 함석헌 저, 일우사, 1962, p.39.

부터 진행되어 왔고 지금도 진행 중인 상태이므로 결국은 미래의 일로서 과거의 역사 의미가 결정된다. 그러므로 미래 역사까지 장악하고 계신 하나님의 뜻을 모른다면 역사의 의미 규정이 사실상 불가능하다. 모든 존재, 모든 가치, 모든 역사가 오늘날 이 땅에 강림하신 하나님의 뜻에 응해야 한다.

하나님이 삼라만상 일체를 뒷받침하여 인류 역사를 주재하고 섭리하신 관계로 이 연구가 일체를 섭리사관으로 정립하였다는 것은 이 자체가 역사를 새롭게 하는 기준이다. 이전에는 정말 말뿐인 관점에 그쳤지만 지금은 판단할 수 있게 되어 하나님이 강림하신 사실을 실감할 수 있다. 하나님은 섭리를 통해 창조 목적을 실현하고자 하신 것인데, 뜻을 알 길 없는 인간들은 이에 대한 이해 폭이 지극히 제한되었다. 神의 계시는 만인, 만물, 만 역사 위에서 동등하게 내려졌지만 인간이 이것을 달리 해석했다. 따라서 오늘날 우리가 해결해야 할 과제는 만 역사 가운데서 작용된 섭리를 밝히는 것이고, 정확하게 판단할 수 있도록 사관을 정립하는 것이다. 그리하면 하나님이 천지를 지으신 창조주인 것을 확인할 수 있다. 섭리는 세계가 하나인 것을 증명하는 실질적인 근거이다. "섭리는 하나님의 전지전능성을 전제할 뿐 아니라 이성적, 비이성적, 선악, 자연 및 초자연적인 질서를 총망라해 만사, 만물에 적용된다."[59] 하나님은 어디에도 계신다.[60] 하나님이 어느 곳에나 임하여 계신다는 사실은 성경의 여러 곳에서 입증된다.[61] 그의 지식과 그의 능력은 모든 곳에 미친다.[62]

---

59) 「하나님의 섭리에 관한 신학적 이해」, 앞의 논문. p.32.
60) 시 130.
61) 왕상 8:27, 시 139:7~10, 사 66:1, 행 17:27~28.

장자는 「지북유(知北游)」에서 道는 모든 만물에 보편적으로 내재해 있다.[63] 道는 어디에도 있다(無所不在). 道는 만물을 발생시킬 뿐 아니라 운행시키기도 한다고 말한 것은 섭리의 편재성과 하나님의 주재성을 표현한 것이다. 道는 궁극적인 실재로서 비인격성과 비주재성을 말하였지만, 이것은 섭리가 완수되지 못한 先天에서의 어쩔 수 없는 한계 인식이다.[64] 섭리를 이해할 길 없었던 것처럼 道에 대해서도 "道는 경계가 없다. 道는 원래 무한한 것이다. 道는 설명할 수 없다. 道는 황홀하고 아득하여 형체가 없다. 道는 끝없이 변화하여 종잡을 수 없다"고 했다.[65] 하지만 道도 언제까지 그렇게 모호한 상태로 있겠는가? 주재된 창조 목적이 분명한 것일진대 道나 역사도 때가 되면 밝혀진다. 섭리가 완수되면 만사가 해결된다.

장자는 道가 우주의 근본이고 만물의 뿌리라고 보았기 때문에 "아무리 큰 것이라도 하나로 감싸 안고, 아무리 작은 것이라도 빠뜨리지 않고 모든 것을 아우른다. 道에 능통하면 모든 일이 잘 되고, 道를 모르면 어떤 일도 잘 하지 못한다"[66]고 했다. 하나님이 주재하신 섭리력도 그와 같다. 하나님이 주재하신 섭리이기 때문에 섭리는 모든 것을 감싸 안고 빠뜨리지 않고 아우를 수 있다. 만사에 걸쳐 두루 미친 것인 만큼 이것을 판단하는 사관도 만사를 포괄하고 전체를 꿰뚫을 수 있어야 하는데, 이런 작업이 지난날에는 불가능했다. 전체 역사를

---

62) 『신론(하나님의 계획과 섭리)』, 앞의 책, p.138.

63) 땅강아지나 개미에게 있다. 지푸라기에도 있다. 똥오줌 속에도 있다.

64) 「노장의 자연철학에 관한 연구」, 노승만 저, 성균관대학교 유학대학원 유교경전학과 석사학위논문, 2000, p.42.

65) 『꼭 읽어야 할 인문고전(동양편)』, 안외순 외 저, 타임기획, 2006, p.103.

66) 위의 책, p.81.

포섭한 사관을 정립해야 하는 것이 오늘날을 사는 지성인들에게 주어진 과제이다.

그래서 살펴보면 "역사를 왕조나 정권의 흥망성쇠에 치중하지 않고 문화의 단위로서 설정해 총괄적이고 종합적으로 보고자 한 문화사적 접근 시도가 있었다."[67] 그러나 문제는 역시 섭리이다. 역사에 관한 문제는 섭리가 문고리를 휘어잡고 있다. 주재된 뜻을 알아야 하는데, 기독교조차 온전히 살피지 못했다. 지상 강림 이전에는 역사가 완성될 수 없고, 섭리가 완수되기 이전에는 기독교도 하나님의 뜻을 알았을 리 만무하다. 그러니까 기독교조차 사명을 수행하는 데 있어서 한계성이 역력했다. 만유를 창조하고 만유와 함께하면서 만유를 구원하고자 하신 하나님은 이 땅에 교회를 세운 역사뿐만 아니라 전체 인류를 위해서 역사하셨다. 기독교는 이 같은 뜻을 세계사적으로 확대해 나가야 마땅하다. 그런데 현실적으로 편협한 상태를 벗어나지 못했다. 하나님은 만세 전부터 인류를 위해 역사하셨는데 기독교는 자신들만의 역사로 국한해 버렸다.

> "참다운 하나님의 지식은 오로지 예수 그리스도 안에 계시된 복음을 통해서만 알려진다."[68]

하나님은 세계를 통해 역사하셨는데, 이를 바라본 관점이 국지적이어서는 더 이상 인류 사회를 구원할 수 없다. 크로체(Benedetto Croce)나 블로크(Marc Bloch) 같은 20세기가 낳은 위대한 역사가들은 한결

---

67) 슈펭글러, 토인비 등 - 『역사의 발자취』, 김동길 저, 지학사, 1985, p.21.
68) 『신론(하나님의 계획과 섭리)』, 앞의 책, p.43.

같이 역사가의 사명이 진정한 의미에 있어서 폭넓고 지속적인 영향을 주는 하나의 관(觀)을 확립하는 데 있다고 주장했지만,[69] 끝내 확립하지 못하고 만 것은 섭리가 완수되지 못한 세계 본질의 영향력 때문이다. 이런 측면에서 보면 先天에서 제시된 사관들은 세계가 분열 중인 단면 관측성을 가감 없이 나타낸 것이기도 하다. 단재는 "역사란 무엇이뇨? 인류 사회의 아(我)와 비아(非我)의 투쟁이 시간부터 발전하여 공간부터 확대하는 심적 활동 상태의 기록"이라고 했다.[70] 헤겔은 『정신현상학(1807)』에서 역사는 자유의 확대 과정이라 했고,[71] 마르크스는 물질의 발전이 인류 역사를 이루어 나간다는 사적유물론(私的唯物論)을 주장했다.[72] 전체 역사를 포괄하지 못한 것이다. 일부 사실적인 측면도 있어 주관적이라고 비판할 수는 없지만, 우리가 기다린, 보다 폭넓고 지속적인 사관에 미치지 못한 것은 분열 중인 세계 자체가 인식자에게 전체를 포괄할 수 있는 관점을 제공하지 못한 탓이다. 바로 이 같은 세계사적 정황을 사관이 가감 없이 나타낸 것으로 섭리적인 관점을 제공해야 하는 입장의 기독교도 분열 본질이 지닌 테두리 안에 있어 제 사관의 난립 상황을 막지 못했다.

기독교가 세계화, 보편화되어 그야말로 만 인류를 구원하는 종교가 되기 위해서는 복음에 더해 하나님의 창조 섭리를 보편화, 세계화해야 한다. 섭리에는 하나님의 주재 권능과 창조 목적과 역사하신 발자취가 빠짐없이 스며 있다. 섭리로서는 만 역사에 미치지 않은 것이

---

69) 『역사란 무엇인가』, 앞의 책, p.102.

70) 『한국의 역사가와 역사학(하)』, 조동걸 외 엮음, 창작과비평사, 1996, p.91.

71) 『철학 역사를 만나다』, 안광복 저, 웅진, 2006, p.144.

72) 위의 책, p.155.

없다. 기독교는 물론이고 유교, 불교, 이슬람……. 세계의 어디서도 작용했기 때문에 섭리를 밝히는 것이 이방인들까지 구원하는 길이다. 복음은 그 씨를 낱낱이 뿌려야 하고, 뿌렸어도 싹이 나고 나지 않는 곳이 있었지만,[73] 섭리는 모든 곳에서 이미 역사되었다. 섭리로서 만상, 만물, 만 영혼, 만 역사를 포섭해야 한다.

그렇다면 우리는 하나님이 주재하신 섭리 역사를 어떻게 보고 판단해야 하는가? 그것이 이 연구가 강조한바 하나님이 보혜사로서(성령) 강림 역사를 완수한 시점으로 이때는 역사상 두 번 오지 않는다. 그런데 정말 그때가 도래하므로 이전과 이후의 역사적 상황이 판이해졌다. 섭리가 완수된다는 것은 시저가 루비콘 강을 건넌 데 대해 (기원전 49년) 후대에 역사적인 의미를 부여하는 행위와는 다르다. 전체 역사를 포괄한 사관을 정립한 것은 하나님이 강림 역사를 완수한 결과이다. "아버지와 아들을 이질로 본 아리우스파를 이단으로 규정하고 성부, 성자, 성령의 삼위일체설(三位一體說)을 정립한 니케아 신조로 기독교 발전상에 있어 일대 신기원을 이루었더라도",[74][75] 삼위일체설이 진리로서 확증된 것은 아니다. 성부, 성자, 성령의 역사가 직접 완수되어야 하는데, 삼위일체설이 대두하였을 때는 성자시대마저 역사 위에서 사명을 다하지 못한 상태였다. 그렇다면 성령의 실체성은 더욱 묘연할 수밖에……. 믿음으로 지탱된 관념적 신조에 머물렀다. 삼위를 완성한 본체가 드러날 것인데, 그때 진리성이 확인되고 삼위일체설도 완성된다.

---

73) 지난날에 보인 기독교 역사가 이것을 증명함.

74) 『섭리로 본 세계의 역사』, 최재인 저, 유림문화사, 1976, p.119.

75) 三位一體: "본질에 있어서는 하나이고, 인격에 있어서는 셋이신 하나님" - 『신론(하나님의 계획과 섭리)』, 앞의 책, p.183.

상식적으로 보아도 초림 사역이 왕성하게 진행되고 있는데 재림 역사가 펼쳐질 수는 없다. 재림은 초림 예수가 인류에 대한 구원 사역을 다하였을 때, 그 시점이 역설적이기는 하지만 복음의 구원력이 한계점에 다다라 복음만으로는 도무지 새롭게 대두된 구원 과제를 감당하기 어렵게 되었을 때, 그때가 바로 재림의 역사가 일어나는 때이다. 새롭게 부여된 과제를 도무지 해결할 수 없게 되었을 때, 즉 인류를 하나 되게 할 수 있는 통합 과제를 수행하지 못하게 되면 어쩔 수 없이 재림주가 등단하여 모든 배턴을 이어받게 되리라. 이때는 역사가 서로 맞물리게 되어 초림 역사로서 못다 한 과제까지 재림 역사가 떠맡게 된다.

인성의 德을 깨달은 자라야 道를 보고, 道를 깨달은 자라야 천지만물의 德과 합치된다.76) 그렇다면 德을 깨닫지 못한 자는 당연히 道를 볼 수 없고, 道를 보지 못한 자는 천지만물의 德과 합치될 수 없다. 삼라만상을 포섭한 섭리사관의 정립 여부도 마찬가지이다. 어떤 위대한 역사가, 철인, 지성인, 신앙인이라도 하나님이 강림 역사를 완수하지 못한 상황에서 주재된 섭리를 밝히고 사관을 정립했을 리 만무하다. 이것은 先天 역사가 지닌 숙명이고 한계이다. 그런데도 그 선을 넘어서게 되었다면, 그것은 하나님이 창조주로서 이 땅에 강림하셨기 때문에 이루게 된 성업이다. 하나님이 강림하셨다면 하나님은 지금 이 땅에서 무엇을 하고 계시는가? 인류가 품고 있는 정신사적 고뇌를 해결하기 위해 천고 이래로 주재된 세계의 섭리적인 본질성과 작용성과 역사성을 밝히고 있는 중이다. 인류를 진리로 구원하기 위해 길을

---

76) 『노자철학의 연구』, 김항배 저, 사사연, 1986, p.143.

통하여 성업을 이루고 계시다. 길은 하나님이 이 땅에 강림하시어 역사하신 본격적인 성업 결과물이다.

제 2 장
섭리 역사의 관점 본질

1. 섭리의 목적사관

만물이 존재한 데는 원인이 없을 수 없듯, 목적 없는 역사 또한 없을 수 없다. 고대의 철학자인 아리스토텔레스는 어떤 사물을 완전히 설명하려면 현상에 대한 목적인을 고려해야 한다고 주장했다. 우주의 본질은 사물의 관계성을 통한 합목적성으로 실현된다.[77] 목적을 밝히지 않고 섭리를 완수한다는 것 역시 있을 수 없다. 칸트는 「세계 시민적 견지에서의 일반역사고」에서 "역사의 의미는 자연의 의도(Naturabsicht)를 수행하는 가운데 성립한다"[78]고 했다. 여기서 자연의 의도는 다름 아닌 목적이다. "일단 창조되고 나면 자연이 스스로 운행된다는 이신론적 자연관이 있지만",[79] 이것은 목적관을 제대로 가닥 잡지 못한 사실의 표현이므로, 섭리만 알면 당연히 세계사의 존재

---

77) 「목적론적 세계관과 기계론적 세계관의 비교분석」, 네이버 블로그.
78) 『문화철학의 연구』, 한정석 저, 경문사, 1996, p.22.
79) 「요한 칼뱅의 섭리론」, 박상재 저, 한신대학교신학대학원 조직신학전공 석사학위논문, 1999, p.36.

이유와 목적도 알게 된다. "기독교의 섭리사관은 인류 역사가 하나님의 절대적인 목적을 향해 발전해 나가고 있다"[80]고 본 관점이다.

섭리는 하나님이 창조 목적을 이루기 위한 뜻의 전개 과정이고 펼쳐진 역사이다.[81] 이사야는 하나님의 주재 역사를 체험한 선지자답게, "역사의 섭리자는 하나님이다. 하나님께서 직접 역사에 참여하며, 궁극적으로 모든 역사는 구원의 역사로 진행된다"[82]고 하였다. 오거스틴도 하나님은 분명한 목적을 가지고 세계를 창조하였고, 목적이 있기 때문에 창조된 세계는 유한하며, 종말론적이라고 했다. 창조는 그 안에 있는 모든 것들의 시작일 뿐 아니라 시간의 시작이기도 하다. 창조와 더불어 시작된 시간은 역사를 통해 하나님의 목적을 성취함으로써 종말을 맞게 된다.[83] 그런데 그의 말대로 인류 역사는 정말 지상 강림이 실현됨과 함께 한 많은 先天 역사가 종말을 고하였고, 섭리로서 전 역사를 장악한 시대를 맞이하였다.

역사는 하나님이 창조하신 세계의 한 국면으로서 온전한 의지력의 관할하에 있다. 인류의 삶을 모두 포용하고도 남음이 있다.[84] 이것을 어떻게 알 수 있는가? 관장된 섭리 목적을 꿰뚫음으로써이다. 그렇다면 하나님은 과연 무엇을 위해 역사를 섭리하셨는가? 세계사의 목적은 꿰뚫어질 수 있는가? 하나님은 "내 백성이 나를 아는 지식이 없으므로 멸망한다"[85]고 하셨듯, 오늘날의 상황도 마찬가지이다. 하나님

---

80) 「통일사관과 현대 기독교사관 비교연구」, 길영환 저, 선문대신학부, p.172.

81) 하나님이 인류 역사를 주재하신 의도 목적이 세계사를 통해 섭리로서 추진되고 그려지고 엮어짐.

82) 「기독교 입장에서 본 역사관에 관한 비교연구」, 조강신 저, 대신대학신학연구원 역사신학전공 졸업논문, 1993, p.54.

83) 「오거스틴의 역사이해에 관한 소고」, 전성원 저, 총신대학교대학원 신학과 역사전공 석사학위논문, 2005, pp.1~2.

84) 『역사란 무엇인가』, 이기백·차하형 편, 문학과 지성사, 1983, p.115.

이 주재하신 섭리 목적을 모른다면 인류의 미래는 아무 희망이 없다. 반면 창조 목적과 섭리를 알면 멸망으로부터 인류가 구원되고 역사도 새로운 전기를 이룬다. 하지만 문제는 인류가 전혀 뜻을 모르고 있지 않다는 데 있다. "성서의 통일된 주제는 하나님은 왕으로서 그의 왕국을 건설한다"[86]는 것이다. 그렇다면 이 같은 목적을 위해 역사가 어떻게 벽돌을 쌓아 올렸는가? 어떤 왕국을 건설하려 한 것인가에 대한 목적을 살펴야 했다. 그런데도 지난날에는 말로서 주장만 하였을 뿐, 실질적으로 쌓은 실적이 없다. 섭리가 완수되지 못한 때문인데 때가 되면 정말 가닥을 잡게 되리라.

하나님은 시공간을 포함해서 삼라만상을 창조하시고 직접 바탕체로서 존재하고 계시기 때문에 주재하신 섭리도 일관시킬 수 있다. 창조 목적을 고스란히 역사를 통해 섭리로서 엮어 놓았다고 보아도 좋다. 역사가 놓인 구슬이라고 보면 이들을 다 꿰기 위해서는 주재된 목적과 핀트가 맞아야 한다. 그리해야 역사가 하나로 묶어지고, 그냥 생성된 것이 아니고 한 목적으로 주재된 사실을 안다. 하나님이 이루신 주재 섭리는 지난 역사뿐 아니라 미래 역사도 추진, 장악하고 결정하는 것인 만큼 만사가 이 같은 목적 의지 안에 포함되어 있는 상태인데, 만물의 영장인 인간이 이것을 몰라서는 안 된다. 하나님이 초지일관한 목표는 오직 하나 인류를 구원하는 것이고, 하나 되게 하는 것이며, 이 땅에 지상 천국을 건설하는 것이다. 하늘에 관념의 왕국을 건설하고자 했다면 애써 온갖 난관을 감내하면서까지 잔악한 세상

---

85) 호 4:6.

86) 「하나님의 섭리에 관한 신학적 이해」, 정애숙 저, 서강대학교대학원 종교학과 신학전공 문학석사학위논문, 1989, p.7.

무리들과 싸울 필요가 없었으리라. 통합 의지, 구원 의지, 왕국 건설 의지는 줄기차게 표명된 창조 목적이고 원대한 주재 방향이었던 것이나니, 이 사실을 이 연구가 확인하리라. 목적에 반한 역사는 결국 하늘의 뜻과 어긋나 멸망하였지만, 뜻을 기룬 영혼과 민족과 역사는 어떤 고난 가운데서도 맥을 이었다. 창조 섭리가 완수되면 그때에 새로운 역사를 펼치기 위해서이다.

2. 섭리의 종말사관

많은 선지자들이 종말이 도래한다는 사실을 예고하였고, 많은 신앙인과 사상가들이 종말관을 피력하였지만, 종말을 맞이한 사실을 누구도 확실하게 논증하지는 못했다. 하지만 하나님이 강림하심으로 先天 섭리가 완수된 결과를 배경으로 두고 보면 先天 역사의 밑바닥이 드러나게 되어 세상이 종말을 맞이하게 된 원인과 이유를 훤히 알게 된다. 그래서 밝힐 수 있게 된 것이 일명 섭리의 종말사관이다. 종말론도 섭리가 개입됨과 함께 논으로서 성립된다. 이 땅의 선지자인 수운은 37세인 경신년(1869) 5월 5일에 종교적인 신비체험을 하고 만고 없는 무극대도(無極大道)를 얻었는데, 그 요지는 천지의 개벽관이었다. 지금은 인류 역사가 전환하는 대시점으로서 세상을 새로운 道로서 개벽하지 않고서는 구제의 길이 없다. 그 선은 단호해, 요순의 덕치와 공맹의 가르침으로서도 구제할 수 없다. 수천 년 동안 인류 문화를 꽃피웠지만 지금은 운이 다해 구제 기능을 상실했다고 보았다.[87] 그가 개벽해야 한다고 한 역사관은 여러 가지 의미를 내포하는데, 先天 역사의 종말성과 새 시대를 맞이한 시점의 급박한 전환성을 동시에 엿보았다. 이 말은 종말로 인한 심판과 함께 새로운 道, 곧 새 하늘을 열어야 하는 과제를 동시에 해결해야 한다는 뜻이다. 하나님이 無極大道, 곧 극이 분열을 다하므로 하나 된 통합시대를 열 것인데, 이 사실을 모르면 새 길, 새 道, 새 하늘을 열지 못해 놓인 그대로 종말을 맞이하고 만다. 종말에 처한 백성들이 이 뜻을 모른다면 정말 멸망할 수밖에 없다. 종말이 도래한 이유를 알아야 하는데, 이것은 수운 자신도 선언만 하였을 뿐 밝히지 못했다.

하지만 그가 주장한 개벽관은 시대를 앞서 내다본 선지자적 통찰이기 때문에 그 지침을 이은 이 땅의 백성들은 반드시 그 선언 기조를 뒷받침해야 한다. 신발이 달아 밑창이 뚫리면 갈아 신어야 하는 것처럼, 하나님이 강림하신 뜻을 알진대 종말이 도래한 지금은 새로운 시대의 장을 열 기회이기도 하다. 그러기 위해서는 개벽관처럼 先天 역사가 종말을 맞이한 이유를 확인해야 한다. 수운이 개벽을 선언하였을 때만 해도 이후의 세계가 어떻게 전개될지 불확실했고 희망의 불씨가 남아 있어 문명력의 회생에 대해 기대를 걸 수 있었지만, 지금은 더 이상 가능성이 사라져 버렸기 때문에 종말이 도래하였다고 말할 수 있다. 세상은 종말이 종결된 분명한 원인을 자체 함유하였다.

창조로서 말미암게 된 세계는 생성함이 본질인데, 先天의 진리 체계는 한결같이 절대성을 표방하고 있어 언젠가는 한계점에 도달하게 되어 있었다. 권력, 제도, 신앙, 사상 모두 종말이 쏜 화살을 피할 수 없다. 통합성인 절대 바탕체가 분열한 것이 삼라만상이고 진리인 한

---

87) 『전환기의 한국종교』, 서울대학교종교학과 종교문학연구실 편, 집문당, 1986, p.47.

세상에서는 그 무엇도 절대적으로 존재할 수 없다. 성주괴공이고 영고성쇠하며 생자필멸이다. 보다 유연하게 대처해야 영원한 생명력을 유지할 수 있는데, 고집하다 보니 절대적인 세계관, 권력, 신앙관이 바닥을 드러내고 말았다. 완전함도 상황은 마찬가지이다. 절대는 극이 생성되기 이전이기도 하므로 창조되고 생성된 세계에서는 완전함이 존재할 수 없다. 이것은 변할 수 없는 대전제이라, 삼라만상 중 무엇을 완전함으로 내세워보아도 완전할 수 없다. 각자가 특징을 지닌 것은 대립된 것이 아니며 전체로서 완전함을 이루기 위해 구성된 요소이다. 정신과 물질은 자체 지닌 속성만으로서는 절대성을 대변할 수 없다. 동양과 서양은 어떤 문화적인 우월성을 지녔더라도 자체로서는 인류 문명이 하나 되게 할 수 없다. 조화되고 융화되어야 한다. 그런데도 先天에서는 한결같이 각자 지닌 太極만을 완벽한 것으로 여긴 결과 창조 섭리가 완수될 수 없었다.

先天 문명이 종말을 맞이하게 된 이유인데, 더욱 확실하게 하기 위해서는 실증까지 할 수 있어야 맞이한 종말 상황을 실감할 수 있다. 불명확한 상황에서 이유도 모르고 심판받을 수는 없다. 하나님의 뜻을 알아야 구원으로 이어지는데, 그러기 위한 선결 과제는 다름 아닌 先天 문명이 맞이한 종말 이유를 아는 것이다. 그리해야 새 시대를 맞이한다. 종말 상황은 모호하지 않다. 삶을 위한 생적 시스템과 죽음을 위한 안식 시스템이 불분명할 수는 없다. 멸망으로 가는 문명 시스템과 구원으로 가는 천국 시스템을 확실하게 구분할 수 없다면 누가 파라다이스 세계로 찾아갈 수 있겠는가? 경계선을 분명히 해야 하는 것이 이 연구가 지침해야 할 과제이다.

하나님의 섭리 손길이 구체적으로 드러나지 못한 동양에서는 "눈에 보이지 않는 자연의 힘에 의해 천지만물이 대립과 조화를 반복하면서 끊임없이 움직인다(노자)"[88]는 자연관을 가졌다. 그리고 기독교는 "하나님이 역사에 개입하신다는 것, 그분은 역사를 일직선으로 인도하신다는 것, 역사를 자신이 계획한 목적지로 이끄신다는 神 중심인 섭리사상을 지녔다."[89] 하지만 신앙, 신학, 질서로서 구축한 서양의 중세 천년이 하나님의 이상을 달성한 시대였던가? 아니라면 그 이유는? 섭리가 완수되지 못한 상황인데도 타협을 불허한 절대 신앙관을 고집한 것이다. 기독교는 종교 개혁이란 갱신 노력이 있었는데도 불구하고 결국은 르네상스(문예부흥) 운동을 기점으로 역사의 축이 神 중심에서 인간 중심으로 전환되고 말았다. 르네상스는 "중세적 속박과 크리스트교의 지배를 반대하고 인간의 권위와 인간성을 존중하며 그 이상을 그리스-로마의 고전에서 구하여 그것의 연구와 부흥을 위해 노력했다."[90] 이를 발판으로 눈부신 개명을 이룬 지성들은 "역사의 주체는 절대적인 정신과 보이지 않는 힘이 아니라 바로 우리들 개인들이며, 역사의 방향은 미리 결정되어 있는 것이 아니라 우리가 어떤 결단을 내리고 어떻게 실천하느냐에 달렸다"[91]고 믿게 되었다. "神의 필연성을 거부하고 역사의 내재적인 법칙을 진단하고 정복해, 인간은 마침내 그 자신이 역사의 주인이자 지배자가 되었다."[92]

특히 "18세기 계몽주의자들은 노골적으로 역사의 주인은 인간이라고 주장하여 기독교 신앙에 도전하였고",[93] "현대에 이르러 神 죽음

---

88) 「노장의 자연철학에 관한 연구」, 노승만 저, 성균관대학교 유학대학원 유교경전학과 석사학위논문, 2000, p.73.
89) 『역사관의 유형들』, 데이비드 베빙턴 저, 김진홍·조호연 역, 한국기독학생회출판부, 1997, p.78.
90) 『세계문화사』, 이태언 저, 세종출판사, 1993, p.191.
91) 『역사주의와 역사철학』, 이한모 저, 문학과 지성사, 1990, p.218.
92) 『역사란 무엇인가』, 앞의 책, p.120.

의 신학으로 인해 섭리의 주관자인 神 자체를 의문시한 국면까지 맞이하였다."94) 각종 무신론 사상이 확산되어 "자본주의를 탄생시키고 발전시킨 서양 철학의 특징은 한마디로 인간중심주의였다."95) 神의 은총과 구원의 손길을 거부하고 전적으로 인간이 중심이 된, 인간을 위한 세계를 건설하고자 한 것이 근세의 서구 역사인데, 그들은 과연 이 땅에서 무엇을 이루었는가?

에밀 브루너는 "1650년에서 1950년에 이르는 3세기가 서구 문명의 근본적인 개념인 하나님의 형상으로서 창조된 인간의 위엄을 점차로 강하(降下)시킨 세기라고 하면서, 오늘날의 세계는 비인간화한 야만주의에 의해 황폐화되고 이데올로기적인 갈등에 의해 분열되었다"96)고 진단했다. 신권 질서를 거부하고 인간 중심의 세계를 건설하겠다고 한 인류가 오히려 인간성을 황폐화시키고 비인간적인 세계를 만들어 버린 대 아이러니! 이 이율배반을 어떻게 설명할 수 있겠는가?97) 하나님의 은혜와 말씀의 양식을 끊어 버린 결과가 어떻게 된다는 것을 절감한 것이 아니고 무엇인가? 야스퍼스는98) "현대는 인간이 神의 자리에 앉은 시대로 神이 퇴위를 당한 시대라고 규정짓고 현대인의 위기는 神의 퇴위와 인간정신의 무력화에 있다고 하여, 현대는 모든 것을 다 잃어버린 상실의 시대"라고 진단했다.99) 神을 역사

---

93) 「기독교 입장에서 본 역사관에 관한 비교연구」, 앞의 논문, p.8.
94) 「요한 칼뱅의 섭리론」, 앞의 논문, p.1.
95) 「노장의 자연철학에 관한 연구」, 앞의 논문, p.1.
96) 『기독교 세계관』, 아더 홈즈 저, 이승구 역, 엠마오, 1987, p.24, 1.
97) 인간이 인간 중심으로 이룬 문명 역사의 한계는 분명한 것이다. 전체를 볼 수 없고 미래를 볼 수 없고 神과 스스로의 본질을 알지 못한 상태에서 이룬 先天의 문명 역사가 그러함.
98) 야스퍼스(1883~1969): 독일의 실존철학자.
99) 『섭리로 본 세계의 역사』, 최재인 저, 유림문화사, 1976, p.181.

의 무대로부터 퇴위시킨 것은 정상적인 행위가 아니다. 섭리가 완수될 때까지 인내해서 믿음을 지켜야 하는데, 강제로 퇴위시키고 권능까지 찬탈하였으므로, 그렇게 배역하게 된 결말이 종말 국면이다. 한시바삐 복귀시켜야 할 텐데 머뭇거리는 사이 인류는 혹독한 대가를 치르고 있다.

하지만 문제는 인류의 꿈이 무산되고, 지배한 문명들이 한결같이 한계성을 드러내었는데도 도래한 종말성을 직시하지 못한 데 있다. 죽어 보아야 저승을 안다는 말처럼 명백한 이율배반을 눈으로 보면서도 어리석음을 깨닫지 못하고 있다. 개벽의 때가 도래한 것을 절감해야 하는데, 섭리 역사가 완수되어야만 가능하게 되었다. 천지가 창조된 관계로 만 역사가 줄기차게 분열한 것은 창조 목적을 이루기 위해서였고, 그렇게 목적하였다면 회귀해서 통합되어야 하는 것이 섭리 역사의 정해진 루트이다. 만사가 개별적으로 진화해서 엮어진 것이라면 통합을 위한 역사는 있을 수 없지만, 창조되었기 때문에 인류 역사는 항상 통합을 전제로 해서 섭리되었다. 그래서 보혜사 하나님이 강림하신 목적은 흐트러진 세상에 대해 연관된 고리를 밝혀 너와 나를 하나 되게 하기 위함이다. 무신 사상이 확산되고 인간성이 상실되며 인류 전체가 공멸될 위기에 처하므로, 인류의 영혼을 본래 하나인 본향 세계로 인도해야 한다. 주재된 대세 뜻과 섭리 기조는 확실한 것이므로, 이 같은 뜻을 프리즘으로 갖다 대면 先天의 분열 문명이 종말을 맞이할 수밖에 없는 이유가 명백해진다. 그들이 주장한 절대적인 진리 체제가 여지없이 허물어진다.

그동안 수많은 문명들이 명멸했지만 현재 포괄적으로 영향을 끼치고 있는 것은 서구 문명이다. 그래서 서구 문명의 보편주의를 주장하고 있지만, 조금만 더 시야를 넓혀서 보면 지금까지의 역사가 그러했듯, 그들은 문명의 한 강성한 때를 보내고 있는 과정일 뿐, 세계를 영원하게 지속시키고 적용할 바탕 문명이 아니다. "유럽 문명의 골격은 유럽의 지식, 철학, 종교인데 이들 지식은 그리스 문화를 바탕으로 플라톤 사상에 근원을 두고 발전한 것이다."[100] 일명 헬레니즘 문명이라고도 하며, 서구 문명을 이룬 또 하나의 주축 기둥인 헤브라이즘을 떨쳐 버리고 근대에 와서는 독자적으로 과학 문명을 일으켰다. 선진 기술을 축적시켜 막강한 군사력을 보유하면서부터는 다른 문명들에 대해 대대적으로, 때로는 파괴적으로 영향력을 끼쳤다. 그래서 처음에는 모두 강성한 무력 앞에서 읍할 수밖에 없었는데, 세월이 흐르면서 약소국가들도 점차 자체 힘을 증가시키게 된 상황에서는 상대적으로 그들 문화의 매력은 반감되었고, 자신들의 고유문화에 대해 애착과 자신감을 지니게 되었다.[101] 서구는 결코 인류 사회를 통합한 것이 아니다. "호전적이고 제국주의적이며 식민주의의 공포를 통하여 다른 민족들에게 지워지지 않는 상흔만 남겼다."[102] 아무리 기대해도 더 이상 "각 문명 사이의 긴밀한 동반자 관계는 실현되지 않을 것이며, 새로운 문명 간의 관계는 소원함에서 폭력에 이르기까지 다양한 색채"를 띨 뿐이다.[103] "1980년대와 1990년대 이슬람 세계의 지배적 조류는 반서구주의이다."[104] 주도권을 쥔 서구 문명이 통합을 달성할 수 없는 것이라면 어떤 문명이 나서 그 역할을 대신하겠는가?

---

100) 『현대문명의 성향』, 김정의 저, 혜안, 2001, p.231.
101) 『문명의 충돌』, 새뮤얼 헌팅턴 저, 이희재 역, 김영사, 1997, p.243.
102) 위의 책, p.286.
103) 위의 책, p.277.
104) 위의 책, p.285.

기독교와 이슬람은 언제 화해하고 하나 될 수 있는가? 무엇도 기대할 수 없다는 것이 분열을 본질로 한 先天 문명이다. 이슬람은 이슬람으로서, 기독교는 기독교로서 자체의 전통 문화와 신앙을 지킨다는 측면에서는 영원할 수 있을지 모르나 그런 만큼 세계가 하나 될 가능성은 어디에도 없다.

종교 영역은 그나마 자체의 문명권 안에서는 통합 사명을 수행한 것이 사실인데도 신념의 근간을 뒤흔든 과학 진리가 대두하고부터는 진리력이 빛을 잃어버렸다. 각종 통계를 보면 현대는 종교로부터의 이반 추세가 대대적으로 나타났다. "오늘과 같이 급속한 산업사회와 문화의 격변기에 종교는 유례를 찾아볼 수 없을 만큼 도전받고 있다."[105] '종교는 논리적인 합리 정신, 곧 과학 정신으로부터 심각하게 위협받게 되었으며'[106] 위협을 의식하였다는 것은 벌써 종교가 과학 진리를 포용할 만큼 통합력을 보유하지 못한 것이다. 이것은 지동설을 지지한 갈릴레이를 핍박한 종교 재판 과정을 통해서도 알 수 있다. 과학은 과학이고 종교는 종교일 뿐이며 서로를 이어줄 다리는 끝내 놓지 못했다.

그렇다면 인류가 정열을 바쳐 쌓아올린 물질문명은? 도시 문명은? 개발된 과학 기술은 오히려 하나뿐인 지구의 한정적인 자원을 소모하는 데 바쳐졌을 뿐이다. 정전이 되니까 시스템이 마비가 되어 아파트 엘리베이터가 서고, 양식하던 물고기가 수천 마리씩 떼죽음을 당했다는 소식을 듣지만 석유란 에너지가 앞으로 50년 후면 바닥나고 20년 후에는 생산량이 마이너스로 돌아가 에너지 위기가 닥칠 것[107]

---

105) 『전환기의 한국종교』, 앞의 책, p.25.
106) 위의 책, p.17.

이란 경고에 대해서는 무감각하다. 벼랑 끝을 향해 치닫고 있는 문명 시스템을 무엇으로도 제어할 방도가 없다. 어찌할 수 없는 한계성을 지켜보면서 제삼의 시스템 체제인 無極大道의 도래가 절실하게 요청된다. 현 문명 체제로서는 무엇 하나 기대할 것이 없다. 서구인들은 민주주의란 제도가 그나마 인간이 구안하여 적용한 이상적인 제도라고 자부하지만, 그 "민주주의의 대표 격이라고 할 수 있는 미국을 이상 세계라고 할 것인가? 공산주의 표본인 소련을 유토피아 세계라고 할 것인가?"108) 사태를 직시하여 보라. 도대체 어떤 요소가 빠졌기에 지혜를 쏟아 구축한 문명 체제가 한결같이 모순투성이인가? 역사적으로 실험 과정을 거쳐 드러난 결과인데도 지성들은 자신들이 확신한 진리만으로 세계를 완성할 수 있다고 고집함으로써 인류가 미래 역사를 개척하는 데 있어 큰 걸림돌이 되어버렸다.

그 예가 기독교에 있다. 시대가 바뀌면 한 시대를 풍미했던 주도 세력, 영역, 사명 역할들도 달라지게 된다. 기독교는 자신들의 신앙과 진리 체제가 영원할 것처럼 믿지만 이 시대에 생성된 새로운 진리적 요구, 즉 인류의 영혼과 문명 세계가 통합되어야 한다는 과제 앞에서는 속수무책이다. 아날로그 시스템에 적응된 사람들은 그 시스템 안에서는 불편함을 느끼지 못하지만 디지털 세대는 아날로그 시스템의 한계성을 여실하게 느낀다. 통합 과제에 대해 先天의 분열 문명 시스템은 도무지 이해할 수 없다. 그런데도 아날로그 방식만 고집하는 사람처럼 기독교는 "교회를 어지럽히는 가장 큰 도전 세력인 종교 다원주의를 물리치고, 현재의 신앙과 신학을 바로 세울 수 있도록 효과적

---

107) 「노장의 자연철학에 관한 연구」, 앞의 논문, p.87.
108) 『세계역사의 대심판(상)』, 김영섭·김암산 저, 남궁문화사, 1994, p.443.

인 대안을 강구해야 한다"[109]고 다짐한다. 신교와 구교조차 전쟁으로 피를 본 기독교가(30년 전쟁) 세상이 종말을 맞이한 지금 어떻게 타 문명권의 영혼까지 포용할 대책을 세울 수 있겠는가? 끝없는 대립과 갈등으로 실력만 행사하려 할 뿐이다. 아니 어떤 문명 체제도 부여된 한계적 본질을 벗어나지 못한 상황은 마찬가지이다. 자체 문명적 테두리 안에서 굳세게 결속은 하였을지 몰라도 그 이상 인류 사회를 통합한 능력은 발휘하지 못했다.

그래서 종말이 도래한 이와 같은 명백한 시점에서 창조주 하나님이 인류를 구원하기 위해 이 땅에 강림하신 것이며, 분열된 세계를 구원할 주된 메커니즘으로 섭리를 지목하셨다. 제 영역 간에 스며 있는 창조 목적을 밝혀 막혔던 장애를 거두고 종교 간, 사상 간, 문명 간을 하나 되게 하셨다. 이것이 보혜사 하나님이 진리의 성령으로서 이 땅에 강림하셔서 역사하신 증거이다. 천고 만재된 섭리를 밝혔는데 그 위에서 바랄 것이 더 무엇 있겠는가?

3. 섭리의 통합사관

노자는 『도덕경』에서 '道生一 一生二 二生三 三生萬物'[110]이라고 한 우주의 생성 원리를 말하였다. 핵심은 만물이 태초에 하나인 一로부터 분열했다고 본 데 있다. 一은 有한 바탕을 갖춘 근본이다. 그리고 二로 化하기 전에는 극이 나뉘지 않은 統極 상태이고 생성의 역사가

---

109) 「칼뱅의 예정론 연구」, 동영화 저, 서울성경신학대교대학원 신학과 조직신학전공 석사학위논문, 2008, p.56.
110) 『노자도덕경』, 제42장.

출발되지 않은 無極 상태이다. 그러니까 有한 바탕체인데도 인식할 수 없었고 극이 나뉘지 않아 존재했지만 알 수 없었다. 무형이고 形而 上學的이고 지극히 본질적인데, 삼라만상과 역사의 시원도 그러하다. 만상과 역사가 존재해도 근원을 알 수 없었던 이유이고, 비록 조건은 미비하였어도 지혜로서 살핀다면 한 본체로부터 말미암은 근원을 추적할 수 있다. 삼라만상이 존재하고 있는 것은 하나인 창조 바탕체로부터 비롯되어서이다. 왜 동양에는 儒·佛·道란 종교가 파생되었는가? 삼교는 과연 어떤 진리 체제인가? "도교의 기본 사상은 道인데, 道의 주요 기능은 조화(造化)로서 天一의 기능과 서로 일치되고, 불교의 지상 목표는 상구보리 하화중생인데, 그 주요 기능은 교화(敎化)기능으로 地一의 기능과 서로 일치되며, 유교의 지상 목표는 수신제가 치국평천하인데, 그 주요 기능은 치화(治化)의 기능으로서 人一의 기능과 일치된다."111) 특성은 각자 독자적이지만 전체일 수 없는 부분이란 사실을 확인할 수 있다.

따라서 우리는 삼교 이전에 삼교를 있게 한 제삼의 바탕 본체가 있었다는 것을 충분히 가늠할 수 있다. 누구라도 깨어진 기와조각을 보면 그것이 파편이란 것을 알듯, 삼교의 특성을 볼진대 같은 뿌리인 바탕체로부터 파생된 사상 체제라는 것을 알 수 있다. 그런데도 도교 가운데서는 도교의 분파성을, 불교를 벗어나지 못한 상태에서는 불교가 지닌 분담성을, 유교만을 통해서는 유교가 지닌 부분성을 보지 못한 한계가 있다. 너와 내가 다른 것은 대립된 것이 아니다. 내가 가지지 못한 것을 지니고 있다는 것이고, 자신은 더불어 존재하고 있는

---

111) 『민족 사상의 원류(신선도의 근원적 규명)』, 안창범 저, 교문사, 1989, p.79.

일부분이란 뜻이다. 남다른 개성과 역사와 문화가 있다는 것은 고귀하다. 다른 것이 존재하는 것은 언젠가는 나에게도 필요하리라. 합쳐야 너와 내가 완성될 수 있다. 삼라만상이 존재하는 것은 대통합을 위한 전초 기반이다. "세계의 문명을 크게 나누어 서양 문명을 대표하는 것을 유럽 문명이라 하고 동양 문명을 대표하는 것을 중국 문명이라고 할 때"112) 양대 문명은 어쩌면 그토록 이질적인가? 아니 대조적인가? 그런데도 이런 문명적 특성을 융화시키고자 한 것이 통합문명 사관이다. 어느 한쪽도 자체만으로서는 불가능한 창조 섭리를 완수한 결과 관점이다.

인류 역사는 비록 아득한 상고적 근원은 알 수 없다 하더라도 섭리만큼은 하나인 근원으로부터 출발했기 때문에 다시 돌아가고자 한 본성이 제 영역 간에 걸쳐 줄기찬 통합 의지로 표출되었다.113) 말미암은 만물이 다시 말미암은 데로 돌아가는 것은 인생과 존재와 역사의 결정 원리이다. "삶의 전체를 보면서 각 부분에서 의미를 찾을 수 있도록 돕는 통일적인 세계관의 추구는 인류 역사만큼이나 오래되었다."114) 인류가 품고 있는 영원한 이상적 과제인 것이 틀림없다. 그렇게 향했던 속내 뜻은 본향을 찾기 위함이다. 너와 내가 합쳐져야 본모습을 구성할 수 있다. 그 구체적인 증거는 지난날 이룬 길을 추구하는 과정에서 진리 통합의 완수 위에 하나님이 보혜사란 진리의 성령으로 현현됨으로써 확인되었다. 섭리 역사가 완수되지 못한 先天에서는 통합을 위한 어떤 시도도 실패되었지만, 이런 상황 속에서도 통

---

112) 『꼭 읽어야 할 인문고전(동양편)』, 안외순 외 저, 타임기획, 2006, p.11.
113) 창조된 바탕이 있다는 것이 통합의 당위 근거임.
114) 『기독교 세계관』, 앞의 책, p.13.

합을 향한 지성사적 노력은 연면하였다.

제주이트 교단인 존 커트니 머레이(John Courtney Murray)는 "1955년에 하나님 말씀의 우위성 아래 인간의 모든 지식을 통합시켜 조직화된 기독교적 관점을 형성"해야 한다고 했다.[115] 통합 의지를 발하는 것은 궁극적인 본향을 찾기 위한 노력이다. 동양에서는 氣라는 개념을 빌려 세계 만물의 정체(整體)를, 즉 인간과 자연을 포함한 우주의 모든 신비를 해석할 수 있는 체계를 구축하고자 했다(氣哲學).[116] 가능하다면 그것은 세계 만물이 한 코뚜레로 꿰어질 만큼 일관되고 모든 것을 말미암게 한 바탕과 神이 존재한다는 뜻이다. 하지만 노력하였는데도 불구하고 역시 先天에서는 통합이란 과제를 달성하지 못했다. 이상적인 바람으로서는 지상 천국과 세계 일가(世界 一家)를 꿈꾸었다. 그런데도 기독교는 이스라엘 민족의 태생인 예수를 교조로 하여 숭배해 신격화하고, 불교는 인도 태생의 석가모니를 교조로 하여 숭배한 관계로 동양인이 기독교를 선뜻 받아들이지 못하는가 하면, 서양은 불교를 우상시하고, 중동의 이슬람 사회는 기독교와 불교를 아예 배척하여 버렸다. 민족적·문화적인 국지성을 벗어나지 않아 인류를 한 신앙 울타리 속으로 끌어들일 수 없었다.[117] 어떤 영역도 권력도 문명도 통합을 주도하지 못했지만 강림하신 하나님은 부분, 분열성을 초월한 전체자로서 바야흐로 일체를 규합한 통합 문명 세계를 펼치시리라.[118]

---

115) 위의 책, p.6.
116) 『기철학을 넘어서』, 박삼영 저, 라브리, 1991, p.43.
117) 『민족사상의 원류(신선도의 근원적 규명)』, 앞의 책, p.147.
118) 섭리를 밝히고 역사를 꿰뚫어야 만 역사를 주재하신 하나님이 진리의 성령으로서 강림하신 것이 증거됨.

세계 통합은 인류 사회가 지금까지 추구해왔고 또 언젠가는 이루어야 하는 숙원인데, 이것을 하나님이 창조 섭리를 완수하심과 함께 본격화시켰다. 세계를 통합해야 하는 관문에 섭리를 밝혀야 하는 과제가 자리 잡았다. 지난날에도 만물 일체와 만물 동근 사상이 주장되지 않은 것은 아니지만, 만물을 연결시킨 관계 고리를 가닥 잡지 못해 진리인 것이 확인될 수 없었다. 천지가 창조되지 않은 것도 아니고 창조론이 없었던 것도 아닌데, 만물과 하나님과 인간을 연결시킬 매개체를 찾지 못했다. 아무리 전지전능한 창조주라도 초월적인 神의 속성을 확인하기 위해서는 세계와의 긴밀한 관계 고리를 찾아야 한다. 그런데도 주재된 섭리 가닥을 누구도 추적, 취재, 종합하지 못하고 파편으로만 늘어놓았다. 그러니까 역사를 하나님과는 아무 상관없는 독자적인 것으로 생각했다. 과연 이들을 연결시키는 것이 가능한가? 섭리가 그 해답이다. 만사에 미친 섭리를 밝히면 세계가 하나라는 사실을 확인할 수 있다.

인류가 그동안 하나인 근원을 밝히지 못했던 것은 한 의지로서 주재된 섭리를 알지 못했기 때문이므로, 섭리를 밝히는 것은 인류를 하나 되게 하는 우선 조건이고 삼라만상이 한 바탕체로부터(하나님) 창조된 것을 증거하는 길이다. 하나님이 하나인 본체자로 강림하셨기 때문에 가능하게 된 것이다. 섭리를 꿰뚫는다는 것은 창조 목적에 입각하여 유구한 역사를 어떻게 한 그릇에 담아둘 것인가 한 세계관적 문제이기도 하므로, 이것을 이 연구는 세계 섭리의 태동, 목적, 규명, 완성, 회통, 통합, 구원이란 범주 틀을 세워 해결하고자 한다. 인류가 창조로부터 엮어온 만물의 대동 족보를 구축할 것이나니, 이 족보를 통하면 우리는 어떤 영역에서도 한 바탕으로부터 연원된 창조 계통을 확인할 수 있다. 하나님이 이 땅에 강림하시어 섭리를 밝힌 것은 창조된 세계를 하나 되게 하기 위함이며, 만민과 만 역사를 모두 품 안에 두기 위해서이다. 온 인류가 하나님과 함께한 지상 천국에 입국 할 수 있게 하기 위해서이다.

제2편

세계의 섭리 원리

세계 가운데서 주재된 섭리의 작용 본질과 원리를 밝히는 것은 인류가 역사를 통해 이루어내어야 하는 대명적 과제이다. 우리는 아무 근거가 없는 주장에 대해서는 기대할 것이 없지만 근원과 연결된 섭리를 밝힐 수 있다면 인류가 한곳, 한 분을 향해 절할 수 있다. 성업을 찬미하리라. 아무리 세계가 분열되었어도 하나 될 수 있다. 작용된 원리를 밝히는 것도 중요하지만 직접 하나로 묶는 끈은 섭리이다. 섭리는 세상만사와 제 영역과 하나님을 연결시키는 실타래이다. 그래서 이 연구가 창조의 본의를 밝히고 핵심 본질을 규명한 성과를 근거로 천만 년 동안 역사된 섭리의 전모를 밝히게 되었다.

- 본문 중에서 -

제3장
섭리의 개념 정립 역사

1. 섭리 역사의 개념 정초

이 연구는 저술 제목이 『세계의 섭리 역사』로서 세계가 섭리적으로 운행된 상황을 밝히는 것을 목적으로 한다. 하나님이 주재하신 섭리를 밝히고자 한 본격적인 저술물로서 섭리는 단독으로서는 해결하기 어려운 하나님의 지상 강림 역사와 세계의 총체적인 본질 상황과 연관 지어서 진리적인 해명 절차를 거치고자 한다. 세계가 섭리적으로 운행된 사실을 밝히기 위해서는 세계에 관여된 작용 요인들을 모두 살펴야 한다. 천고로부터 주재된 섭리성은 세계 본질의 일환으로서 인류가 끊임없이 표출시키고자 했던 성향이고 선재성을 내포한 작용력이며 천만 년 동안 지배된 의지력이다. 인류가 일찍이 일군 어떤 지혜를 동원해도 가늠하기 어려웠던 제삼의 힘이며 삼세 간에 걸친 초월력이다. 하나님의 숨결이고 뜻이다. 보아도 알 수 없었고 느껴도 표현하기 어려웠던 신비력이다. 그래서 다양한 루트를 통해 감지되었는데도 불구하고 확고한 작용 근거를 찾지 못하였다(추상성을 면하지 못함). 세계

의 창조성을 밝히는 단계적인 규명 과정이 필요했다.[119]

일어난 현상과 만물 위에서 작용된 섭리력은 바탕이 된 본질이 그러한 것처럼 편재, 편만되어 있다. 그래서 섭리는 과정과 결과 전체를 통섭하고 통괄하는 소정의 작업 과정을 거쳐야 했다. 전체를 통관한다는 것은 궁극적인 원인을 밝힘과 아울러 전체를 일관시키는 것이다. 무수한 경과와 개체가 일체란 사실을 알게 하는 것이 섭리이다. 하나님이 섭리를 완수함으로써 가능하게 된, 만사를 뜻과 의지와 목적으로 꿰뚫는 작업이다. 하나님의 뜻을 깨닫는 것인데, 깨닫지 못하면 접근 루트를 알 수 없는 공중누각과도 같다. 섭리가 파노라마로 스쳤어도 과정 안에서는 본의를 알 수 없었다. 자연적인 현상으로서, 혹은 무위적인 것으로, 혹은 인과에 따른 결과로 이해했다. 세계가 완숙되지 못해 독자적인 해석 범위를 벗어나지 못했다. 일을 이루기 전에는 누구도 결과를 알 수 없는 것처럼, 섭리 역시 결과가 주어짐으로써 모든 과정이 한꺼번에 통찰된다. 그 작업을 누가 할 수 있는가? 누가 이룰 수 있다고 생각하는가? 오직 주재하심을 통해 앞서 계시고 미리 계신 하나님의 뜻을 깨달아야 인류 역사가 주재된 사실을 안다.

그런데 섭리 역사가 완수되지 못한 先天에서는 만 역사를 하나님의 뜻과 연결시킬 수 없었다. 하나님이 이루신 역사가 그대로 인류가 이루어온 세계 역사인 것을 확인할 수 없었다. 하나님을 변호한 주장들이 없었던 것은 아니지만, 문제는 누가 고양이 목에 방울을 달 것인가? 주재 사실을 바탕이 된 세계의 본질 작용을 통해 밝혀야 했다. 하나님의 뜻은 결코 세계적인 작용과 무관하게 현현되지 않는다. 객관

---

119) 천지의 창조 사실을 증거한 『세계창조론』의 저술 작업을 거침(1998).

적인 원리 작용에 근거해서 규정해야 형상화된다. 본질 작용을 뒷받침하지 못하면 아무리 "세상일과 인간사가 神에 의해 미리 규정되어 있고 神의 의지에 완전히 지배되고 있다(예정설)"[120]고 믿어도 그런 주장만으로는 섭리력을 대변할 수 없다. 심증일 뿐이므로 언젠가는 실질적으로 규명할 수 있어야 한다. 섭리는 아직도 인류가 파악하지 못하고 있는 제삼의 힘이다. 神은 만상 가운데 편만 되어 있고, 뜻도 섭리로서 편재되어 있기 때문에 언젠가는 神意를 규합한 진리적 통찰 작업이 있어야 했다.[121] 이것이 각 영역에서 표출된 완성을 위한 의지이며, 그 같은 뜻을 총화시킨 곳에 섭리력의 본체가 있다.

先天 섭리를 완수한 지상 강림 의의는 참으로 중요한데, 만약 섭리의 본질을 끝내 밝히지 못한다면 감당할 수 없는 결과를 초래한다. 세계는 정말 우연에 의해 다스려지는 것인가(에피쿠로스 학파), 운명에 의해 다스려지는 것인가(스토아 학파), 하나님의 주권적이고 지혜로우며 선하신 의지에 의해 보존되고 다스려지는가? 이것을 분별하기 위해서는 섭리가 주재력을 개념적으로 뒷받침하는 것을 넘어 세계에 영향을 끼친 실존적인 본질 상황까지 주목해야 한다. 그리해야 진리적으로 접근할 수 있다. "섭리는 창조주가 그의 피조물을 보존하고, 세계에서 일어나는 모든 일에서 활동하며, 만물을 그들의 지정된 목적으로 인도하는 神적 에너지의 지속적인 실행이다."[122] 그렇다면 세계적인 현상들도 당연히 섭리 작용과 호흡을 맞추어야 하는데 우연과 운명이 버티고 있어 꼼짝을 할 수 없다. 성경이 하나님의 섭리를 지적했다고

---

120) 『역사의 의미』, 칼 뢰비트 저, 이한우 역, 문예출판사, 1993, p.27.

121) 『세계유신론』, 졸저, 인쇄본, 2000, p.355.

122) 『벌코프 조직신학(상)』, 루이스 벌코프 저, 권수경 · 이상원 역, 크리스천다이제스트, 1998, pp.372~374.

주장하지만 그것은 전부가 아니다. '섭리가 하나님의 치리 목적을 달성하기 위하여 행하시는 준비와 피조물의 보전과 관리를 의미한 것이라면'123) 세계에서 일어난 작용 현상들을 손바닥처럼 볼 수 있어야 한다. '창조주가 자기의 모든 피조물을 유지하기 위해 노력한 일, 생성하는 만사를 공작하신 일, 만물을 그 정명된 목적을 향하여 지도하신 하나님으로서의 神적 정력의 계속적인 활동 상황'124)을 어떻게 나타낼 것인가? 성경과 기독교 신학은 완성된 진리 상태가 아니므로 더 보완한 역사 과정이 필요하다는 사실을 알 수 있다.

섭리는 성경에 기록된 무수한 사건과125) 역사된 인물들을 통해 하나님의 뜻을 살피는 작업만으로는 확인할 수 없다. 만유 가운데서 작용하고 있는 섭리력을 직접 원리적으로 규명해야 한다. 이 힘이 하나님으로부터 나온 것인 한 우리는 그 메커니즘을 일반적인 현상과 연관 지을 수 있어야 하고, 고유한 작용성인 것을 밝혀야 한다. 하나님은 성경과 교회를 통해서만 역사하신 것이 아니기 때문에 일반적인 역사도 창조 섭리에 포함하는 작업을 해야 한다. 성경의 사건들은 하나님의 섭리성을 대표한 형태일 뿐이므로 원리성을 추출해서 일반사에까지 적용해야 한다. 이 일을 어떻게 이루고, 누가 이룰 것인가? 중세 교부철학의 대성자인 오거스틴(성 아우구스티누스)이? 그는 神意를 간파하고 神國의 도래를 전망했을 뿐이다. 역사 철학을 펼친 헤겔이? 역사를 문명 단위로 묶어 흥망성쇠를 규정한 토인비란 역사가가? 그들은 세계의 역사를 통찰했지만 이면에서 작용된 섭리 뜻은 몰랐

---

123) 『구약신학』, 원용국 저, 세신문화사, 1991, p.82.
124) 위의 책, p.83.
125) 『기독교와 역사이해』, 죠지 마르스덴·프랑크 로버츠 편자, 홍치모 역, 총신대학교출판부, 1981, p.79.

다. 지난 일은 그렇다 하더라도 미래의 역사 현상에 대해서는 또 어떻게 할 것인가? 세계사를 모두 규합할 수 있는 분은 전체자인 하나님밖에 없다. 그래서 섭리를 알기 위해서는 하나님의 뜻을 알아야 하고, 뜻을 알기 위해서는 핵심 본질을 규명해야 하는 절차를 거쳐야 했다.126)

세상 역사로부터 神意를 발견한다는 것은 쉽지 않다. 로마 제국이 확장되고 보존된 것과 멸망의 지경에 이른 것은 숙명인가?127) 로마가 그리스도교를 받아들였는데도 불구하고 더 큰 영광을 이루지 못한 것은 누구 탓인가(오거스틴)? 드러난 역사의 진행 상태와 결과를 통해서 섭리된 뜻을 알아낸다는 것은 참으로 어렵다. 짐작은 하더라도 무엇으로 심증을 뒷받침할 수 있겠는가? 神意는 일반 사물을 인지하는 것과 달리 삼세 간에 걸쳐 통합적으로 작용한 사실을 알아야 한다. 통합성의 섭리적인 발현이 神의 뜻이다. 神意는 추상적이고도 形而上學的인 통찰 대상이다. 이루어진 것들과 결과 지어진 것들을 함의한 상태에서 삼세 간에 걸친 본질을 두루 내포한다. 그래서 운이라든지 이유를 물을 수 없는 天命으로 받아들이고 해석했다.128) 숙명론은 물론이고 예정론마저 神意를 온전히 대변할 수 없었다는 점에서 해결할 수 있는 핵심 키는 결국 하나님에게 있다.

세상사는 태초로부터 무수하게 엮어져 왔지만, 중요한 것은 결국 역사를 직접 주재한 하나님의 뜻을 발견하는 것이다. 섭리는 하나님의 뜻을 드러내는 과정이고, 뜻에 힘(力)이 실린 작용력이다. 진실로 역사는 인간이 다 이루는 것이 아니다. 인간은 다만 추구할 뿐이며,

---

126) 神意를 역사 속에서 펼쳐 놓은 것이 섭리임.

127) 『신국론』, 아우구스티누스 저, 조호연·김종흡 역, 현대지성사, 1997. p.291.

128) 『서구의 몰락』, 슈펭글러 저, 박환덕·송동준 해설·역, 대양서적, 1980. p.171.

만사에 대해 의미를 부여하는 분은 하나님이다. 섭리는 무형의 작용력이다. 우리는 주어진 결과를 통해 결론을 구하지만, 섭리를 통하면 하나님이 사전에 준비하고 예정하신 작용력까지 통찰할 수 있다. 정교하게 빚어 놓은 토기는 그 용도와 함께 그 토기를 빚은 제작자의 수고도 담고 있다. 하물며 뭇 존재와 역사가 우연적인 현상의 연발로서 어떤 계획성도 추구 목적도 찾을 수 없는 것이라면[129] 인류 멸망이 바로 그 같은 무지로 인해 도래하고 만다. 정말 섭리를 모르면 인류가 멸망한다. 잃어버린 근본을 회복할 길이 없다. 만사가 우연적인 요소들의 집합체인 것 같지만 합치고 보면 필연적인 뜻이 드러난다. 하나인 뜻으로 꿰뚫어진다. 섭리를 아는 것이 하나님을 아는 길이고, 섭리를 알면 하나님의 뜻을 안다. 앎에 인류의 구원 여부가 달려 있다. 섭리가 밝혀졌다면 그것은 모든 면에서 때가 무르익었다는 뜻이기도 하다. 하나님이 강림하신 상태인데 주재된 역사가 베일에 가려 있다는 것은 말이 안 된다. 그런데도 궁극을 모른다면 섭린들 알겠는가? 원인을 알고 하나님의 뜻을 알아야 섭리를 통찰한다. 모른다면 결과가 어떻게 되겠는가? 인류 역사가 맹목적인 운명의 산물로 되어버리고[130] 우연성으로 곡해되어 원인도 알지 못한 채 뿔뿔이 흩어져 버리리라. 분열과 배회가 낳을 결과는 파멸뿐이다.

따라서 세계 가운데서 주재된 섭리 작용의 본질과 원리를 밝히는 것은 인류가 역사를 통해 이루어내어야 하는 대명적 과제이다. 우리는 아무 근거가 없는 주장에 대해서는 기대할 것이 없지만 근원과 연결된 섭리를 밝힐 수 있다면 한곳, 한 분을 향해 절할 수 있다. 성업

129) 『역사와 해석』, 안병무 저, 한길사, 1993, p.355.
130) 『역사란 무엇인가』, E. H. 카아 저, 박영준 역, 우암출판사, 1982, p.107.

을 찬미하리라. 아무리 세계가 분열되었어도 하나 될 수 있다. 작용된 원리를 밝히는 것도 중요하지만 직접 하나로 묶는 끈은 섭리이다. 섭리는 세상만사와 제 영역과 하나님을 연결시키는 실타래이다. 그래서 이 연구가 창조의 본의를 밝히고 핵심 본질을 규명한 성과를 근거로 천만 년 동안 역사된 섭리의 전모를 밝히게 되었다.

역사된 결과를 전적으로 하나님의 징벌과 심판에만 맞춘다면 주관적인 판단이 되고 만다. 세계의 섭리 역사는 하나님이 존재하신 실존 의지를 대변한다. 하나님의 의지하심이 말씀 가운데 있고 섭리 가운데 있다. 섭리가 작용된 메커니즘으로서 작용하였다. 그래서 이 같은 작용성을 세계적인 원리성에 입각해서 인식할 수 있는 진리력으로 전환시키고자 하는 것이 이 연구의 과제이다. 하나님의 주재 섭리는 반드시 드러날 수 있다. 한 의지로 꿰뚫어진다. 그리해야 세계가 하나인 것을 확인할 수 있고, 분열된 세계를 통합할 수 있다. 섭리는 하나님이 강림하셔야 밝혀질 수 있는 문제였고, 근원된 본질 규명으로 통찰되는 것이다. 섭리는 본질을 대동하였고, 강림하신 하나님은 섭리를 대동하셨나니, 그리해야 하나님이 세상 가운데서 안정되게 거하실 수 있다. 만사는 그대로 하나님 자체이다.

2. 섭리의 편재성과 세계 본질의 섭리성

세계가 지닌 섭리 작용의 특성을 추출하기 이전에 기본적으로 알아야 할 것은 섭리가 만상 가운데 미친 보편적인 작용이라는 것과 그러한 성향 자체가 곧 세계의 본질이라는 사실이다. 하나님이 천지를 창조하신 근거는 본질과 진리 가운데 편만 되어 있지만, 그 이면에는 보다 총화된 하나님의 뜻이 스며 있으므로, 이것을 알아야 한다. 중력이 뭇 존재에 미치는 현상과 하등 다를 바 없다. 원리나 법칙처럼 엄밀하기까지 한 의지력의 총화이다. 콩 심은 데 콩이 나고 팥 심은 데 팥이 나는 것은 자연의 법칙이기 이전에 섭리력에 의한 이치이다. 섭리는 통합성으로부터의 품이고 뭇 결정을 낳은 원초적인 의지력이다. 여기에 섭리의 미묘한 작용성이 있다. 섭리는 세상 법칙을 결정한 선재 의지력을 함유하여 가장 결정적이면서도 가장 주관적인 성향을 띤다. 특별한 작용력인데 일반적인 성향인 것으로 각색되어졌고 오묘한 힘으로 알려졌다.

유럽이 근대화되는 데 300년, 일본이 100년, 한국이 30년 걸렸다고 하지만, 섭리는 그렇게 계산대로 되지 않는다. 무슨 일이 어떻게 되든, 거기에는 운수로도 볼 수 있을 만한 무형의 섭리성이 팽배되어 있어 인간의 뜻만으로 성사되지 않는다. 자체 의지만으로서 실재할 수 없다. 아무리 원해도 거기에는 또 다른 의지력이 미치고 있어서 마음먹은 대로 되지 않는다. 여러 현상과 뒤섞여 좀처럼 정체를 알 수 없다. 그러나 "사물이 의식과 감각으로부터 신성하여지고 道를 통각할 수 있는 본질력을 갖추면 세계가 하나님의 의지와 함께한 사실을 알 수 있다."[131] 섭리력이 만사 가운데 미친 사실을 분별하는 데 아무 걸림이 없다. "경과된 과정 속에서 길은 분명 무언가로부터 구속되었고 세계 속에 휩싸였다."[132] 그런데도 보혜사란 통합적인 실체가 규명되기까지는 무형의 이끎이었고 정체불명인 작용력이었다. 그 힘은 자체로서 발생된 것이 아니다. 함께했지만 파악할 수 없었는데

---

131) 『길을 위하여(1)』, 졸저, 아가페, 1985, p.166.
132) 『길을 위하여(2)』, 졸저, 인쇄본, 1986, p.7.

섭리가 완수됨으로 한꺼번에 다가왔다. 섭리력은 개체와의 상호 작용이 있어야 비로소 포착된다.

인간이 지닌 의지 가운데 神의 작용이 있다면 神이 지닌 의지 가운데는 인간의 작용이 있다. 세계의 섭리성이 빠짐없이 본질로서 편만되었다. "역사 속에 神이 서 있다면, 역사는 세계에 있어서 곧 神의 길이다(랑케)."[133] 그러나 역사만으로는 神을 좀체 알기 어렵기 때문에, 추진된 역사가 완성되었을 때 神의 섭리가 드러난다. 유위(有爲)함에 섭리가 있고 존재함에 神이 있지만 그렇게 됨을 입증하기 위해서는 섭리가 완성되어야 했다. 그런 만큼 세계의 섭리성을 간파하기 위해서는 그만한 세월이 필요하다. 인간은 세계를 탐구해서 神에 이르는 길을 터야 했는데, 神과 세계에 이르는 길이 각각 별개였던 것은 섭리성이 상호 의존된 섭리 파편을 종합하지 못한 때문이다. 앞 수레바퀴와 뒤 수레바퀴를 연결하는 것은 수레가 지닌 전체로서의 기능이다. 섭리가 편재되어 있다고는 하나, 이들을 연결시키는 것은 전체적인 뜻을 관장한 안목이다. 서양은 서양대로, 동양은 동양대로 주재된 섭리가 있어 서양이면 서양, 동양이면 동양만으로서는 자체 지닌 섭리성을 부각시킬 수 없었다. 어떤 영역도 각 존재는 전체 가운데 섰을 때 자체의 존재성이 명백해진다. 이것을 알아야 섭리적인 특성을 통찰할 수 있다.

세계는 섭리성으로 편만되어 있고 섭리로 운행되고 있다. 건강한 사람이 꿀을 먹으면 달콤한 맛이 난다는 것은 공통적으로 인정된 사실이다.[134] 각자 독립된 개체인데도 단맛 하나로 상호 연관되어 있

---

133) 『신이상주의 역사이론』, 이상현 저, 박문각, 1992, p.116.
134) 『세계사상대계 3(인간의 발견)』, 박종홍・이종우・정석해 감수, 신태양사, 1965, p.126.

다. 섭리도 이와 같다. 세계는 참으로 가늠하기 어려운 운위 체계이나 섭리를 통하면 하나로 소통시킬 수 있다. '섭리가 세계를 지배한다'[135]고는 하지만 어떤 해명도 없이 우연성을 전격 불식시킬 수는 없다. 작용된 근거를 밝혀 내재되면서도 선재·일관되어 있다는 사실을 확인해야 비로소 神意가 완성될 수 있었다는 것을 알 수 있다. 헤겔처럼 "神적 섭리가 자기 목적, 즉 세계의 절대적이고 이성적인 궁극 목적을 실현하는 무한한 힘으로서의 지혜"[136]라고 보는 것은 절대 목적으로 뭇 존재를 강압한 듯한 인상을 준다. 세계가 섭리되었다면 그것은 만인이 보기에 합당한 당위 작용성이 되어야 한다. 섭리란 내재만 하고 있는 것이 아니며,[137] 세계를 이끈 주재 의지력이란 사실을 알아야 세계의 섭리 역사까지 규명할 수 있다. 그래서 세계 가운데서 작용한 섭리 역사를 밝히고자 하는 것이 이 연구의 저술 목적이다.

3. 섭리의 통일성과 일관성

섭리를 설명할 때는 통상 기독교 신앙과 하나님을 연관 짓는데, 섭리는 사실 세계성에 바탕이 된 본질 작용과 특성을 드러낸다. 특성 가운데 비로소 하나님의 존재 성향과 뜻이 나타난다. 신앙인은 절대적인 믿음을 가지고 있어 이래도 神의 뜻이고 저래도 神의 뜻이라고 생각하지만, 일체를 神의 뜻으로 여기는 것은 믿음일 뿐, 확고한 판단

---

135) 『역사철학 강의』, 헤겔 저, 김종호 역, 삼성출판사, 1983, p.83.

136) 위의 책, p.83.

137) 『서양사학사』, 이상신 저, 청사, 1984, p.491.

근거를 가진 것은 아니다. 주관성을 벗어날 수 없다. 그런데도 이 연구가 섭리의 특성을 말할 수 있는 것은 길의 추구 결과를 통찰하는 과정에서 발견한 성과 때문이다. 과정은 전체란 차원성과 긴밀하게 연결되어 있어 과정을 살펴보니 일군 생각들 중에서 섭리로서 판단할 만한 특성이 있었다. 본인이 가진 믿음과 진리 일굼은 무작위적이다. 직관된 뜻이고 혼자 뇌까린 독백이다. 그런데 소정의 과정을 겪은 후에 다시 살펴보니, 이전에는 보지 못한 일관성이 엿보였다. 이것은 한 올 한 올로 십자수를 놓은 것과 달리 인생을 담보로 해서 시공간에서 수놓은 진리 일굼 역정이다.

어떤 주제를 가지고 글을 쓴다면 문장을 유기적으로 전개할 수 있지만 진리 일굼은 그렇지 못하다. 모두 독자적이라 의도하지 않았지만 진리를 탐구하고자 한 의지와 하나님을 향한 믿음이 깊은 의식으로 잠재되었다. 일관성과 통일성은 자각이 있고 난 이후에 발견하게 된 사고 작업 결과이다. 하나하나가 막연한 마음일 뿐이었는데 때가 되어 종합하고 보니, "거기에는 지금까지 발견하지 못한 놀라운 뜻이 숨어 있었다."[138] 주재성이 드러났으며, 감찰해주신 은혜는 굳센 믿음을 낳았다. 그것이 길의 과정을 통괄한 의지의 일관성이고 통일성이다. 소음과 오케스트라의 장중함이 구분되는 것처럼 우연일 수 없는 일관성과 통일성 역시 확고하게 구분되는 것이다.

그런데도 이전에 섭리의 일관성과 통일성을 발견할 수 없었던 것은 세계를 판단한 종합적인 통찰 작업이 없었기 때문이다. 일관된 추구 의식을 가지지 못한 바에는 의식이 생성하는 세계 위에 반영될 리

---

138) 『길을 위하여(1)』, 앞의 책, p.425.

만무하고, 神의 반응인 통일성을 이루기가 어려웠다. 세계를 완성하고 전체를 통괄해야 섭리의 일관성과 통일성을 구할 수 있다. 그렇지 못하면 각자가 독자적으로 세계관을 구축할 뿐이다. 칼 마르크스는 역사를 운명이나 소위 神의 손이 아닌 인간에 의해 만들어졌다는 사실을 강조했다(『사적유물론』).139) 역사를 인간시대의 산물로 보고, 인류가 도구를 발명하는 데 있어서 하늘에서 천사가 내려와 쟁기와 바퀴 만드는 법을 가르쳐준 것은 아니라 하였다. 하지만 누가 천사가 내려왔다고 했는가? 섭리는 통합적이므로 전체적인 뜻에 입각해서 해석해야 한다. 개별적으로 판단해서 건조한 배는 난파되기 십상이다. 그래서 섭리를 모르면 인류가 멸망한다.

섭리는 종국에 일관되고 통일된 특성에 근거해서 하나님의 존재 속성과 뜻을 확인할 수 있다. 우리가 거해야 할 궁극적인 의뢰처는 하나님이다. 섭리는 하나님의 뜻으로 각색되어 연출된 대 파노라마이다. 섭리는 참으로 놀라운 세계의 본질 구조를 지닌다. 우연적인 요소들을 결집시켰는데 통일성이 나타나다니! 시공간이 일관되는 것은 하나님이 구속하신 뜻과 의지가 존재해서이다. 시공이 본체화되어 있어 의지가 일관되고, 천만 년에 걸쳐 생성된 섭리가 꿰뚫어진 것이다. 역사가 하나인 목적성으로 꿰뚫어지면 그것이 시사하는 바는 조화와 유기체성 이상이다. 전체자인 하나님이 주재하심에 따른 결과이다. 일관성과 통일성으로 뭇 영혼이 구속되었고 인류 역사가 주재되었다.

주재된 적용 범위는 한 인간의 독백으로부터 시대를 달리한 세계사에 이르기까지이다. 그래서 이 연구가 해결하고자 한 것도 섭리 작

---

139) 『마르크스(생애와 사상)』, 리우스 저, 이동민 역, 오월, 1990, p.124.

용의 본질적인 특성을 밝히는 작업과 함께 인류가 거친 문명사까지 일관, 통합하는 것이다. 이것은 앞서 '역사의 본질 탐구' 저술에 힘입어 이 연구가 펼치게 된 단계적인 목표이다.[140] 천지를 창조한 하나님은 직접 주재하신 섭리를 통관할 수 있으며, 강림하신 하나님은 세계 역사를 일관시키고 대 통일성을 기필코 달성하리라.

4. 섭리 작용의 인식과 통찰

인간은 얼마만큼 인생의 의미를 파악할 수 있는가? 지나온 역사에 대한 인식은? 섭리는 과연 판단될 수 있는가? 하나님의 섭리를 분별할 수 있는 자는 신앙이 깊은 자에게만 주어지는 조건적인 것인가?[141] 섭리는 통찰할 수 있는 특별한 안목과 준비가 필요하다는 것을 인정해야 하는가? 섭리를 아는 데 믿음이 요구되는 것이라면 인격적인 창조주에 대한 개념이 없는 문화권에서는 전혀 인식할 수 없는 것인가? 여러 가지 상황을 놓고 보면, 섭리의 인식은 여타 여건과 비교해볼 때 그만한 노력이 필요하다. 道도 그것을 구하지 않는 자에게는 주어지지 않는다. 앞장에서도 밝혔듯이, 섭리 인식의 주 포인트는 전체적이고 통체적인 하나님의 뜻(神意)을 아는 데 있다. 그런데 그 뜻은 소설을 펼치듯 나열되어 있는 것이 아니다. 神意는 구하고 깨우쳐서 확신하는 것이다. 따라서 신앙을 가진 자만 섭리를 인식한다기보다는 그만한 믿음과 추구가 있을 때 조건적으로 주어지는 것이 섭

---

140) 2012년 1월 2일, 『역사의 본질 탐구』 출판.

141) 섭리에 대한 인식은 이미 신앙을 가진 자에게만 이루어진다. 인간적인 방법으로도 자연적인 방법으로도 하나님의 섭리를 알 수 없으며, 다만 신앙을 통해서만 하나님의 섭리를 인식할 수 있다. - 「칼뱅의 예정론 이해」, 황재범 저, 계명대학교대학원 신학과 석사학위 논문, 1986, p.48.

리 통찰 안목이다. 섭리를 통찰할 수 있는 안목을 확보하면 神意를 깨우칠 수 있다.

하나님의 주재 섭리는 쉽게 드러나지 않는데, 하나님과 상관조차 없을 것 같은 세속사에 있어서는 더욱 그러하다. 그런데도 섭리는 세속사를 포함해서 창조 역사까지 포괄해야 하므로 이런 조건을 충족시킬 수 있는 안목이 필요하다. 물론 우리는 무엇을 통하더라도 神의 의도와 경륜을 쉽게 알 수 없다. 자연물들도 자신들이 움직이는 법칙과 질서를 깨닫지 못한다. 따라서 섭리를 파악하기 위해서는 神意에 대한 절대적인 앎이 필요하다. 철저한 통찰 안목을 구비해야 한다. 그러지 못하면 미완인 인식 상태에 머문다. 하나님이 이루신 세상 경륜을 파악하지 못해 세계의 본질적인 섭리 현상에 대해서도 불완전한 이해에 그친다. 신앙을 가진 사람들은 부족하기는 하나 섭리를 보고 하나님의 뜻을 일부는 알아차렸는데, 그것을 神의 은총이란 말로서 표현하기도 했다.[142] 그러나 알고 보면 이처럼 애매한 말도 없다. 섭리를 제대로 통찰하지 못한 증거이다. 오거스틴은 "우리의 역사는 선과 악이 대립하며 神의 뜻과 악의 세력이 공존하는 과정에 있다"[143]고 했다. 역사의 방향과 의미가 神의 의지와 뜻이 섭리로 나타난 구원에 있다고 하였지만, 섭리에 대해서 과연 몇 퍼센트 정도 근접한 개념이겠는가? 틀린 것은 아니지만 그 순도를 얼마만큼 장담할 수 있을까? 神意를 통찰하기 위해서는 성업을 이루어야 하는데, 그것은 세계의 본질에 대해 섭리성을 확인하는 것이다. 神意를 인식하는 절차가 까다롭다 보니 "평범한 역사가의 눈에 비친 역사는 아무 연관도 없는

---

142) 『종교의 철학적 이해』, 김형석 저, 철학과 현실사, 1992, p.246.
143) 위의 책, p.246.

사건들의 연속에 불과한 것으로서 조리가 서지 않은 것처럼 보인다. 또한 역사에 어떤 계획이 있다고 여겨 살펴보지만"[144] 섭리를 모르는 한 발견하기 어렵다. "과학적인 법칙들이 필연적인 진리를 언명하고 있는 이유",[145] 그리고 사물과 인생과 역사의 존재 이유 등에 대해 누구도 자체로서는 해명하지 못했다.

그래도 해결할 수 있는 가능성이 있다면 그것은 무엇보다도 하나님의 뜻이 세월을 두고 드러난다는 데 있다. 긍정적인 것이든 부정적인 것이든 "각 시대는 그 자체가 최고의 가치를 지닌다."[146] 그러나 그것이 전부는 아니다. 가치에 대한 평가는 세월을 기다려야 한다. 그렇다면 그 기다림의 정도를 어디까지 잡아야 하는가? 神意를 종합적으로 통찰할 때까지이다. 자체로서는 어떤 의미도 알 수 없다. 언젠가는 존재한다는 사실에 대해 궁극적인 통찰이 필요하고, 섭리의 통체성에 입각해서 분열된 과정을 파악해야 한다. 그리하면 온전한 神意, 곧 섭리성을 통찰할 수 있다. 처음에는 부분적으로 섭렵하게 되겠지만 부분과 전체, 원인과 결과를 함께 판단할 수 있는 때가 이르면 그때 섭리를 온전히 통찰할 수 있다. 관점을 확보하고 인식한 절차를 거쳐 세계에 가로놓인 섭리성을 판단할 수 있다. 섭리를 완수한 관점에서 보면 어떤 존재·인생·역사·주재·의지라도 꿰뚫어지지 않을 대상이 없다. 놀랍게도 만유의 제 현상들이 모두 하나님의 뜻으로 비친다. 뜻을 알고 깨닫기 전에는 우연의 소치인 것으로 여겼는데, 자각함과 동시에 섭리로 전환된다. 섭리를 벗어난 작용 현상이 하나도

144) 『역사철학』, W. H. 윌시 저, 김정선 역, 서광사, 1985, p.29.
145) 『과학철학의 역사』, 존 로제 저, 최종덕·정병훈 역, 한겨레, 1992, p.32.
146) 『서양사학사』, 앞의 책, p.488.

없다. 인류 역사는 神意를 드러내기 위한 생성 역사인데 이 사실을 미처 깨닫지 못했다. 神意는 道를 깨닫는 것처럼 한꺼번에 통달된다는 특징이 있다.

따라서 우리는 통체성으로 인식되는 섭리의 작용 근거가 어디에 있는 것인가를 살피면 섭리는 반드시 인식할 수 있다. 그 이유는 神이 존재하기 때문이고 뜻한 의지를 세계 내에서 섭리로서 펼쳤기 때문이다. 직접적이지 못해 파악하는 데 어려움이 있었던 것이지만, 세계의 바탕이 된 본질과 함께하면서 삼세 간에 걸쳐 있는 본체 의지가 작용하여 인식할 수 있게 되었다. 神意를 통찰하면 삼세 간을 초월해서 인식할 수도 있다. 또한 결과를 근거로 역순을 밟으면 섭리가 일관되고 통일, 선재되었던 사실을 확인할 수 있다. 왜 선현들이 섭리력을 命·天·易·神 등으로 표현하였는지에 대한 이유도 안다. 섭리된 추진 에너지가 분열을 통해 완성을 지향한 것인데, 그 지향 메커니즘을 파악하지 못했다. 노력은 있었지만 그것이 무엇을 향한 추구였다는 것은 알 수 없었다.

오늘날까지 섭리를 제대로 알지 못했던 것은 바로 그 섭리가 지닌 통합적인 성향 때문이다. 섭리는 부분적으로는 인식되지 않으며, 세계가 완숙된 때에 한꺼번에 드러나는 것이고, 의식 밖에서 함께했다.[147] 그래서 神이 존재하지 않는 것처럼 보였고, 역사를 주재했지만 관여되지 않은 것처럼 보였다. 무엇도 자체로서는 자신의 존재 의미를 모른다. 섭리는 인식한다기보다는 통찰을 통해 접근하는 것이 더 정확한 방법이다. 섭리는 부단하게 전체성을 살펴야 한다. 늘 깨어 있

---

147) 섭리는 때가 되면 통합적으로 드러남.

어야 하고 숱한 의미를 개진해야 한다. 神意를 알지 못할진대 어디서도 생성된 가치를 판단할 수 없다. 창조된 가치는 없을 수가 없어 神意를 부단하게 살펴 드러내어야 한다. 생성이 완료된 연후에야 주어지는 결과이기는 하나, 섭리는 때가 되면 반드시 통찰된다. 그런데도 세계와 역사는 존재하게 된 의미도 모르면서 존재하고 있고, 알았다 하더라도 왜곡되거나 자기도취적인 우월감에 휩싸여 있다. 무신론, 유물론, 진화론 등이 그러하다. 오거스틴이 말한 신국 사상도 완전하다고 인정할 수 없다. 성경에 기록된 약속들도 마찬가지이다. 보혜사 하나님이 강림하셔야 했다. 인류 역사는 인간이 의도해서 엮어 놓은 것이 아니다. 하나님의 뜻으로 섭리된 것이라면 이 같은 비밀을 어떻게 풀 수 있는가?

> "억겁의 시간과 공간과 세월이 한곳으로 꿰뚫어지고, 쌓였던 인고와 의문과 문제가 일순간 뚫려 버리는 통천(창조의 시공간대 하늘이 일순간에 뚫림). 의문에 찼던 고뇌와 대립이 일순간 풀려나는 자리. 진리와 정의와 善을 향한 희생이 한곳에서 의미가 되살아나는 자리. 인류의 창조 역사가 한 의식으로 통찰되는 대오의 순간. 창조 의지와 섭리하신 목적을 엿볼 수 있는 자리. 하나님의 은혜가 하해와 같이 사무치는 아아, 가슴 벅찬 일여의 순간이여! 대오의 세계여! 억겁 성상에 걸친 하나님의 창조 역사여!"[148]

부분이 지닌 의미는 항상 전체가 지닌 의미에 의해서만 전격적으로 뒷받침된다. 그러니까 분열적인 인식으로부터 통합적인 인식으로 전환된 순간 천만 년에 걸쳐 주관된 역사가 일시에 통찰되고, 막혔던 장애 요인들이 사라진다. 부분 안에 갇혀 있던 관점들이 활짝 풀려

---

148) 『길을 위하여(3)』, 졸저, 인쇄본, 1990, p.115.

통천된 시야를 제공한다. 대오·대각의 세계이다. 분열된 요소들이 한순간에 연결된다. 뚜렷한 합목적성으로 꿰뚫어진다. 섭리된 작용력이 세계 원리화된다. 유랑하는 것처럼 보이던 별들이 일정한 순환 궤도를 그리는 것처럼, 하나님의 섭리성에 대한 통찰도 동일한 결과를 이룬다. 세계사에서 법칙적, 섭리적인 것이라고 할 수 있는 보이지 않는 손을 발견하려는 노력 따위는 부질없는 시도149)라고 일축할 수도 있지만, 그것이 얼마나 편협한 생각이었던가 하는 것은 섭리의 작용 원리가 밝혀짐으로 분명해졌다. 하나가 계속되고 지속적으로 반복된다면 그것은 바로 법칙이다. 두세 시간 동안 기다렸는데도 한 마리도 낚지 못한 낚시꾼이 물고기가 씨가 말랐다고 불평한다. 그러나 정말 그러한가? 우리가 겪은 神의 업(業), 법칙, 이성 작용 가운데는 인식 여부와 상관없이 하나님의 섭리성이 내포되어 있다. 神의 섭리가 미치지 않는 곳은 세상 어디에도 없다. 단지 통찰하는 데 어려움이 있었던 것인데, 해결하지 못하고 바다 전체를 온통 싸잡아 고기 한 마리도 없다고 단언한 것과 같다.

 "헤겔은 절대 정신이 자의식을 가지게 되는 과정으로서 역사를 해석한 최후의 위대한 기독교 철학자였다."150) 각색해서 표현한 절대 정신을 세인들은 神의 변용된 절대 의지로 간주했지만 절대 정신은 정말 어느 모로 보나 절대적으로 표현된 하나님의 섭리력이라고 보아도 무방하다. 神意를 규명하지 못한 상태에서의 이해 관점이다. 자기 본성과 세계적 의지가 완수되어야 神意가 드러나는 것인데, 그러지 못한 상태에서는 점괘를 통해 미래를 예측하려 든 태도와도 같다.

---

149) 『역사철학 강의』, 앞의 책, p.50.
150) 『마르크스의 혁명적 사상』, 알렉스 캘리니코스 저, 정성진·정진상 역, 책갈피, 1993, p.116.

그 같은 통찰이 온전하지 못하리라는 것은 명약관화하다. 우연은 필연의 연속선상에 있는 것인데도 도상에서는 어느 모로 보나 우연으로 보인다. 필연성을 총체적으로 밝혀줄 자 과연 누구인가? 창조 역사를 전체자로 관장한 보혜사 하나님이시다. 하나님은 우연적이라고 여겨진 사상들의 단편 안에 로고스의 전개의 연쇄를 보고자 한 것이 역사 서술의 중심 과제라고 했듯, 그 단편의 연쇄를 가능하게 한 것이 바로 섭리를 밝히는 작업이고, 그곳에 전체를 동반한 하나님이 계시다. 개개 가치의 완성에 神의 심판이 있고, 세계 역사의 완성에 하나님의 뜻이 머문다. 그래서 섭리를 꿰뚫으면 세계가 통합된다. 섭리를 통찰한 이면에 인류 역사를 주재한 하나님이 계시다.

5. 섭리의 본질·자유·주체 의지성

섭리는 주어진 결과를 인식하고 통찰하는 것이지만, 본바탕에 神의 계획이 기초된 의지가 뒷받침된 사실은[151] 표면화되어 있지 않다. 섭리가 컨트롤할 수 있는 의지력의 관할 안에 있지 않다는 것은 天命이나 운명이 지닌 지배 형태를 통해서도 알 수 있다. 이것은 神을 인격체로서 접하지 못한 동양에서의 개념이기는 하나, 천지간에 미친 섭리력을 밝히는 것은 하나님이 주재하신 의지성을 드러내는 데 목적이 있다. 섭리를 총괄한 곳에 하나님이 계시다. 섭리의 주관자는 영이시므로, 섭리의 주체는 그대로 神의 주재 의지이다. 그래서 섭리를 안다는 것은 神의 의지를 깨닫는 것이고, 의지가 작용된 사실을 통해 神

---

151) 『중국사상사』, 森三樹三郎 저, 임병덕 역, 온누리, 1990, p.67.

의 임재 사실을 확인한다. 섭리는 하나님의 존재 의지가 작용함으로써 감지되는 인식 형태이다.

섭리가 이러할진대 섭리의 본질은 규정될 수 있다. 의지는 눈으로 확인할 수 있는 실체가 아니지만 거부할 수 없는 힘으로 느껴지는 그 무엇이다. 이런 작용이 다방면에 걸쳐 흔적을 남긴다. 그러나 하얀 눈밭을 걸었을 때 남는 발자국과는 다르며, 섭리는 사전에 의도되고 약속된 형태로 작용된 흔적을 남긴다. 자신의 의지대로 살았는데 알고 보니 전격 하나님이 구속하셨다는 것이 그것인데, 인류 역사도 알고 보면 그와 같은 방식으로 인도된 섭리를 통해 일관되어 있다. 하나님의 창조 의지가 역사를 통해 분열된 형태로 작용된 것이라, 이것을 알면 세계사의 본의도 안다. 인생과 역사와 구원이 하나님이 주재하신 의지로서 이루어졌다. 의도된 의지성이 있어 인간은 타락해도 섭리적으로는 어떻게 하든 구원을 지향했다. 섭리로서 통제되었고 구속되었고 의지로서 주효했다. 우리는 본성적으로 무한한 자유를 구가하고 있다고 믿지만, 사실은 그렇게 주어진 자유 자체가 하나님이 허락하셨기 때문에 누리고 있는 의지이고 은총이다. 자유 의지가 다하면 神의 무한 의지 속으로 귀속된다. 만사는 의지화된 섭리와 무관하지 않다. "너희 안에 행하시는 이는 하나님이시다."[152] 아무 곳에나 기쁘신 뜻과 소원을 두지는 않겠지만, 그래도 뜻을 두어 섭리하심이 창조로부터이고, 행한 의지가 섭리로서 나타났다. 세계 역사도 의도된 의지력으로 주도되었다. 인생은 자기 의지 안에 있는 것 같지만[153] 운명 속의 길은 하나님의 뜻에 의해 이미 정해졌다. 자유 의지에 따른

---

152) 빌 2:13.
153) 자신의 뜻과 자유 의지로 자기 운명을 결정함.

결정을 하나님이 한발 앞서 결정했다. 사전에 결정하신 그것이 의지화된 섭리 작용이다. "본질이 통합된 시점에 다다라 의도된 주체 의지의 본질이 규명된다."[154] 하나님이 사전에 의도하신 사실을 알 수 있다. 주관된 역사는 한 치도 흐트러짐이 없다. 관여된 흔적이 섭리로서 실재한다.

섭리의 본체라고도 할 수 있는 의지는 비록 형태가 무형이기는 하나 생성함을 통해 인식할 수 있는 有的 대상이며, 창조의 근간이 된 조물의 원동력이다. 능히 세계를 주도할 만한 창조 에너지이다. 섭리는 하나님은 물론이고 우리도 펼쳐 놓은 발자취를 추적하면 꿰뚫을 수 있다. 주도된 의지성을 실감나는 실체로서, 혹은 진리로서 체득한다. 하나님이 강림하신 사실을 세계 역사를 주관하신 섭리 의지로서 확인하게 되리라.

6. 섭리력의 구속과 의지 합일성

통상 구속이라고 하면 자유로운 행동을 제한하거나 정지시키는 얽매임과 속박을 연상한다. 그러나 기독교인들은 하나님이 자신을 구속하는 것을 큰 영광으로 삼는다. 왕이 한 백성에게 관심을 표명하였다면 그것은 정말 영광이다. 보잘것없는 인간에게 은혜가 베풀어진 것은 곧 구원을 뜻한다. 하나님이 역사를 통해 구속 의지를 표명했다면 그것은 인류가 구원될 수 있는 가능성을 비친 것이다. 구속은 존재가 지닌 의지력의 형태로 표출되며 섭리로 감지된다. 구속은 결코 자유

---

154) 『길을 위하여(3)』, 앞의 책, p.284.

를 속박하는 것이 아니며, 부여된 의지의 한도를 벗어나지 못하게 되어 있는 세계 구조를 나타낸다. 원리도 법칙도 그것은 부여된 의지력의 한 형태이다. 존재된 테두리에 속한 일종의 세계적 결정 의지이다. 자유를 누리는 데 있어 자유를 한정할 수 있는 제한성은 있지만 그 자유는 전체로서 허용된 자유이다. 그래서 부인할 수 있는 자유는 있어도 도무지 부인될 수는 없는 구속력이 무형의 의지로서 팽배되어 있다. 벗어날 수 없는 구속력을 일컬어 우리는 숙명이라든지 운명 탓으로 돌리지만, 믿음 어린 추구에 대한 응답으로 본다면 오히려 구원에 대한 확신이 될 수도 있다.

> "길은 하나님의 의지로서 구속되었나니, 나는 다만 길을 갔을 뿐, 처음부터 끝까지 길을 인도해주신 분은 하나님이다."155)

길을 추구한 결과가 이러하다면 인류 역사도 그 본말을 규정함으로써 구속된 섭리가 밝혀지리라. 인류 역사는 하나님이 이루신 놀라운 역사로서 하나님이 구속하신 섭리 영역이다.

그렇다면 만사가 구속되어 섭리된 사실을 확인할 수 있는 근거는? 그것은 인간의 자유로운 추구 행위가 하나님과 연관되어 있고 하나님의 뜻을 따르고 있었다는 사실을 발견함으로써이다. 길을 통하면 믿음으로 교감된 한 인간의 존재 의지가 하나님의 뜻과 합일하게 된 과정을 추적할 수 있다. 즉각적으로 통달할 수 있는 것은 아니지만 믿음은 그 차이를 최소화시켜 의지의 합일성을 도출한다. 그것은 일방적인 전달 체제인 계시와는 차원이 다르다. 의식화된 의지로 뜻을

---

155) 『길을 위하여(1)』, 앞의 책, p.487.

수용하는 형태라고 할까? 결과를 보고 소정의 과정을 추적하면, 개체와 전체 간에 합일된 과정을 확인할 수 있다. 神意 내지 天命을 깨달으면 자신이 품은 뜻이 종국에 하나님의 뜻과 일치된 사실을 영광으로 인지한다. 통달한 확신이 영혼과 진리 세계를 장악한다. 구속하심에 대한 은혜가 만 영혼 위에 사무친다. 한 인간의 생각한 것 전체를 하나님이 감찰하고, 인도·연단해서 완수시키셨다. 어렴풋한 믿음이 일시에 각인되고 차원적인 본질을 수용하여 주재된 목적 의지를 꿰뚫게 된다. 독백·기도·생각 일체가 하나님의 뜻으로 승화되고 사명화됨으로 그 부르심, 그 은혜, 그 세우심에 대한 약속이 하나님의 뜻인 것을 의심할 수 없고, 구속된 일관성은 만인이 하나님의 임재 사실을 확인하는 근거이다.

서양의 중세시대에는 보편 논쟁이 있었다. "신앙에 치중한 자는 개물에 앞서 보편이 실재한다고 했고, 이성에 치중한 자는 보편은 명목일 뿐이고 개물이 진정한 실재라 하였다."156) 참으로 판단하기 어려운 문제이다. 어느 한쪽이 맞는다고 할 수도 없고 틀리다고 할 수도 없다. 전체인 보편이 드러나야 하고 세계의 생성이 완료되어야 한다. 그러나 세계가 섭리된 사실을 확인하려고 한다면 보편과 개물의 실재성을 동시에 인정한 선상에서 일치점을 찾아야 한다. 나아가 보편이 개물을 구속한다는 믿음을 가져야 상호 의지 작용으로 하나 될 수 있다. 이 연구가 지상 강림 역사를 증거하고 세계 통합 의지를 표방한 것은 길로서 깨달은, 하나님이 알리고자 하신 뜻이다. 하나님이 종말에 처한 인류를 구원하기 위해 한 인간의 인생 전말과 생각을 구속

---

156) 『세계사』, 한국사목연구소 편찬, 1993, p.29.

하셨다. 물론 확인이 필요하지만 관건은 하나님과의 의지 투합 여부이다. 교감된 생각들이 구속된 절대 神意였다는 것이 섭리력의 특성 본질이다.

7. 섭리의 완성과 통달 관점

이 연구가 의도하고자 하는 바는 세속적인 역사를 어떻게 하면 하나님의 뜻 안에서 가치를 인정하고 역사된 과정을 해명할 수 있는가 하는 것이다. "이를 위해 추구된 제반 과정들이 섭리의 지배를 받아 드러날 때를 기다리고 있었나니",157) 길의 믿음은 진리를 완성하고, 진리는 섭리를, 섭리는 세계를, 세계는 하나님의 본체를 완성하는 머나먼 도정 위에 있었다. 본인은 길을 완성하고자 했지만, 길을 완성시킨 하나님의 내심 목적은 자체 본체를 완성시키고자 한 데 있어, 이 목적을 이루기 위해서 하나님이 온갖 지혜를 동원하셨다. 의도된 활동으로 전 과정을 섭리하셨다. 원리, 법칙, 이치에 근거했다는 것이 길을 통해 확인된다. 그 힘, 그 구속력, 그 섭리력을 감지하고, 의혹의 실체를 규명하고자 한 실존적 노력 가운데서 길이 추구되었다. 길을 구속한 의지는 어떤 경우에도 영향을 미쳤는데, 문제는 이것을 어떻게 이해할 수 있는가 하는 것이다. 일반적인 것을 특별한 것으로 전환시키는 것은 어떻게 사명을 자각하는가에 달렸다. 도정 속에서는 자신이 걸어온 인생조차 이해할 수 없다. 원하는 대로 완수된다면 이해하지 못할 것이 무엇이겠는가만, 알 수 없는 섭리력이 작용하였다

---

157) 『길을 위하여(1)』, 앞의 책, p.149.

면 상황이 달라진다. 세계적 성숙과 시대의 해원을 끝까지 기다린 결과 인간의 자유 의지가 다한 곳에서 神의 뜻이 드러났다. 뜻을 밝히기 위해 전 과정을 인도한 의도성을 감지할 수 있다. 물질을 통해서건 정신을 통해서건 혹은 道를 통해서건, 뜻을 드러내기 위해서는 우주가 합작되어야 한다. 이러한 역정을 통해 우주적 지혜가 시공의 질서를 통해 수놓아졌다. 뜻 하나로 주관됨으로, 뜻을 품게 된 길은 창조의 비밀을 넘치게 담을 수 있었다.

대통령이 순방길에 오른다는 것은 예사 목적이 아니다. 보혜사 하나님의 지상 강림 역사도 그러하다. 하나님이 존재 형태를 달리해 강림하심으로 전 우주가 긴장하고, 맞이할 채비를 차리고 있다. 만물의 영장인 인간만 대비하지 않고 있다. 인류가 시도했던 무수한 실패가 어찌 인간의 책임만으로 낙찰될 것인가? 인간은 행하였지만 모든 것을 이룬 분은 하나님이며 섭리력이란 거부할 수 없는 힘이 도사렸다. 인간은 세계에 대한 주체자로서 역사를 주도하였지만 지금까지 무수한 세월이 지났는데도 역사를 완성시키지 못한 것은 어찌된 일인가? 이 연구는 저술을 위해서 자료를 준비하였지만 끝까지 사용하지 못하는 자료도 생긴다. 쓰고 버림에 있어 쓰이고 버려지는 하나님의 결재권이 작동한 것이듯, 뭇 존재도 관여된 존재 의지는 있지만 완성을 지향하는 과정에서 무수하게 선택되는 것이라, 섭리도 그러한 생멸 과정을 거쳐 창조 목적을 달성한다. 그래서 결국은 버려짐도 하나님의 뜻이고 쓰임도 하나님의 뜻이란 사실을 알 수 있다. 역사 위에서 수많은 국가·민족·인물들이 명멸한 것은, 그렇게 혼돈으로부터 역사를 주재한 과정이고 노력이다. 우리는 좌절을 딛고 삶을 이끌어가듯, 창조 섭리도 그러한 과정을 거쳐 자유와 제도와 역사와 질서를 완성시켰다. 흠이 생긴 토기는 파기시키듯, 주재된 섭리도 그러하다. 섭리를 완성하는 데 있어 하나님의 결재권이 작동한 것인데, 하나님은 모든 것을 사전에 아시고 역사에 섭리력을 집중시켰다. 섭리는 상호 작용 가운데 있으며, 그중에서도 하나님이 부여하신 것은 자유 의지이다. 그렇기 때문에 아무리 하나님이 예정하셨다고 하지만 일부 궤도 이탈이 예측되기 때문에, 하늘은 스스로 돕는 자를 돕는다고 한 특성을 지녔다. 섭리력은 보편적으로 미치지만 운행상에 있어서는 특별함이 있다. 삼라만상은 다 하나님의 사랑으로 창조되었지만 특정한 사랑도 있기 마련이다. 섭리가 완성되는 것은 치밀한 사전 의도 위에 있다. 은혜 받을 자가 은혜 받고 완성시킬 자가 뜻을 완성한다. 불굴의 집념과 믿음을 가진 자가 뜻을 이룬다.

先天에서는 "진리적인 기반이 확고하지 못해 섭리를 완수할 주재자가 도래해야 했다."[158] 창조의 문이 다 개방되지 못한 상태인데 일부 개관된 안목으로 전체적인 세계관으로 행사한 것이 문제였다. 유교, 기독교, 이슬람교 등 어떤 종교도 사상도 그것은 주재된 전체 섭리를 대변할 수 없다. 그런데도 대변하려고 한 데 억측이 있었다. 섭리를 판단하는 것이 역사를 완성하는 지름길인데 자신들의 진리성만 절대적인 것으로 고집했다. 그 판단 관점과 견해차란 실로 엄청나다. 인간이 태어났을 때 神의 은총은 과연 모든 운명에 관여되었는가? 지성들은 어떤 해답을 줄 수 있는가? 그들은 세상적인 의미와 섭리를 판단할 위치에 있지 못했다. 일구어진 가치는 한결같이 뒷받침된 섭리이고 인고를 다해 사랑하신 뜻을 드러내기 위한 나름의 의지이다.

---

158) 『세계통합론』, 졸저, 다짐, 1995, p.538.

어느 것 하나도 부정될 것이 아니며, 섭리를 완성시키기 위한 믿음 어린 의도이다. 우리는 평생을 바쳤는데 그 노고를 아무도 모른다면 어떻게 되는가? 하나님이 인류를 구원으로 인도하셨는데 그 은혜를 인간이 모른다면? 섭리를 알아야 하며, 섭리가 완수되면 주도된 뜻을 분별할 수 있다.

인류가 아무리 지력을 바쳐 문명을 발달시켰어도 그것은 다만 각구(各具) 태극으로서의 섭리 가닥일 뿐이다. 지금은 서구 문명이 세계를 지배하고 있는 상태이지만 어느 문명도 전성기를 누린 때는 있었다. 전승된 자료를 종합한 것인데도 성경은 때와 장소를 달리하여 역사된 성령의 무오성과 완전성을 입증한다고 하지만, 선지된 섭리성을 총괄하고 보면 하나님의 뜻이 단편화된 한계성이 노출된다. 단편성을 조합하는 것으로서는 섭리 역사를 완성할 수 없다. 실질적으로 완성되는 것은 세계이며, 총합으로 이룬 것이 섭리력의 구현이다. 섭리를 밝혀야 역사가 완성되고, 역사가 완성되면 진리가 완성된다. 하나님, 성경, 진리, 역사, 세계는 불가분리이다. 성경이 뜻과 역사를 완성시키는 것이 아니다. 세상이 이 연구를 완성시키고, 길이 완성되면 성경의 진리성도 확증된다. 주재된 의지는 섭리와 함께하는 것이며, 성경은 그 뜻을 사전에 밝힌 형태이다. 섭리의 세찬 바람을 일으킬 태풍의 한가운데 보혜사 하나님이 안좌해 계셔 성경의 단편성을 극복한다. '하나님이 강림하시기 위해 길을 역사하셨다는 관점'[159]은 능히 세계의 역사도 완수할 수 있게 한다.

그러므로 이 연구가 섭리를 판단하는 데 근거로 삼아야 할 것은 역

---

159) 『세계통합론』, 앞의 책, p.3.

사에 앞서서 주관된 뜻이다. 하나님이 그렇게 존재하신 것처럼 뜻은 무형이고 形而上學的이지만 천만 년에 걸친 창조 시공을 꿰뚫을 수 있는 일관성이 있다. 주관 의지가 삼세 간에 걸쳐 있어, 여기에 초점을 두면 억만 년에 걸친 추진 역사를 일시에 꿰뚫을 수 있다. 섭리성을 통찰하는 것은 정말 하나님의 뜻을 어떻게 판단하는가 하는 것이 중요하고, 어떤 경우에도 뜻을 알면 섭리를 완성할 수 있다. 성경은 뜻이 너무 단편화되어 있어 길의 역사를 통해 의지력의 합일 원리를 추출하게 되었다. 부족한 것이 인간인데 무엇을 근거로 하나님의 고유 권한에 속한 주재성을 밝힐 수 있겠는가? 의지의 합일 결과로 전달받을 수 있게 된 부산물일 뿐이다. 역사는 사료가 없으면 판단하기 어렵지만 뜻은 의지로서 시공간을 초월해 운위된다. 선재 질서를 내포하고 예언과 계시로 전달되는데, 이것을 만인은 이해할 수 있어야 한다. 그런데도 밝힌 근거를 좌시한다면 어떻게 되겠는가? 하나님의 섭리가 완수되는 과정에서 일구어진 지혜는 무궁하기만 하니, 이를 통해 우리는 하나님이 이 땅에 강림하신 실존 근거를 확인하게 되리라.

8. 섭리 작용의 결정성과 예정성

섭리 작용을 의지화하면 천지간에서 일어난 흥망성쇠를 하늘의 의지와 명령으로 승화시킨 天命 관점을 확보할 수 있다. 『삼국사기』에서는 "나라의 흥망과 사람의 생사·부귀가 모두 하늘에 달려 있다고 기록하였다. 여기에서 天命은 사람이 예측할 수 없는 것, 사람의 힘으로 어찌할 도리가 없다"[160)는 뜻이다. 인생과 역사는 인간의 의지대로 엮어지지 않으므로 힘을 쏟아도 되지 않는 것이 있다. 운명이 정체불명인 의지력에 의해 결정적이다. 그래서 섭리를 규명하기 위해서는 핵심된 작용 원리를 알아야 하는데, 그것을 섭리 작용의 결정성으로 개념 지었다. 창조는 법칙을 규정하고 의지는 섭리를 규정해 결정된다. 결정된 질서는 아무도 변경시킬 수 없다. 키케로는 "만사가 운명에 의해 질서가 잡혀 있다고 믿었다."[161] 운명이든 天命이든 결정성을 그와 같은 개념을 통해 이해하였다는 것이 중요하다. 우리는 통상 어떤 결과는 원인이 있어 주어지는 것으로 아는데, 그렇게 되기 전에 하나님이 먼저 결정하신 것이라면? 섭리는 결정되어 요지부동한 것이라기보다는 하나님이 작정하신 뜻이라고 보면 天命觀이 사뭇 달라진다.

섭리는 삼세 간에 걸쳐 있는 하나님의 의지로서 운행된다. 단순하게 물은 물로서, 쇠는 쇠로서 결정한 것이 아니다. 섭리된 것인 한 삼세 간을 초월한 선재 질서로 존재한다. 하나님은 "의인들을 위해서는 불의한 자가 누리지 못할 장래의 축복을, 악인들을 위해서는 선인들이 당하지 않을 슬픔을 예비하기로 결정하셨다. 따라서 선인들은 세상의 좋은 일들로 인하여 의기양양해하지도 않고 나쁜 일들로 인하여 압도당하지도 않는다. 반면에 악인들은 주어진 행운으로 타락해 있어서, 불행에 의해서는 자신이 징벌을 받는다고 느낀다."[162] 오거스틴은 성인답게 하나님의 사전 결정성을 가치화시켰다. 선인과 악인이 가야 할 행로를 분별할 수 있도록 한 사전 결정 의지를 읽을 수 있다. 섭리력이 모든 결과 행로에 반영되어 있어, 참으로 "사람이 제

---

160) 『한국철학사상사』, 주홍성 · 이홍순 · 주칠성 저, 김문용 · 이홍용 역, 예문서원, 1993, pp.46~47.
161) 『신국론』, 앞의 책, p.283.
162) 위의 책, p.91.

비는 뽑으나 일을 작정하기는 여호와께 있느니라"[163]고 확신한다.

그러므로 우리는 하나님의 뜻을 알기 위해 노력해야 한다. 섭리를 알면 모든 것을 수긍할 수 있는 길을 확보한다. 뜻대로 되지 않는다고 해서 운명을 한탄하지 않고 결정된 대세를 따른다. 어떤 결과가 주어져도 결코 운명이 아니다.[164] 그러한 과정을 거쳐 하나님이 복을 내리신다. 하지만 이것을 가닥 잡지 못하면 복이 오히려 화가 되나니, 우리가 섭리를 알아야 하는 이유이다. 우리의 구원 여부가 여기에 달려 있다. 숙명은 인간을 지배하지 못한다.[165] 역사를 이끌 수 없다. 이끌 수 있다고 생각한다면 그것은 섭리를 모른 무지의 소치이다. 서로가 분란 짓고 방황하리라.

사전 결정성을 모르면 어쩔 수 없는 숙명으로 받아들이지만, 믿음이 있으면 사전에 작정된 예정성으로 인정된다. "예정은 하나님이 미리 정하신 어떤 결정을 의미한다."[166] "하나님이 자신의 뜻에 따라서 개개인의 될 일을 결정하는 준거가 되는 영원한 결정"[167]이란 것인데, 여기서 우리가 더 알아야 할 것은 그러한 결정성, 즉 예정이 시공간 상에서 차지하는 역할이다. 과거로부터 미래에 영향을 미치는 것인가, 미래로부터 주어지는 선재력인가? "하나님은 영원불변한 계획에 의거한 결정성에 따라 오래전에 구원에 이르도록 결정한 자들과 다른 한편 멸망에 맡길 자들을 정하셨다(과거)."[168] 이럴 경우 선택받

---

163) 잠언 16장 33절.
164) 『주역이 밝힌 21세기 대예언』, 정숙 저, 교문사, 1998, p.61.
165) 『서양사학사』, 앞의 책, p.32.
166) 「칼뱅의 예정론 이해」, 앞의 논문, p.3.
167) 위의 논문, p.34.
168) 위의 논문, p.22.

지 못하고 은혜 입지 못한 자들의 말로는? 주장권을 하나님이 가지고 있다고 믿은 자들조차 구원 입을 기회를 잃어버리리라. 하나님의 절대 결정권을 강조하고자 한 것이 하나님을 냉정한 절대 권력자로 매도시켜 버린다(칼뱅). 구원될 자의 선택이 예정되었다는 것은 단연 과거가 아닌 미래로부터이다. 그리고 예정성을 판별하는 것도 한 인간이 구원 입은 결과에 따른다. 그리해야 구원받은 자인지, 버림받은 자인지 판별된다. 사전 결정성, 즉 예정되었기 때문에 저지른 잘못도 용서받을 수 있고, 회개함으로써 하나님께로 나아갈 수 있다. 예정론도 섭리를 완수한 하나님의 지상 강림 역사를 기다리고 있었다. 실로 예정은 '창세기 전에' 있었던 것이며,[169] 만사에 앞서 있다. 기독교인들이 인지한 "예정론은 정말 인간에 대하여 자유롭게 능동적으로, 혹은 주권적으로, 혹은 전능함으로, 혹은 선재적으로 행위하시는 하나님의 정체성(正體性, 아이덴티티)을 확립시키는 가장 정확한 교리"인가?[170] 예외 없이 예정론도 세계의 본질 규명 작업과 더불어 섭리가 밝혀졌을 때만 확인할 수 있는 진리 체제이다. 예정은 세계 본질의 선재 작용성 일환이다. 칼뱅이 사도 바울의 말을 빌려 말한 것처럼, 하나님이 사전에 결정한 예정 없이는 은혜가 은혜 될 수 없다.[171][172] 하지만 예정성을 판단하는 문제는? 심정은 있어도 근거가 없다는 것이 진리관으로서 완성될 수 없었던 소이이다. 섭리가 밝혀져야 모두의 구원을 위해 사전에 예정된 은혜를 통찰할 수 있다.[173] 섭리를 통해 구원

---

169) 에베소서 1장 4절.

170) 위의 논문. p.74.

171) 위의 논문. p.18.

172) "만일 하나님께서 인간의 행위를 완전히 무시하고 그가 자기 안에 작정(예정)해둔 자를 선택하지 않는다면 은혜는 은혜되지 못한다." - 로마서 11장 5～6절.

의 결정성과 사전 목적 의지를 간파해야 하는데, 그리해야 선택하신 은혜를 충분히 실감할 수 있다. 사전 결정성을 간파하지 못한 결과로 무지막지한 죄악이 저질러졌던 것이지만, 알면 세계의 본원성이 회복되고 정도(正道)가 확립된다. 하나님이 왜 악인들도 자유를 거두지 않고 끝없는 배덕을 지켜보셨는지 무량한 뜻을 알 수 있다.174)

섭리와 은혜를 아는 것은 현대 문명을 이끈 이성이 보장한 감격이 아니다. 헤겔은 "모든 현실적인 것은 정신에 의하여 정립된 것으로 우연적인 것이 아니라 논리적인 필연성을 가지고 있다"175)고 했다. 부정은 할 수 있지만 결국은 그렇게 보았기 때문에 그렇게 판단한 단면일 뿐이다. "이성이 세계를 다스리며 세계사는 이성적으로 이루어져 있다"176)고 했는데, 이성은 결코 세계를 통섭하고 지배할 수 없다. 그들은 어찌하여 하나님의 선재 의지와 섭리력을 배격한 장님이 되고 말았는가? 최대한의 객관성을 확보하고자 한 이성에게 삼세 간에 걸쳐 있는 섭리력까지 추적하라고 임무를 맡길 수는 없다. 이성은 현상 세계를 탐구하는 주된 임무가 따로 있었다. 그래서 이성은 "모든 것을 움직이게 하는 것을 그대로 일체 속의 필연적인 법칙으로서 판정했다. 즉, 필연적인 인과 법칙 외에 우주 자연을 지배하는 목적은 따로 없다"177)고 했는데, 섭리 작용의 결정성은 이성으로서는 포착할 수 없는 차원적인 것이다. 의도된 결정성을 예정된 상태로 이해한 정도이며, 미래로부터 주어진다는 사실은 상상조차 하지 못했다. 헤겔

---

173) 섭리가 밝혀져야 역사가 완성되고 하나님이 뜻을 이룰 수 있음.

174) 위의 논문, p.21.

175) 「헤겔철학에 나타난 역사의 자유」, 장성호 저, 계명대학교대학원 철학과 석사학위논문, 1995, p.25.

176) 위의 논문, p.25.

177) 『원불교사상 논고』, 김홍철 저, 원광대학교출판국, 1980, p.419.

은 역사가 神적 정신의 구현에 의해 목표가 실현되는 것으로 보았지만, 실현시키는 에너지를 모두 이성에 집중해 진상을 보지 못했다. 우연성은 아무리 이성으로 가늠해 보아도 결론을 도출할 수 없다. 기껏 가정한 것이 웰링턴이 없었다면 워털루의 승리가 어떻게 되었을 것인가, 조지 워싱턴이 아니었더라면 미합중국의 장래가, 레닌이 없었다면 공산주의란 골칫덩어리 제도가 지구 상에 없었을 텐데 하고 가정한 정도이다. 이성은 사전에 결정된 하나님의 뜻을 알고 섭리를 통찰할 수 없다.

반면에 '하나님이 초시간적인 영원한 존재라면',[178] 주재된 역사는 이성이 아니라 섭리로서 통찰함이 마땅하다. "역사는 神에 의해서 예정되어 있고, 계시를 통해 인간에게 미리 알려준 것으로서의 종말을 기대"[179]했던 중세적인 역사 서술 방식은 그야말로 역사에서 지나쳐 진 하나의 관점에 불과하다. 그런데도 이 같은 판단에 대해 생명력을 불어넣을 진혼이 존재한다면 그것은 정말 무엇이겠는가? 역사가 예정으로서 섭리된 작용 메커니즘이 밝혀져야 했던 것이다. 예정은 하나님이 주재하신 섭리를 통해서, 현실 가운데서도 아직 이루어지지 않았지만 장차 이루어질 의지로서 존재한다. 예정은 이루어지지 않을 수도 있는 모든 우려를 포함하면서도 언젠가는 반드시 이루어질 사전 결정성이다. 섭리는 세계에서 일어날 수 있는 일체 가능성을 내포한 의지성의 분출이다. 섭리는 선재 의지(예정성)이기 때문에 역사를 주재할 수 있다. 구속과 예정 범위를 벗어날 수도 있는 모든 가능성을 불식시키고 예정은 길을 똑바로 간다.[180] 그래서 세상은 무한하지

---

178) 『역사의 연구(Ⅱ)』, 토인비 저, 노명식 역, 삼성출판사, 1983, p.304.
179) 위의 책, p.304.

만 하나님이 작정하지 않은 곳에는 어떤 길도 없다. 그렇다면 우리가 갈 수 있는 길은 오직 하나 예정된 길뿐이다. 가야 할 길에 하나님이 선재하신 의지로 이끌기 때문에 만유가 예정된 대로 가게 되고, 아무도 섭리의 지배를 벗어날 수 없다. 유형무형의 이루어지고 이루어지지 않은 차이가 있을 뿐인 섭리의 필연적인 결정성을 이해할 수 있다. 예정된 정보로 역사의 좌표를 굳게 할 수 있다. 오늘의 복된 하루는 그냥 주어지는 것이 아니다. "은총도 축복도 무조건적인 것은 하나도 없다. 구원받을 자가 구원된다."181) 섭리를 알면 존재를 조명하고 나아갈 길을 직시한다. 하나님의 뜻을 통달한 예언자가 된다. 예정을 진리 작용으로 믿는 자가 참된 신앙인이다. 예정을 참된 진리로서 인정했을 때 일어나는 세계적 변화이다. 하나님이 만 영혼과 만 역사를 향해 희망에 찬 진리의 부활을 命하시리라.

9. 섭리 작용의 주재성과 선택·예비성

천지를 창조하신 하나님은 삼라만상 세계와 인생 삶과 역사에 대해서 주재 권능을 가진다. 만물의 주인이란 것은 그만한 주재력을 지녔다는 뜻이다. 우리가 자신의 몸을 움직이는 것처럼 세상 전체를 한 몸으로 보면, 하나님의 뜻을 따르지 않을 대상은 하나도 없다. 주관은 마음대로 움직일 수 있게 된 의지의 작용성이다. 하나님으로서는 주재하신 것이 되고 세상 위에서는 법칙과 역사와 섭리로서 드러난다. 역사를 주관하신 데는 절대적인 의지성이 작용된다. 하나님이 섭리로

---

180) 『길을 위하여(2)』, 앞의 책, p.27.
181) 위의 책, p.25.

서 관여하신 것은 경영이나 치국하는 형태와 다르다. 만물을 주관하신 데는 의지적인 요소가 다분하다. 주인이 주인으로서 구분되는 것은 손님이 왔을 때이다. 삼라만상이 그냥 존재하는 것으로 알았는데 주관된 것이라면, 만상 위에 권한을 지닌 분이 따로 있다는 뜻이다. 좋은 나무에 아름다운 열매를 맺게 하고 나쁜 나무에는 아름다운 열매를 맺지 못하게 할 결정 권한을 하나님이 가지셨다.[182] 그런데도 그런 권능을 세상 가운데서는 확인하기 어렵다. 하나님이 강림하시기 전에는 섭리력이 편재되어 있었기 때문에 언젠가는 규합할 수 있는 시도가 있어야 했다.

하나님이 만물의 주인이라는 사실은 주재된 섭리의 본질을 밝힘으로부터이고, 증거할 확실한 방도 역시 섭리를 밝힘으로써이다. 그런데 '일어난 일은 무슨 일이든지 神의 뜻으로 여기는 단순한 섭리설'[183]로서는 해결할 수 없다. 신앙인은 하나님이 세계를 주관하신 사실을 믿을 수 있지만[184] 증거하기 위해서는 또 다른 노력이 필요하다. "서양의 중세인은 초월적인 하나님이 역사를 만드는 것으로 보았고, 역사 과정은 하나님의 섭리에 의해 결정된 것으로 믿었다. 하나님의 섭리가 세계를 통치한다. 한편 동양의 유학도들도 形而上學的인 천의(天意)로 역사 과정이 필연적인 것이라고 여긴 것은 돋보인 경향이다."[185] 오거스틴의 역사 사상을 지배한 핵심은 "세계란 神의 주재 아래 있고, 지상의 역사에서는 神意가 비밀리에 전개되고 있다"[186]는

---

182) "토기장이가 진흙 한 덩이로 하나는 귀히 쓸 그릇을, 하나는 천히 쓸 그릇을 만드는 권이 없느냐." - 로마서 9장 2절.

183) 『역사철학』, 윌리 암드레이 저, 황은주 역, 문예출판사, 1993, p.126.

184) 주재 권한에 대한 믿음은 신앙인들이 지닌 보편적인 특징임.

185) 『역사철학』, 최재희 저, 청림사, 1975, p.232.

생각이다. 더 보완해야 할 점은 주재 활동을 증거할 수 있도록 섭리력에 대한 작용과 세계 내에서의 주재 방식 메커니즘을 밝히는 작업이다. 그리해야 하나님이 역사하신 숨결을 알 수 있다. 세상과 역사가 모두 하나님의 지상 강림 역사를 기다리고 있었다. 제(帝), 즉 하나님은 하늘[天]을 주재(主宰)하는 것이다. 그래서 天理, 天命, 天道, 天德이란 개념이 존재하였다.[187] 어느 모로 보나 천지가 주재된 것은 사실이므로, 이것을 섭리로서 밝혀야 한다. 섭리는 하나님이 주재하신 역사 과정이라고 할까? 섭리는 하나를 통해 만 가지와 통하는 특성이 있다.

섭리된 역사는 하나님의 뜻을 의지화시킨 과정이다. 하나님은 만물과 만사를 주재하셨고, 삼라만상은 그러한 주재력을 섭리를 통해 영향을 받았다. 섭리로 운위된 것이 인간이고 만물이고 역사이다. 그 중에서도 인간은 작용된 섭리 주체와 직접 교감한 영성체이다. 주재된 뜻을 한꺼번에 받아들일 수 없고 진의를 파악하기까지는 세월이 걸리지만, 결국 드러난 관점으로 역정을 살펴보면 그곳에는 참으로 오묘한 이치와 한 치의 오차도 없는 놀라운 주재력을 발견할 수 있다. 섭리는 치밀한 사전 계획으로 천지 운행을 주재한 결과물이다. 그것은 창조주가 천지를 가슴으로 품었기 때문에 뜻대로 운행된 증거이다. 뜻한 대로 천지와 인생을 구속하신 것이고 임하실 곳에 임하여 함께하셨다. 인생과 역사를 구속하신 주재력이 섭리 속에 반영되어 있다.

삼손이 태어나기도 전에 나실인으로서 선택된 것은 하나님이 온전

---

186) 『서양사학사』, 앞의 책, p.93.
187) 『천주실의』, 마테오 리치 저, 송영배 외 5인 역, 서울대학교출판부, 2000, pp.22~23.

하게 운명을 주관하신 때문이다. 하나님의 주관 특성은 항상 뜻을 미리 밝히고 준비해서 길을 인도한 형태이다. "길을 통하여 표명된 한 인간의 간절한 소망과 믿음이 결국은 하늘의 뜻과 합일되었고, 하나님의 뜻인 것으로 확인되었다. 하나님의 부르심이 있기 이전부터 하나님은 길과 함께하셨으며, 하나님의 구속 가운데 있었다."[188] 만세전부터 품은 뜻이 영원한 우주의 질서 속에서 껍질 벗길 태동을 준비하였다. 길이 가시화되기 전부터 하나님은 보다 엄밀한 계획으로 모든 역사를 예비하셨다. 예측할 수도 없고 의도하지 않았지만 하나님은 길 위에 존재하셨고, 모종의 뜻을 준비해두셨다. 누가 그 과정을 성립시켰는가? 오직 하나님이 행하심을 미리 보고 인생을 관장하셔서 일체의 과정을 인도하셨다. 실로 사전에 예비되지 않고서는 불가능한 일이다. 계획한 뜻을 이루기 위해 인생 전체를 주관하셨다. 그래서 섭리는 '선견이나 예지만을 가리키지 않고 하나님께서 미리 조처하심이란 의미'를 가지고 있다.[189]

한편 하나님이 주관하심에는 주인으로서 모든 것을 선택할 수 있는 권한도 있다. 대표, 대리, 대언하게 해서 주권적인 권위를 드러낸다. 그것은 하나님이 창조주로서 지닌 권한이다. 무엇을 사용하고 선택하고 세우고 쓰고 命하여 섭리할 것인가? 이를 위해 천지 운행을 관장하고 인생과 역사를 구속하셨다.[190] 역사도 예외가 될 수 없다. "모세에게 있어서 하나님은 이스라엘을 인도하기 위해서 압도한 의지이다. 출애굽기에 의하면, 이스라엘은 모세를 앞세운 하나님의 인

---

188) 『길을 위하여(2)』, 앞의 책, p.97.
189) 『구약신학』, 앞의 책, p.81.
190) 『뉴톰슨 관주석 성경』, 뉴톰슨 관주석 성경편찬위원회 편자, 성서교재간행사, 1985, 욥기 서론.

도로 이집트를 탈출한다."191) 이스라엘 민족을 구원하기 위해서 모세를 선택한 것은 하나님이 결정하신 주권적인 권능이다. 그런데도 이런 특별한 주재력이 세상 위에서는 섭리된 형태로 나타난다. 하나를 선택한 것이 전 우주로까지 파급되어 동화됨으로써192) 만사를 주관하신 섭리 의지가 역사화된다. 하나님의 주관성과 역사성은 결코 모세와 이스라엘 백성을 인도하고 구원한 일회성으로 끝나지 않는다. 재차 다방면에 걸쳐 인류를 위해 마련된 사전 구원 매뉴얼(mahual)이고 계획이다. "하나님은 아브라함을 통해 세상에 구원과 복을 주겠다고 약속하셨다."193) 하나님은 아브라함에게 하신 것이지만 이 약속은 전체 세계로 확대된다. 그래서 선택된 역사를 일반화시키고자 한 것이 주재된 섭리 방향이다.194) "하나님은 여호수아를 통해 명령을 내리고 그를 통해 목적을 달성하셨다. 계속해서 쓰신 사사로서는 웃니엘·에훗·삼갈·기드온·둘라·야일·입다·입산·엘론·압돈·삼손이 있다."195) 이들을 온전하게 구속하심으로써 역사를 주관하신 것이다. 그리고 세월이 지난 오늘날은 길을 택하시고, 이 연구를 통해 그렇게 주재하신 원리까지 밝히셨다. 종말에 처한 세상을 구원하기 위해 길의 과정을 클로즈업시켰다. 왜 세상을 직접 구원하지 않고 이 연구를 통해 대행시키셨는가? 그것이 바로 천지의 주인자로서 지닌 주재 뜻이다. 하나님이 길을 통해 역사하신 것은 종말에 처한 세상을 구원

191) 『역사와 해석』, 앞의 책, p.82.

192) 『인간과 신에 대한 파스칼과 노자의 이해』, 조명애 저, 서광사, 1994, p.17.

193) 『뉴톰슨 관주석 성경』, 앞의 책, 창세기 서론.

194) "기독교는 유대교를 모태로 출발하였다. 예수는 유대교의 선민사상을 배척하고 민족과 계급을 초월한 하나님의 사랑을 강조하였다. 그리스도교는 유대교의 국수주의적 선민사상을 극복하는 데서 세계 종교로 발전해 나갈 수 있는 기반을 마련했다." - 『동서양문화사』, 문화사교재연구회 편, 학문사, 1997, p.55.

195) 『기독교와 문화』, 조인서 저, 한올출판사, 1996, pp.60~61.

하기 위해서이고 제반 상황을 조처하기 위한 현지 사령탑이다. 천지를 관장할 발판을 마련해 인류 구원과 심판 역사를 주재하시리라.

10. 섭리의 무위성에 의한 운행 본질

하나님이 천하 만물을 다스리신 발자취를 추적함에 있어서는 눈여겨보아야 할 것이 부지기수이다. 그런데도 주변을 둘러보면 주재된 역사는 온데간데없고 절로 운행된 것처럼 보인다. 인간들이 남긴 발자취에만 초점을 맞추어 인간의 노력과 의지가 개입되지 않은 현상에 대해서는 무위(無爲)한 것으로 판단했다. 이런 상태에서는 神의 주재력을 찾아낼 수 없다. '자연 현상이 神의 의지에 의해 지배된 사실'196)을 확인할 수 없다. 주재력이 자연 속에서 절로 그렇게 된 것처럼 착각한 이유를 밝혀야 한다.197) 삶은 끊임없는 성취 의욕을 불태우는 것인데 무위가 웬 말인가? 인위와 대립된 개념으로서, 인위가 개입되지 않은 상태를 지적한 것일 뿐, 무위라고 해서 어떤 작용이 없다는 뜻은 아니다. 神이나 본질이나 道가 그러하듯, 작위함에 대한 작용성을 미처 규명하지 못한 것뿐이다.

그래서 무위성에 대한 인식이 동서 간에 걸쳐 다양한 형태로 표현되었다. 신앙인이나 철인들은 세상을 움직이는 주재성을 염두에 두었다면,198) 과학은 사실의 발생이나 법칙을 객관적으로 해명하고자 한

---

196) 『역사란 무엇인가』, 앞의 책, p.112.

197) 『동양철학은 물질문명의 대안인가』, 김교빈 외 13인 저, 웅진출판, 1999, p.14.

198) "아리스토텔레스는 그의 자연학에서 이 세상에서 운동하고 변화하는 감각적 사물의 원인으로 질료인, 형상인, 동력인, 목적인을 들어서 만물이 神을 궁극적 목적으로 하여 움직인다고 생각하였는데, 이러한 생각은 중세의 스콜라 철학에서도 지배적이었다." – 『두산동아 세계대백과사전』, 목적론 편.

기계론적 입장이었다. 인간에 의해서도 神에 의해서도 아닌, 그야말로 자연법칙적인 이해방식이다. 그래서 헤겔은 "자연계의 운동이나 발전은 자기 운동과 자기 발전의 성격을 갖는다는 변증법적 이론"을 전개하였다.199) 무위성을 道나 인생을 감각하는 것으로부터 물질적인 현상으로까지 범위를 확대해서 인식했다. 접근 방식 면에서는 차이가 있지만, 인위력과 神의 주재력을 배제하고 자연과 물질계가 자기 발전 추진력에 의해 운행한다는 요지만큼은 벗어나지 못했다. 자기 운동과 자기 발전력, 혹은 절로 된 무위성은 그렇다면 어디로부터 발생된 것인가? 그 무엇도 절로 이루어진 것은 없다. 창조에 따른 결정력과 주재력을 그렇게 이해했던 것이 분명하다. 운행된 본질을 알지 못해 운용된 섭리력을 제한적인 인식 체계 내에서 무위성으로 판단했다. 절로라고 했지만 절로 된 것은 하나도 없다. 하나님이 결정하신 주재력 안에서 절로 됨을 자기 방식대로 감지했던 것이다. 창조된 특별함으로 인해 온통 특별함뿐인 세계 안에서는 특별함이 도리어 일반적인 현상이다. 절로 되도록 창조된 유위 시스템이 뒷받침되어 있다. 그렇기 때문에 동양에서는 그러한 절로 성향을 오히려 공경하기까지 하였다. 인위로서 세우고자 하면 제한성이 있지만 무위성은 다르다. 『周易』에서 "하늘의 道를 세우니 陰과 陽이요, 땅의 道를 세우니 剛과 柔요, 사람의 道를 세우니 仁과 義"라고 하였다.200) 하늘로부터 인간에게로 形而下學化할수록 道는 상대, 대립된다. 陰陽은 거부할 수 없는 자연스러운 현상인데, 仁과 義는 코에 걸면 코걸이고 귀에 걸면 귀걸이이다. 인위가 더할수록 한계성의 폭이 더욱 커진다.

---

199) 『철학의 기초이론』, 편집부 편, 두레, 1986, p.130.
200) 『기와 인간과학』, 유아사 야스오 편저, 손병규 역, 여강출판사, 1992, p.61.

내버려 둔 벼는 키가 덜 자라 가을 태풍에 쓰러지지 않았으나, 비료를 많이 주고 김을 부지런히 맨 벼는 너무 자라 쓰러지고 말았다. 어떻게 해서 잘 큰 벼가 가을에 태풍이 덮쳐 쓰러지리라고 예측할 수 있겠는가? 그래서 의도된 작위성에 대해 갈등이 생긴다. 정말 가장 자연적인 것은 가장 이상적인 것인가? 인위는 얼마만큼 섭리를 거스르는가? 인간은 왜 자연성을 거스르고 환경을 파괴했는가? 무엇을 위해서? 자연에 순응하고 섭리를 알기 위해 노력해야 하는데 분간조차 하지 못했다. 무위성의 본질을 알아야 한다. 주재성이 무위로 운행되기 때문에 동양의 覺者들은 여기에 대해 무언의 절대 가치를 부여했다. 인격을 닦는 데도 작위성은 거부되었다. "세계의 알파와 종말은 결코 의도될 수 없으니 완전성과 영원성의 획득은 가장 자연적이다."201) 동양인은 하나님의 주재 섭리는 파악하지 못했어도 무위성을 자연적인 지배력으로서 이해했다. 진정한 세계적 공간은 무아적 자기 의지로부터 발현되었나니, 자연으로 돌아가 자연과 닮고 일체되는 것이 참된 자아 정립이다.202)

맬서스(1766~1834)는 "식량의 증가가 인구의 증가를 따라가지 못하기 때문에 전쟁, 질병, 빈곤 등으로 인구가 적절하게 조정된다(人口論)"203)고 주장했다. 자연이 자체적으로 조정력을 발휘한다는 뜻인데, 그렇다면 자연이 눈을 가진 것인가, 귀가 있는 것인가? 삼라만상을 주재하신 하나님은 거부하면서 자연에 대해서는 비상한 조정 능력을 갖춘 인격체로 간주하다니! 상식에도 어긋난 억지 논리를 과학적인

---

201) 『길을 위하여(1)』, 앞의 책, p.151.
202) 『동양철학은 물질문명의 대안인가』, 앞의 책, p.15.
203) 『문화사』, 나종일 외 2인 저, 한국방송통신대학, 1991, p.247.

인식 체계라고 믿어 의심치 않았다. 노자의 무위자연(無爲自然) 체제는 주재력을 감지하는 데 있어 제한성은 있어도 道로서 진리성을 함유했다는 측면에서는 순수함이 있다. 무위가 역설적인 작용 실체란 사실을 간파했다. "道는 항상 무위하지만 하지 않은 것이 없다."204) 道는 무위를 통해 더 크게 작용한다. 자연은 道의 원칙이다. 무엇을 위한 것도 아니며 누구의 지배도 받지 않는 천도자연(天道自然)이지만,205) 무위는 자연이 벗어날 수 없도록 법칙을 결정했다. 모든 변화를 본래대로 돌아가게 하였으니, 구부러진 것은 곧게 하고 움푹한 곳은 가득 차게 하며 낡은 것은 새롭게 했다.206) 우리는 잠들어도 두뇌는 잠재의식으로 각성되어 있고, 피의 순환은 쉼이 없다. "움직여진 것 속에서 움직이고 있다."207) 무위적인 주재력을 세상 위에서 법칙화된 인식 체제로 접하였다. "절로 됨에 의한 이치를 거스르려 한 순간 무위성이 불가항력적인 힘으로 운위되고 있었다는 사실을 알게 된다. 자기 본성을 유지하는 것이 절대적인 힘이었다는 사실을 실감한다."208) 진정한 "道는 반드시 되게 되어 있는 그러함으로써의 자연의 법도이다."209) 본연으로 돌아가는 것이 당연한 것 같지만, 사실은 하나님이 그렇게 되도록 한 결정력이다. 무언의 힘, 그 불가사의한 작용력을 노자는 지성사에서 道의 무위성이란 운용성으로 표현했다. 德

---

204) "道常無爲而無不爲(『노자도덕경』, 37장)" - 『중국의 유가와 도교』, 임계유 편자, 권덕주 역, 동아출판사, 1993, p.400.

205) 위의 책, p.399.

206) 『인간교육 이론』, 김수동 저, 책사랑, 2000, pp.318~319.

207) 『서구의 몰락』, 앞의 책, p.220.

208) 『주역이 밝힌 21세기 대예언』, 앞의 책, p.75.

209) "道란 人爲(사람으로서 함)가 아니라 無爲(함이 없는 속에 되는), 곧 爲無爲라 했던 것이다." - 『증산사상중심의 인류갱생철학 개론』, 배용덕·황정용 공저, 태광문화사, 1995, pp.293~294.

을 통해서는 인생의 전반에까지 적용시켰다.

道는 무위하되 하지 않는 것이 없다고 한 것처럼 섭리와 神의 뜻도 마찬가지이다. 무위한데도 道는 천지 만물 가운데 있지 않는 곳이 없다. 한순간도 쉼이 없고 그침이 없다. 道는 일체 존재자의 어미이다. 천지 만물을 아들, 딸처럼 낳을 수 있다. 道는 섭리의 운행 본질과 동일하다. 엿보았는데도 본질을 알지 못한 제삼의 힘이고, 만물을 지배하고 인류 역사를 이끈 원동 메커니즘이다. 무위는 주재된 섭리의 운용 본질 면에서 자리매김되어야 할 대 창조력이다. 첨단 공법으로 세운 고층 빌딩은 역설적으로 가장 무위한 자연의 법칙이 적용된 것이다. 무위는 하나님의 주재 운용성을 인식한 통찰인 동시에 창조로 인해 구축된 영원한 섭리 메커니즘이다.

그런데 이 같은 섭리의 무위적인 운행 본질을 이해하지 못한다면 보는 눈이 사방에 걸쳐 얼마나 제한되겠는가? "유성은 방랑자란 뜻인데, 이것은 유성이 제멋대로 하늘을 돌아다닌다고 본, 운동의 규칙성을 이해하지 못했을 때 부른 명칭이다."[210] 道의 무위성에 대한 선각들의 인식 체계가 그러하다. 섭리의 운용 본질을 모르면 어떤 작용 가치도 방랑자인 처지를 면할 수 없다. 이에 보혜사 하나님이 본체자로 강림하셔서 작용 본질을 밝히셨다. 본질을 규명함으로써 존재 가치와 운용 작용을 명백하게 부각시켰는데, 작위 하나하나는 다름 아닌 하나님의 신경계이고, 뜻과 의지를 표출시킨 총화 시스템이다.

---

210) 『역사란 무엇인가』, 앞의 책, p.121.

11. 섭리력의 작용 특성

증산교의 창시자인 강증산은 천지공사를 통해 "先天의 모든 불합리한 이념, 이법, 질서를 개혁하고 수정"하였다고 자처하였다.211) 그가 이 같은 사상을 가진 것은 "천운에 따라 우주의 성쇠와 흥망이 되풀이되고 있는 관계로 이 운의 도수에 따라 인간사의 변화가 이룩된다"212)고 생각한 때문이다. 하지만 말 그대로 정해진 것이 천운이고 질서인데 누가 뜯어고칠 수 있겠는가? 천지의 운행 본질을 그렇게 말하면 세계를 이끄는 보편 종교가 될 수 없다. 때가 때인 만큼 본질을 진리화시킨 종교는 베일에 가린 신비적인 현상도 해명해야 하는데, 난해함을 보태어 버렸다. 天의 섭리는 결정되어 있어서 누구도 바꿀 수 없다. 그래서 "性은 천성으로서 내재된 天을 가리켰고, 命은 天命으로서 인간의 밖에서 인간을 지배하는 운명을 의미했다."213) '天命 사상은 중국 고대에 있어 민족 신앙의 중심이었던 것'214)으로 사료된다. 하지만 섭리를 알지 못한 관계로 하나님까지는 볼 수 없었는데, 하나님이 함께한 문화권에서도 섭리를 이해하지 못한 것은 마찬가지이다. 섭리는 분간하기 어려운 모종의 힘으로서 神이 간섭한 것215)이란 개념 정도에 머물렀다. 이것은 동양인들이 '마음대로 안 되는 것을 일컬어 天命'216)이라고 생각한 것과 다를 바 없다.

---

211) 『원불교사상 논고』, 앞의 책, p.343.
212) 위의 책, p.343.
213) 『중국사상사』, 앞의 책, p.152.
214) 『유학원론』, 성균관대학교유학과교재편찬위원회, 성균관대학교출판부, 1995, p.239.
215) 『서양사학사』, 앞의 책, p.707.
216) 『중국의 유가와 도교』, 앞의 책, p.195.

섭리력에 대한 작용 특성을 추출하지 못한 상태에서는 동서 간을 막론하고 바탕이 된 본질까지 어찌할 수는 없다. 命과 동일시된 섭리를 따랐다는 것인데, 그 작용력이 도대체 무엇인가? 인력이 운명에 영향을 끼친 것인가? 그렇다면 운명은 그 양을 계산할 수 있는가?[217] 프로이드는 "우리의 내면에는 외부에 작용하는 힘과 또 다른 강력한 여러 가지 힘이 은폐되어 있다"[218]고 주장했는데, 그런 힘의 일부인가? '인간과 역사의 배후에 보이지 않는 힘이 작용하고 있어 이러한 힘에 이끌려 엮어진 것이 섭리 역사'[219]라고 보았다. 만사에 편만되어 있어서 때와 장소를 가리지 않고 작용하고 있는데도 작용 면모는 보지 못했다. 그런데 이것이 사실은 하나님이 강림하셔서 밝혀 주신 섭리력, 즉 세계를 움직인 실질적인 주재력이고 에너지였다. 道나 진리처럼 미래 역사에 대한 운용 능력을 지닌 통합력이기 때문에 거리감이 있었고, 운이나 命으로 이해했다. 현상은 무수하게 변화하지만, 그래도 일정한 범위 이상은 벗어나지 못하는데, 그런 필연적인 작용의 배후를 밝히기 위해 지성들이 노력했다.

뭇 존재가 원리로서 움직이고 세계가 선행된 의지로서 운행되고 있어, 그 같은 지배력은 끝내 제 작용력의 본원인 하나님의 본체가 드러나면 밝혀진다. 우주 가운데 팽배된 만유인력은 태양 하나로부터 발생한 작용력이 아니다. "우리는 혼자로서 실재할 수 없으며, 존재하는 것은 우리를 있게 한 하나님이 계신 때문이다."[220] 하나님이 베

217) 『주역을 읽으면 미래가 보인다』, 박태섭 저, 선재, 1999, p.74.
218) 『21세기 과학 어떻게 오는가』, 아서 S. 그레고르 저, 과학세대 역, 우리시대사, 1996, p.248.
219) 『세계역사의 대심판(상)』, 김영섭·김암산 저, 남궁문화사, 1994, p.18.
220) 『세계통합론』, 앞의 책, p.236.

풀어 주신 은혜와 구속하신 뜻이 그러하다. 구속은 만사에 미친 관계 고리이다. "나는 있지만 나를 존재하게 한 근본, 나는 존재하지만 나를 실재하게 한 의지, 만사는 무수하게 변화해도 오직 의지력만큼은 현상론에 가린 이면 속에서 끝까지 지탱되었다."[221] 우주에는 지구 하나만 독립해서 존재하고 있는 것이 아닌 것처럼, 만사는 불가사의 한 연결 끈에 의해서 영향을 입는다. 그런 무수한 끈이 섭리력이다. 연(緣)은 통합성인 주재력으로부터 가닥 지어진 순간순간의 현상적 표출이다. 그 끈은 우주를 향해 뻗어 있어 어디서도 영향을 끼친다. 섭리 작용은 절대적이나 주재된 역사는 상호 작용을 통해 발휘된다. 그것이 섭리력이 지닌 작용 특성이다. 칼뱅은 "神의 섭리는 어떤 때는 수단을 통해 작용하고 어떤 때는 수단 없이 작용하며 어떤 때는 수단에 반하여 작용한다"[222]고 했다. 인류를 향한 하나님의 구원 섭리는 일방적이지 않다. 인류가 회개하는 조건만 갖추면 하나님은 일체 악과 죄를 사하리라. 상호 작용된 결과는 이런 것이다. "자신은 분명 자기 의지대로 살았고 자유 의지 속에서 살았으며 자신의 이상을 추구하면서 살았지만 믿음을 통한 인생행로와 의지 방향은 자신도 모르게 하나님의 뜻을 따랐다."[223] 天命은 거부할 수 없는 것이므로, 작용력은 무엇이라고 불러도 상관없다. 모종의 필연성을 수용하였고, 주재된 뜻이었다는 사실만 알면 된다. 선수는 시합을 위해 최선을 다할 뿐이며, 결과는 주어지는 것이다. 주어진다는 것은 섭리로서 결정된 힘이다. 인간은 꽃을 보기 위해 씨를 심을 수는 있지만 꽃을 직접

---

221) 위의 책, p.249.
222) 『기독교 강요』, 1권 17장 1절 – 『기독교의 본질』, 루트비히 포이어바흐 저, 김쾌상 역, 까치, 1993, p.453.
223) 『세계통합론』, 앞의 책, p.193.

창조할 수는 없다. 주재는 인간으로서는 불가능하지만 하나님은 가능하다는 것이 특징이다.

인간은 하나님을 의뢰하고 간구해야 위대한 역사를 이룬다. 인간은 단념했어도 모든 것을 이루시는 주재 의지가 작용하면 정말 바라는 소망들이 충족된다. 섭리 작용이 이룬 대 메커니즘이다. 상호 교감이 없다면 이 연구도 성립될 수 없다. 응답이 있어 지혜로 수놓아졌고, 하나님이 본체자로 강림하셨다. 天은 섭리력의 본체이고 命은 주체 의지이며 道는 말미암게 된 바탕 원리이다. 道를 통해 命을 알고 天의 형상까지 보아야 하는데, 이것을 가능하게 하는 것이 섭리 작용이다. 道의 실현이 섭리를 완성하였고 섭리의 완성이 命을 통해 天의 본체를 완성했다. 道와 命과 天에 가려 있었던 섭리 작용의 주체가 바로 하나님이시다.

12. 섭리의 결과에 따른 심판과 증거성

일을 추진하고 있는 진행 상태에서는 많은 궁금증이 생기지만 이루고 나면 의문이 풀리고 결과에 대한 의미까지 확정된다. 섭리도 마찬가지이다. 아무리 하나님의 인도와 은혜라 해도 삶을 추구하는 과정에서는 정체불명의 작용력에 대해 이것이 정말 하나님이 이루신 주재 역사인 것인지를 확신할 수 없다. 하지만 때가 되어 결과가 주어지면 섭리된 실체를 알게 된다. 대한민국은 한·일 월드컵 대회(2002년)에서 국민들의 열광으로 16강 진출을 기원하였는데 그 결과는? 끝까지 지켜보아야 한다. 하나님이 길을 인도하고 섭리하신 뜻도 마찬가지이다. 과정 속에서는 의구심이 생겨도 믿음으로 추구하면 결말을 볼 수 있다. 그것이 섭리가 완수됨에 따른 통찰이다. 긍정적이든 부정적이든 결과는 결정된 것이고, 과정을 모두 통섭한 결론이다. 그 보따리가 삶의 과정을 엮은 것이라면 인생에 대한 평가가 될 것이고, 종말 시공간을 싸매었다면 인류 역사에 대한 하나님의 뜻이 된다. 결과가 고무적이라면 굳이 심판이란 말을 쓰지 않겠지만 암담하기 때문에 종말이 적절하다. 심판받을 만한 근거를 인류가 제공했다.

인류 역사는 하나님이 계획하고 감찰해서 주관하신 것인데, 어떻게 결과를 멸망으로 귀착되게 할 것인가? 애쓴 노력은 버려둔 채 심판만 하실 것인가? 그것이 아니라면 어떤 경우에도 뜻을 살펴야 한다. 결과가 안긴 심판성이 그것이다. 종말이 도래하였는데도 끝까지 부인한다면 할 말이 없어진다. 종말을 보면서도 영원한 세계를 구상하려 한다. 이런 실상이 심판받을 명백한 조건이다. 인류가 저지른 온갖 죄악상을 지켜보면서도 심판이 보류된 것은 그렇게 해서 드러난 결과를 확인시키기 위해서이다. 재판관은 판결을 내리기 전에 죄목을 낱낱이 확인한다. 변호할 기회도 준다. 하나님이 인류 역사를 대하는 태도도 그렇다. 영문도 모른 채 벌을 받게 된다면 그것처럼 억울한 일도 없다. 하나님이 이 연구를 통해 뜻을 천명하신 이유이다. 최후 진술이란 절차를 거쳐야 판결을 내릴 수 있다. 그 과정을 현재의 역사가 밟고 있는 중이며, 그것이 다름 아닌 섭리를 밝힌 지혜이다. 역사적인 심판 운운하는 것은 주재된 섭리에 대한 결과성 인식이다. 쉴러는 "세계 역사는 神의 심판이다"224)란 말을 썼다. 심판받는 자는 의구심을 가지고 불복할 수도 있지만,225) 섭리는 그렇게 할 수 없다. 과

---

224) 『철학과 종교의 대화』, 채필근 저, 대한기독교서회, 1973, p.131.
225) 아무리 세계 역사를 섭렵한 역사가라 할지라도 역사된 본의를 완전하게 통달하지는 못함.

정과 결과를 포함해서 종합적으로 내리는 때에 대한 심판이다. 섭리 자체가 모든 본질을 내포하고 있는 상태인데 자신이 걸은 길을 모른다고 하는 것은 말이 안 된다. 그래서 섭리로서 꿰뚫은 목적성의 통달은 그대로 심판이란 결과를 낳는다. 뜻이 온전하게 드러난다. 하나님이 섭리로서 형상화된 진리의 화현체가 되셨다. '특정한 역사의 여러 사건에 나타난 목적이 무엇인지를'[226] 역사는 기록하고 있지 않지만, 섭리는 알고 있다. 역사는 부분으로 존재하지만 섭리는 과정 전체를 본체로 한다. 하나님이 "역사 속에서 활동해오셨고, 현재도 활동하고 계신 것에 대한 증거이다."[227] 그래서 섭리를 통해 뜻을 아는 것은 곧바로 神을 증명하는 데로 이어진다. 종교, 사상, 학문, 제도, 역사를 통해서가 아니라 직접 주재한 섭리를 보면 하나님의 뜻을 안다. 하나님은 섭리된 형상 자체이다. 완수하신 섭리 결과로 장차 심판과 구원의 主로 강림하시리라. 일인이역, 아니 그 이상도 한꺼번에 수행하신다. 이것이 가능한 것은 섭리된 과정 전체를 통합할 수 있기 때문이다. 주재 의지의 완수는 심판과 구원이란 결과로 낙착된다. 판단들이 한꺼번에 쏟아지게 되나니, 마땅히 인류는 그 순간을 대비해야 한다.

하나님이 시공을 통해서 주재하신 생성 결과를 도출하는 것은 지극히 통합적이다. 섭리가 세상을 심판한다는 것은 본질의 생성으로 추출된 결과 인자들을 결집시킨 때문이다. 하나님의 뜻이 통합적으로 통찰된다. 뜻 하나로 통찰된다는 것은 세상이 마지막 때가 된 표증이다. 과정이 손바닥처럼 훤히 드러나 규합된다. 섭리가 완수된 결과 중

---

226) 『기독교와 역사이해』, 앞의 책, p.55.
227) 위의 책, p.54.

표이다. 만물이 마지막 심판의 때가 임박했다는 것을 알 수 있다. '하나님이 역사를 주관하신 증거가 지속적으로 섭리와 은총을 통해 나타난 것인데',228) 그것이 오늘날 모든 방면에서 결론으로 도출되었다. 그래서 이전에는 섭리 안에서 모든 역사적인 사건들을 허용할 수 있었지만 이후로는 분명하게 선을 그어야 한다. 종말에 처한 섭리적 심판 상황이 그러하다. 불의만 심판하는 것이 아니고 지선(至善)과 지의(至義)도 함께 심판한다. 과연 무엇이 끝까지 보전되어 영원으로 승화될 것인가? 神의 창조 의지를 파악하면 만사를 주관한 주체성의 본질을 확인할 수 있다. 이 연구가 세운 통달 기준에 의해……

이 연구가 판단한 메시지를 수용하는 것과 그렇지 못한 것과의 차이는 단순한 갈림길일 수 없다. 인류가 걸어온 역사까지 총망라된다. 순간적인 판단이라도 전체 역사가 담보된다. 선택 하나에 어떻게 그런 차이가 생기는가? 이면에 천만 년 동안 역사된 무수한 생성 경과가 존재한 때문이다. 과거에는 현 시공이 처한 단면만 보아 우연의 소치로서 판단했지만 결과에 따른 심판은 만세 전부터 결정되어 생성된 것을 오늘날에 이르러 통보받고 있는 형태이다. 통보 대상은 믿음의 여부와는 아무 상관이 없다. 의지로 분열된 심판으로 확증된다. 천만 년에 걸쳐 "생성된 세계의 본질은 시공이 분열한 경과를 통찰함으로써 밝혀지는 것이며, 그것은 창조로 인해 구축된 통체 질서 안에서이다."229) 우주에 편만된 본질은 사고된 작용을 통하여 전환된 섭리 형태로 인식된다. 실체 작용인 섭리로서 결과가 인준된다. 뜻과 의지가 섭리로서 수놓아지다 보니 인간에게 전달되는 것은 분열된 결

---

228) 위의 책, p.140.
229) 『길을 위하여(3)』, 앞의 책, p.189.

과를 통해서이다. 섭리는 전파가 공명됨으로써 전달되는 것처럼, 하나님도 인간이 이해할 수 있게 합당한 전달 체제를 마련하셨는데, 그것이 바로 섭리로서 주어진 결과성이고 심판성이다. 그런데 중요한 것은 그것이 일시에, 한꺼번에 통보된다는 데 있다. 그렇기 때문에 결정된 섭리는 누구도 피할 수 없는 심판 상황 아래 놓인다. 이 연구도 마련된 심판대를 피할 수 없다. 통과해야 구원 여부가 가려진다.

이 연구는 지난 세월 동안 "우주의 운행 질서와 호흡을 함께하면서 지혜를 일구었고, 하나님의 의지를 의식을 통해 진리로서 전향시킨 세계성을 구축했다."230) "길은 神에 대한 세계정신의 표명이다."231) 그러나 이 같은 생각도 하나님의 뜻으로 인준되기 위해서는 길의 과정을 완수한 결과를 통해 심판받아야 했다. 심판에서 징벌이란 뉘앙스는 지양되어야 하며, 만인은 일상사를 통해 항상 결과로서 마련된 심판대 위에 노출되어 있다. 새삼스러운 것이 아니므로, 하나님이 주재하신 문명 역사 전체에 대한 심판도 바야흐로 당면하게 될 결정 역사이다.

우리가 하나님의 뜻을 아는 것은 섭리를 통해서이며, 통달하는 것도 결과에 따른 심판을 통해서이다. 하나님이 역사를 주관하신 이상 축적된 뜻은 섭리를 통해 반드시 나타나므로, 만인은 이 같은 작용 특성을 밝힌 이 연구의 완수 추이에 주목해야 한다. 하나님이 인간에게 뜻을 전달하는 방법도 이것이고 인간이 하나님의 뜻을 전달받는 수단도 이것이다. 이처럼 결집된 의뢰와 편견(?)이 또 어디에 있을까? 지금까지 문명 역사가 쉼 없이 추진되었는데 그 노력은 과연 어떻게

---

230) 『길을 위하여(2)』, 앞의 책, p.107.
231) 『길을 위하여(1)』, 앞의 책, p.175.

되는가? 하지만 이런 염려는 하나님의 뜻을 모르기 때문에 품게 된 의구심이다. 하나님은 모든 존재 가치와 섭리를 완수함과 함께 깨우쳐 통합시키리라. 통합은 모두가 함께하므로 빠짐이 없다. 이 연구가 밝히고자 한 제 작용 본질의 핵심도 여기에 있으니, 주재 섭리와 뜻이 머무는 그곳에 인류가 나아가야 할 이상적인 진리의 도달 목표가 있다. 결론은 버킹검이다. 아무리 진리와 믿음이 부지기수라도 결론은 오직 하나 하나님의 뜻이 어디에 머물고 있는가 한 소재성에 달렸다. 주관적인 소신이라도 그 같은 인식에 하나님의 의지가 뒷받침된다면, 하나님의 뜻이 머문 그곳에 인류가 이룰 절대 진리의 세계가 있다. 하나님은 지금까지 성령과 교회를 통해 역사하셨고, 구약으로부터 신약에 이르기까지 뜻을 수행한 수많은 종과 역사적인 인물을 세우셨다. 하나님은 어떻게 해서 그들의 행적들을 완수할 수 있게 하셨는가? "아브라함과 이삭과 야곱을 축복하신 것은 하나님이시다."232) 하나님이 역사하셨기 때문에 그들이 믿음의 조상이 될 수 있었다. 하나님의 영광이 머물고 뜻이 소재된 곳에서 언제나 새로운 믿음의 역사가 일어났다. 그런 역사가 지금은 이 연구의 과정 위에 머물렀다. 그 소재 상황을 어떻게 증거할 수 있는가? 길은 이 연구 외는 더 이상 내놓을 것이 없다.

그러나 한 가지 분명한 것은 정말 세상이 종말을 맞이한 것이 사실이라면 이후로는 길의 메시지 외에 또 다른 메시지를 준비할 시간적인 여유가 없다. 하나님이 길을 예비하기 위해 작정하신 때는 이미 만세 전부터이다. 사전에 조처하신 목적이 역력하므로 인류는 불가피

---

232) 『역사와 해석』, 앞의 책, p.84.

하게 이 연구가 제시한 결과론적인 통찰을 수용할 수밖에 없다. 일체될 수 있는 전향적인 자세를 가져야 한다. 이것이 이 연구가 하나님의 주재 섭리를 통찰함에 따른 결론이다. 인류 역사가 종말을 맞이했는데 어떻게 아무런 마무리 절차도 없이 막이 내려지겠는가? 先天 섭리를 완수한 성업이 있어야 했다. 인류가 펼친 역사가 장구하다 보니 한꺼번에 파악할 수 없는 면은 있지만, 하나님이 대본을 철저하게 엮어 놓은 상태이기 때문에 판단하는 데 있어 장애될 것은 없다. 하나님이 주재해서 마련한 성업이다. 왜 무엇 때문에? 지금까지 경륜을 펼치신 주재 역사의 진정한 목적은? 그 이유는 오직 한 가지, 멸망에 처한 인류를 구원하기 위해서이다. 하나님은 사랑으로 창조한 인류가 자신을 창조한 하나님도 모른 채 심판대 위에 서는 것을 원하지 않으셨다. 하나님을 온전하게 알게 하여 한 영혼이라도 더 구원하고자 하신 것이 창조 이래 품으신 하나님의 한결같은 뜻이다. 그 은혜와 사랑을 안다면 이 연구의 메시지를 받아들이는 데 있어서도 장애될 것은 없다. 창조 섭리가 완수되지 못한 상황에서는 저지른 죄악들이 청원될 수도 있었지만, 완수된 이후부터는 가증한 징조들이 본격화될 것이나니, 이 가증한 심판 현실을 피할 진리와 제도와 사상과 영혼들이 이 땅 어디에도 없으리라.

제4장

섭리의 원리 정립 역사

1. 섭리의 작용 근거

하나님이란 존재를 믿지 않는 사람은 하나님이 주재하신 섭리도 믿지 않을 것이 당연하다. 특히 기독교인들은 자신들이 믿는 하나님의 섭리를 이방인들이 부인한다[233]고 안타까워한다. 先天에서는 섭리가 믿음으로 지탱될 수밖에 없는 문제가 있었지만, 섭리 역사가 완수된 지금은 엄연한 작용 특성이 있다는 것을 증거할 수 있게 되었다.[234] 섭리는 한정할 수 없는 것이므로, 만 역사가 주재되었다는 것을 증거하기 위해서는 작용된 특성을 원리화할 수 있어야 한다. 역사는 '인간의 힘으로는 어쩔 수 없는 어떤 운명이 이끌어가는 것'이 아니다.[235] '배후에 보이지 않는 힘이 작용해, 이러한 힘에 이끌려 엮어진 것이 섭리 역사'[236]라고 할진대, 개념은 그렇게 정의해도 모호한

---

233) 『놀라운 하나님의 섭리』, John Flaval 저, 구본규 역, 예랑, 1999, p.20.

234) 하나님이 역사를 주재하셨다고 하지만 이전에는 성경 속에서 등장하는 인물이나 이스라엘의 역사를 통해 그 흔적을 엿볼 수 있는 정도였음 - 『철학적 인간 종교적 인간』, 황필호 저, 범우사, 1990, p.180.

235) 『역사주의와 역사철학』, 이한모 저, 문학과 지성사, 1990, p.5.

상황은 벗어날 수 없다. 그렇다면? 엄연한 작용으로 인류 역사가 추진되었다. 시동을 걸어야 차가 움직이는 것처럼…….

"하나님은 세계를 고유한 조직을 지닌 영구한 실재로 삼으시고 법칙에 따라 움직이는 확고한 작용을 주셨다."237) 단지 법칙이라는 것은 우리가 직접 가늠할 수 있는 인식 기준인 현상적 질서가 아니라 본질로서 지닌 특성이 있기 때문에 이해할 수 있는 체제를 갖추는 데 시간이 필요했을 따름이다. 섭리는 하나님의 영원한 창조 계획이 역사 안에서 진척된 상태이다. 전 역사가 하나님의 눈길 아래 있고 전능한 활동 아래서 전개되었다.238) 어떻게 해서 그렇게 되는가? 전지전능해서인가? 작용된 근거가 있다는 말이다. 그것이 무엇인가? 그렇게 주재된 것은 하나님이 태초에 이루신 창조에 근거한다. 창조력이만 역사에 걸쳐 섭리가 미칠 수 있게 한 최초 근거이다. 그 창조력이 세상 가운데서 창조 목적을 이루기 위해 다양한 형태로 발현되었는데, 섭리가 그 의지를 대변했다. 섭리가 창조에 근거한다는 것은 원형적인 인식 형태라 다시 풀어서 정의하면, "섭리는 창조주의 창조 사업의 계속으로서 만물이 창조의 본 목적을 지향하도록 이끄시는 하나님의 작용"이 된다.239) 하나님은 창조 이후로 그냥 앉아 계신 것이 아니었다.

그러므로 우리는 하나님이 천지 만상과 인류 역사를 왜 어떻게 무슨 목적으로 섭리하셨는가 한 뜻을 아는 것도 중요하지만, 그러기 위

---

236) 『세계역사의 대심판(상)』, 김영섭·김암산 저, 남궁문화사, 1994, p.18.
237) 『신론(하나님의 계획과 섭리)』, 김규승 저, 신한흥, 2001, p.332.
238) 「하나님의 섭리에 관한 신학적 이해」, 정애숙 저, 서강대학교대학원 종교학과 신학전공 문학석사학위논문, 1989, p.11.
239) 위의 논문, p.60.

해서는 역사가 어떻게 작용하게 되었는가 하는 과정을 추적해야 한다. 그리해야 창조 목적을 이루기 위해 주재된 섭리의 작용성을 밝힐수 있다. 섭리는 창조 목적을 실현하기 위해 하나님이 쏟으신 의지력의 발현이다. 서울로 가기 위해서는 자동차를 타는 것이 편리한 것처럼, 하나님은 창조 목적을 이루기 위한 용이한 방법으로 섭리를 택하셨다. 그래서 섭리를 밝히게 되면 즉시 천지창조의 목적과 현 시공간에서도 살아 계신 하나님의 뜻을 간파할 수 있다. 이런 작용력이 있어 만 역사가 펼쳐진 것일진대, 그 작용력을 추적하면 하나님의 존재본질과 창조 목적과 섭리된 맥을 가닥 잡을 수 있다.

2. 섭리의 판단 특성

진리란 무엇인가? 세계를 구성하고 있는 일체의 사실적인 요소들은 다 진리이다. 다양한 요소로 구성되어 있는 것이 세계이므로, 진리또한 다양한 모습으로 나타나게 된다. 진리를 추적하고 인식하고 증명하는 방법이 다양할 수밖에 없다. 불교에서는 수증론(修證論)을 말하는데, 이것은 닦아서 증명하는 방법이다.[240] 중생은 무명에 가리어범부가 되었다고 전제해, 어떻게 하면 무명을 벗어날 수 있는가에 의문을 두고 직접 닦아서 깨닫는 방법을 제시했다. 自性만 깨달으면 자신이 바로 太極을 지닌 부처란 사실을 발견하게 된다. 無明을 깨치고成佛하는 데는 수증하는 방법이 적격이다. 그런데 자연 현상으로부터제반 법칙성과 원리를 밝히는 데 수증론을 적용시키면 아무리 갈고

---

240) 『원통불법의 요체』, 총화선사 법어집(2), 성륜각, 2003, p.112.

닦아도 공염불이 되고 만다. 적합한 방법은? 바로 과학적인 방법이다. 그래서 "실증주의(콩트)는 모든 지식이 관찰, 실험, 과학적 법칙들의 확정에 근거한다고 했다. 관찰된 사실들의 상호 관련성에 관한 지식들을 참다운 지식으로 받아들였다."241)

바탕은 하나이지만 현상 위에서는 다양한 형태로 표출되기 때문에 수증주의와 실증주의는 특징 있는 진리를 추적한 나름의 방법들이다. 그런데 문제는 눈부신 과학 발전을 등에 입고 등단한 논리 실증주의(logical positivism)가 자체 세운 맞춤형 기준을 근거로 "논리나 과학으로 증명할 수 없는 종교와 도덕은 불완전한 믿음에 지나지 않는다"242)고 단정한 것이다. "검증할 수 없다면 예술도 윤리도 무의미하다."243)244) 진리 세계를 실증주의로 싹쓸이하여 평정해 버렸다.245) 정말 논리나 과학만 세계를 구성하고 있는 절대 요소이고 종교, 도덕, 예술, 윤리 등은 제외되어야 하는가? 다 필요할진대 진리성을 증명할 방법은 어떤 영역을 통해서도 있게 된다. 그런데 논리와 실증적인 방법만으로 다른 영역을 일괄해서 판단해 초점이 맞지 않았다.

---

241) 『역사관의 유형들』, 데이비드 베빙턴 저, 김진흥·조호연 역, 한국기독학생회출판부, 1997, p.135.

242) 『철학 역사를 만나다』, 안광복 저, 웅진, 2006, p.198.

243) 위의 책, p.197.

244) "교회가 지배하던 중세 유럽의 철학자들은 神의 존재를 놓고 심각한 논쟁을 벌이곤 했다. 이성이 트이기 시작한 서양 근세에는 어떻게 해야 오류 없는 지식을 얻을 수 있는지가 철학자들의 주된 고민이었다." - 위의 책, p.197.

245) "모든 문장은 검증할 수 있을 때만 의미가 있다. 예컨대 '물은 100도에서 끓는다. 곰팡이는 돌덩어리다'와 같은 문장은 참과 거짓을 가릴 수 있다. 논리 관계를 따져 보면 옳은지 그런지가 분명하다. 그러나 神은 죽었다. 역사는 절대정신의 자기실현 과정이다 같은 말은 아무리 노력해도 참인지 거짓인지 검증할수 없다. 이런 문장들은 잠꼬대와 같이 무의미한 말에 지나지 않는다. 이처럼 검증할 수 없는 말들은 학문의 영역에서 모두 버려져야 한다(위의 책, p.201)." 그러나 역사의 자기실현 과정이 현 시점에서는 문장상으로 검증할 수 없다 하더라도 이 통찰은 직시된 것이고, 역사 자체도 그렇게 진행 중인 상태에 있는 것이라면? 무의미하다는 판단은 유보되어야 하며, 절대정신이 역사를 통해 자기를 실현할 때를 기다려야한다. 섭리도 마찬가지이다. 섭리가 다 드러나기까지는 섭리를 판단할 수 없는 한계성이 있다. 부분으로서 세계를 판단하다 보니 제한성에 노출된다. 이 문제를 하나님이 지상 강림 역사를 통해 해결하셨다.

스콜라 신학과 일반 철학자들은 神을 정적인 존재로서 논증했고, 칸트는 神은 인식이 不可知하다고 했는데,[246] 神을 논증하고자 한 지적 발상과 불가지론 모두 잘못이다. 신앙으로서는 진리를 직시했으면서도 사고로서는 논증적으로 접근한 이율배반을 범했다. 기독교 문화권에서 神을 증명하지 못하고 섭리를 밝히지 못했다는 것은 큰 아이러니인데, 神과 진리가 따로 놀았다는 증거이다.[247] 神의 존재성과 활동성을 증명하는 방법은 논증이 아닌 섭리이다. 섭리의 작용 본질을 알면 하나님의 존재 속성을 아는 길이 열린다. 실증은 분열된 사실을 확인하는 방법이므로 추적해서 종합하면 되지만, 수증은 축적되어 잠재된 것을 한꺼번에 통찰하기 때문에 때가 될 때까지는 믿음으로 지탱된다. 이런 이유로 섭리는 직시해야지 이성적, 분석적, 실증적인 방법으로는 근접할 수 없다. 삼세 간에 걸쳐 통합적이라 선지자적 예언과 선각자들의 통찰처럼 직시할 수는 있지만 본체가 드러나기까지는 확증될 수 없다. 이런 차원적인 문제를 함축하고 있는 것이 神과 섭리를 포함해서 본질적인 진리들이 지닌 특성이다. 철저하게 작용했지만 실체가 불분명했고, 연면했는데도 보이지 않는 손이었다. 노자는 "道는 언제나 무위하다"[248]고 했지만, 정말 無心으로 무위하다는 뜻이겠는가? 궁극적인 실재(道)인데 아무 의지나 목적도 없이 만물을 운행하였겠는가?[249] 무위는 지극히 역설적으로 일체를 운행시킨다. 절로 된 자연이 아니다. 도법자연(道法自然)이다. 道로서 이루어진 자연은

---

246) "칸트에 의하여 이성의 가능성이 철저히 비판되면서부터 하나님은 원칙적으로 논증할 수 없다는 不文의, 그러나 어디서도 감촉되는 원칙이 관철되었다." — 『정치신학』, J. 몰트만 저, 전경연 편집자, 인창문화인쇄사, 1974, p.123.

247) 주된 원인은 헤브라이즘이 헬레니즘 세계관에 휩싸인 때문임.

248) 『노자도덕경』, 37장.

249) 「노자의 무위자연론 연구」, 박선미 저, 경성대학교 교육대학원 윤리교육전공 석사학위논문, 2002, p.18.

만생과 인간이 의지하고 있는 가장 든든한 기반이다.

　道는 드러나지 않는 본질력으로서 제3의 힘이다. "道는 영원불멸하여 아무것도 하지 않지만(?) 성취되지 않는 바가 없다."[250) 섭리력이 만 역사에 걸쳐 미친 것인데, 이 섭리력을 동양에서는 무위로 표현했다. 본체가 드러나지 못한 상황을 감안한다면 섭리력을 무위로서 판단한 것과 진배없다. 섭리력이 미친 보이지 않는 손으로서의 규칙성과 결정성을 제한적으로 인식했다. 섭리는 무위한 것으로 여길 수도 있지만, 그러면서도 무위란 개념을 통해 섭리성을 더욱 소상하게 파악한 형태이다. 이것은 서구의 지성들이 섭리를 현상적인 질서를 통해 이해한 것과 대조적이다. 1750년 튀르고는 "기독교를 받아들여 神의 섭리를 깊이 믿었지만, 섭리된 손은 자의적인 것이 아니라 어떤 법칙에 따라 인간 역사에 개입하고 있고 그 법칙이 무엇인가는 인간의 지적 탐구에 의하여 발견될 수 있다"[251)고 했다. 역사주의자들은 "역사 진행의 과정을 예측 가능하게 해주는 역사의 법칙을 발견할 수 있다는 견해를 가지고, 만약 이 계획의 정체를 밝혀내기만 하면 우리는 과거의 역사를 완전히 해석하고 미래의 역사도 예측할 수 있다"[252)는 자신감을 가졌다. 그러나 神의 계획과 섭리는 그렇지 않다. 섭리된 작용성은 계산하거나 예측할 수 없다. 섭리는 현상적인 분열질서를 따르지 않는다. 본질적이고 통합적이다. 개개 목적과 영역이 전체 가운데 소속되어 있어 부분사로서는 섭리를 분간할 수 없었다. 창조 목적을 총체적으로 실행시킨 근거가 섭리이기 때문에 한 올뿐

---

250) 『노자도덕경』, 37장.
251) 『역사와 진보』, 이찌이 사부로 저, 편집부 역, 지양사, 1983, p.30.
252) 『역사주의와 역사철학』, 앞의 책, p.249.

인 가닥만으로는 뜻을 실인할 수 없다. 어렴풋하므로 섭리가 완수될 때를 기다려야 했다. 서양은 현상을 근거로, 동양은 무위를 근거로 만사에 미친 섭리력을 판단했는데, 섭리가 완수되기까지는 어느 누구도 온전하게 파악할 수 없었다.

그런데도 불구하고 칸트는 "오성은 그 자신 안에 선험적으로 자연의 보편적인 법칙을 포함하였고, 자연은 이것에 관계되어 비로소 경험할 수 있다"[253]고 했으며, 바티칸 회의록에서는(1870) "만물의 근원이요, 목표이신 하나님은 사람의 이성의 자연적 빛의 도움을 받아 피조물에서부터 확실하게 인식할 수 있다"[254]고 선언했다. 하나님이 강림 역사를 실현시킨 것에 근거한다면, 하나님의 섭리는 정말 판단될 수 있다. 신의(神意), 곧 하나님의 뜻은 어떻게 판단될 수 있는가? 하나님이 주재하신 특성을 간파할 수 있는 주효한 방법론을 적용시켜야 한다. 섭리의 본질적인 작용성은 논리, 실증적인 방법으로서는 확인할 수 없다. 본질은 선험성, 통합성, 초월적인 특성을 지니므로 이런 특성을 추출할 수 있는 방법론을 강구하는 작업이 용이하지 않았을 뿐이다. 섭리의 판단은 수증해서 얻는 깨달음처럼 한 시점에서 지난 역사를 일시에 통찰하는 것이다. 종합해야 주재된 뜻을 안다. 태초의 창조 역사가 그러하였듯 완전성, 총체성, 선재성, 결정성, 총체성이란 실타래로부터 온갖 역사가 풀렸기 때문에, 이것을 살펴야 섭리 작용의 놀라움을 깨달을 수 있다. 천만 년에 걸친 창조 세월의 본말을 섭리의 제 작용 특성을 통해 판단하게 되리라.

---

253) 『문화철학의 연구』, 한정석 저, 경문사, 1996, p.70.
254) 『정치신학』, 앞의 책, p.123.

3. 섭리의 구조적 특성

어떤 사물 현상에 법칙성이 보인다면 그것은 사물 사이에 있어 보편적·필연적인 불변의 관계성을 확인할 수 있다는 뜻이다.[255] 만일 역사가 우연의 연속이고 불규칙적인 것이라면 거기에서 보편적·필연적인 법칙성은 찾아볼 수 없다. 그런데 질서 있는 그 무언가가 보인다면 그 배후에 있는 작용 현상에 대해 주목하지 않을 수 없다. 우연으로부터 법칙과 원리성을 구할 것은 아무것도 없지만, 우연이 있기 때문에 한편에서는 우연이 아닌 현상으로부터 필연적인 의도성을 추적할 수 있다. "신앙인은 성령의 역사에 대해, 만일 이 모든 사건들이 우연한 것이라면 어떻게 그렇게 정확하게 바로 그 순간에 일어났겠는가?"[256] "여호와의 산에서 예비되리라"[257]고 굳게 믿는다. 우연과 배치된 일치 현상을 통해 하나님이 역사하셨다는 사실을 판단한다.

하나님이 어떻게 인류 역사를 이끄셨는가? 역사가 주먹구구식이고 우연적인 요소라면 더 이상 거론할 여지가 없다. 하지만 무시할 수 없을 만큼 일관성이 있다면 그렇게 작용된 배후를 생각하게 되고, 꿰뚫어지기까지 한다면 하나님이 주재하신 것으로 입증된다. 그러므로 섭리의 일관성·통일성·관통성은 하나님이 주재하신 데 대한 제일의 작용 근거일 뿐 아니라, 그 이상의 비밀까지 엿보게 한다. "『논어』는 각 편의 구성과 제목이 체계적이지 못한데, 그렇다고 해서 『논어』 전체의 사상과 논리까지 비체계적이라고 여겨선 안 된다. 『논어』에서

---

255) 『새우리말 큰사전』, 앞의 사전, p.1431.
256) 『놀라운 하나님의 섭리』, 앞의 책, p.36.
257) 창세기 22장 14절.

강조하는 사상의 측면은 처음부터 끝까지 일관되어 있다."258) 어떻게 두서없는 내용들 같은데 일이관지(一以貫之)한가? 『논어』가 만약 여러 사람의 생각을 모아 놓은 책이라면 기대할 것이 없겠지만, 孔子란 한 추앙받는 인격체가 평생을 통해 원대한 진리적 이상을 추구한 기록물이기 때문에 그 같은 존재 의지가 분열된 측면에서 일이관지하다. 성경은 구속사적으로 일관된 구조와 통일성을 지녔다고 하는데,259) 구속된 것을 확인할 수 있는 판단 잣대는 역시 일관된 구조와 통일성 유무이다.

섭리는 어느 모로 보나 분명한 가닥과 일관성을 지닌다. 하나님이 '섭리를 보여 주시니'260)라고 했을 때 그렇게 보인 것은 주재된 존재 의지로서, 그 의지가 한 의지로서 일관된 것이다. 주재된 섭리 속에서 통일성과 일관성과 의지성이 드러난다는 점에서 하나님의 부재 관점이 일축된다. 단지 보완할 것이 있다면 그런 성향을 성경에서뿐만 아니라 전체 세계로부터 확인할 수 있도록 통찰 관점을 확대하는 일이다. 그래서 밝히게 된 것이 섭리의 관통으로 알게 된 세계 본질의 구조적인 특성이다. 앞에서는 섭리로서 만상을 연결시키고 작용된 관계성을 밝혀 인류 역사의 대동 족보를 구축한 것이라면, 지금은 한 의지로 관통된 시공의 본질 구조를 밝혀, 그렇게 된 연유와 근거로 하나님의 존재 속성까지 판단하고자 한다.

孔子가 나의 道는 일이관지하다고 말했던 것은 본질의 통속성을 직시한 것이며, 깨달음이란 통찰 작용은(불교) 진리로서 이루어진 시공

---

258) 『꼭 읽어야 할 인문고전(동양편)』, 안외순 외 저, 타임기획, 2006, p.12.

259) "구속 역사는 하나의 통일성이다." - 「구속사적 해석 원리(사사기, 룻기에 적용하여)」, 김중구 저, 대한신학대학 졸업논문, p.19.

260) 「성무일도서」, 제3주간 청원기도 1번째.

의 구조적인 특성을 시사한다.261) 창조로부터 펼쳐진 역사를 꿰뚫는 다는 것이 얼마나 어려운 작업이겠는가만, 하나님이 강림하셔서 가능하게 되었다면, 그것은 지금까지 보지 못한 섭리를 통찰하는 관점으로 인준된다. 온갖 진리가 만개되었는데 모두 관통하게 되었다면 그것은 하나님이 창조주로서 만상을 주재하신 증거이다. 숱하게 분열된 역사와 시공간의 구심점에 하나님이 존재하셨다. 아니 그 이상의 본질성 추적도 가능하다. "중국 철학의 이상은 하나의 유기화된 전체 우주와의 일체감을 추구하는 것이고, 고대 중국의 현자들이 구하고자 했던 통시적 개오는 우주의 유기적인 통일체와 전체의 전일성에 대한 현시(顯示)"262)이다. 우주가 일사불란한 통일성을 갖춘 존재란 뜻이다.

세계의 섭리 역사를 꿰뚫게 된 것은 마치 수족을 관장하는 것처럼 세계가 한 몸으로 이루어진 존재란 뜻이다. 기독교에서 하나님을 인격체로 본 것은 심성적인 측면을 부각시킨 것이고, 존재자라고 하면 본질적인 접근 관점이다. 한 몸, 한 의지체이기 때문에 주관된 역사가 꿰뚫어진다. 시공간이 존재자로서 통합적으로 구성되어 있어 통시, 통찰, 깨달음, 관통성263)이란 인식 작용이 일어난다. 하나님의 존재 속성과 주재하신 의지적 본질이 밝혀지는 순간이다. 삼라만상은 하나님의 본체가 化된 것이고, 인류 역사는 하나님의 의지가 만개한 것이다.

---

261) 불타의 깨달음은 섭리상 하나님의 존재 본체를 인식할 수 있는 본체 세계를 개척하였고, 깨달음이란 작용은 시공의 본질 구조를 드러내고, 그러한 본질 작용으로 추출된 진리성을 증명한다는 측면에서 접근함.

262) 『기철학을 넘어서』, 박삼영 저, 라브리, 1991, p.55.

263) 관통성을 하나님의 섭리를 꿰뚫은 시공의 본질 구조를 드러낸다는 측면에서 이해함.

4. 섭리의 의지적 특성

하나님의 절대 권능이 최초로 만물 위에 미친 역사가 창조이고 그
것을 펼쳐서 직접 주관하게 된 것이 섭리이며 창조 목적을 벗어나지
못하도록 사전에 결정한 것이 예정이다.[264] 미리 예정했기 때문에 창
조 목적이 한 치의 오차도 없이 역사를 통해 추진될 수 있다. 그래서
섭리의 일관성, 통일성, 관통성과 함께 인류 역사가 주재된 사실을 입
증하는 또 다른 판단 요소로 섭리의 주권성, 선재성, 예정성이 있다.
이들 요소들을 역사 가운데서 추출할 수 있다면 하나님의 주재성을
사실로서 입증하게 된다. 그중에서도 주권성은 온 세상을 창조하고
섭리하신 하나님을 인준하는[265] 핵심 요소이다. 하나님이 창조주로
서 주권을 발휘하셨다는 사실은 섭리란 무엇인가란 문제를 푸는 데
있어서 중요한 판단 근거를 제공한다. 하나님이 인류 역사를 주관하
신 것은 하나님이 뜻하신 의지의 표명 형태이다. 섭리는 그런 주재
의지의 작용 일환이다. 자동차는 기름으로 움직이는 것처럼 인류 역
사는 하나님이 품으신 존재 의지가 추진 원동력이다. 의지로 주관되
었기 때문에 섭리를 통하면 하나님이 지닌 존재자로서의 속성을 알
수 있다. 역사가 지극한 존재자로 부각된다. 하나님이 하나님일 수 있
는 주권성을 명백히 한다. 의지 하나로 인류 역사를 일관시키고 통일
시키고 예정하신 결정성을 역사를 통해 확인할 수 있다.

역사는 무위적, 자연적, 우연적이지 않아 지극히 의지적, 목적적,

---

264) 주권, 섭리, 예정은 하나님의 창조력에 근거함이며, 그 창조력이 창조된 세계에서 이와 같은 형태로 발현
되고 적용된 것임.

265) 「칼뱅의 예정론에 나타난 하나님의 주권사상」, 안양대학교 신학대학원 목회학과 목회학전공 석사학위논
문, 2008, p.4.

주권적인 특성으로 지상 강림 역사를 주재하셨다. 운전자는 핸들을 잡아야 하는 것처럼 창조 역사는 주권성을 정확하게 휘어잡아야 역사의 맥을 짚을 수 있다. 천만 년 동안 펼쳐진 역사를 일일이 탐구하기에 앞서 천만 년에 걸쳐 한시도 놓치지 않고 주재하신 하나님의 뜻을 살펴야 한다. 하나님은 어떻게 해서 우리의 머리카락 숫자를 헤아리시고 참새가 떨어지는 것까지 아시는가?[266] 그렇게 할 수 있는 섭리 작용의 주체는 어디까지나 마음이고 뜻이며 의지이기 때문에 가능하다. 돌멩이나 법칙은 헤아리고 보살피고 가늠할 수 있는 능력이 없다. 더군다나 하나님은 존재 대 존재, 인격 대 인격으로 우리의 마음을 의지적인 교호 작용으로 헤아리실진대,[267] 그렇게 해서 엮어 놓은 섭리의 그물을 벗어날 인류 역사는 어디에도 없다.

주재 의지는 마음으로 이룬 작용과도 같은 것으로 인간과 상통한 면이 있었는데도 섭리를 쉽게 간파하지 못한 이유는 무엇인가? 그것은 하나님의 존재 속성 자체가 그러한바, 선재, 예정된 형태로 주관하시기 때문이다. 하나님이 천지 만물을 창조하기 이전에 먼저 그렇게 창조할 뜻과 목적을 정하셨다는 것은 당연하다. 그리고 이것은 하나님이 인류 역사를 어떻게 주관하실 것인가에 대한 뜻을 미리 염두에 두셨다는 말이다. 그래서 하나님의 뜻이 창조된 세계 안에서 사전 결정 의지로 인지된다.[268] 만약 이런 뜻이 예정적으로 표출될 수 없었다면 하나님의 창조적인 주권성은 세상 어디서도 드러날 수 없고 확

---

266) "섭리는 크고 작은 모든 것들(시 146:9~17, 사 41:2~4), 예컨대 화살의 방향(왕상 22:34), 공중의 새(마 6:26), 꿈(마 27:19), 시장에 팔리는 참새 두 마리(마 10:29, 눅 12:6~7), 소문(행 23:16) 및 제비 뽑기(잠 16:33) 등을 포함한다." - 『신론(하나님의 계획과 섭리)』, 앞의 책, p.316.

267) 하나님은 모든 인간의 마음과 행동을 다스리심(잠 21:1, 스 6:22).

268) 예정, 섭리는 하나님이 지니신 선재 결정 의지의 표출 형태임.

인, 증명할 방도가 없다. 만상의 운행과 역사가 예정으로서 예고되었기 때문에 섭리를 통한 품으로 인류 역사가 주재되었다는 것을 알 수 있고, 하나님의 존재 특성을 확인할 수 있다. 마치 시계태엽이 품고 있는 시간처럼……. 인간은 태어난 순간에 이미 부처라고 했는데도 이 것을 깨우치기까지는 수많은 세월과 수행이 필요했던 것처럼, 예정도 결정된 창조 목적을 그렇게 섭리를 통해 실현해 가는 과정이다. 예정성을 창조와 연관시켜 풀어야 세간에서 시끄러운 온갖 논란을 잠재울 수 있다.

어떻게 해서 예정(豫定, praedestinatio)이란 것이 엄격하게 분열로서 운행되는 현상 세계 안에서 진리성을 본유할 수 있는가? 그 이유에 대해 우리는 왜 당도하지도 않는 미래가 존재하고 있고, 이 순간에도 어김없이 다가오고 있는가를 통해 짐작할 수 있다. 삼세는 창조로 인해 통합적인 상태로 실유하고 있지만 그 품이 현상계에 드러나는 과정에서는 순서가 있는 것처럼, 예정도 마찬가지이다. 창조 목적이 사전에 결정되었다는 것은 결코 가정된 상태가 아니다. 다만 미처 현상화되지 않아 역사화되지 못한 것뿐이다.[269] 현 시공간이 생성하고 있는 것은 사전 결정성이 다 드러나 있지 않은 상태란 뜻이다. 하나님께서 야곱은 사랑하고 에서를 미워했다는 것은 태어나기 이전에, 즉 그들이 선악을 행하기 전에 하나님의 예정에 의해 그렇게 하도록 결정된 것이다.[270] 그런데 자칫 오해를 하는 것은 그렇게 결정된 시점이다. 야곱과 에서가 선악의 갈림길에서 고민한 순간은 결정된 예정

---

269) 「아우구스티누스: 신적 예지로부터의 필연성과 인간 의지의 자유에 관하여」, 이성훈 저, 총신대학교 신학대학원 신학과 조직신학전공 석사학위논문, 2008, p.3.

270) 「예정론에 대한 그리스도론적 이해」, 정경화 저, 경성대학교대학원 신학과 신학석사학위논문, 2008, p.3.

성이 다 풀리지 않은 상태이기 때문에 야곱이 에서처럼 될 것인지 에서가 야곱처럼 될 것인지는 미정이다. 불교에서는 과정 틀(방법)인 禪定이 그로써 획득할 지혜 자체라고 본 것처럼, 야곱과 에서가 기로에 선 순간도 하나님의 결정성이 직결되어 있다. 우리는 예정으로 구원될 자인지 멸망할 자인지는 결정성이 다 드러나지 않은 상태인 한 아무도 모른다. 오직 중요한 것은 당사자인 우리 자신이 하나님으로부터 선택되었다고 믿을 수 있는 확신이 향후의 순간에 스스로를 구원될 자로서 결정짓는다.271) 자칫 오도된 예정설에 혹해 "인간은 태어나기 전에 하나님의 영원불변한 명령으로 이미 결정되어졌다"272)고 단정 지어서는 안 된다. "아직 태어나지도 않았고 사망 선고를 받을 만큼 죄도 범하지 않은 자들에게 어떻게 하나님께서 처음부터 멸망하도록 예정하시겠는가?"273) 하나님이 그러실 리는 없다. 인류 중 누구 하나 자신이 태어난 순간에 이미 멸망하도록 유기된 사실을 감지한 사람이 있는가? 지금 자신이 이루어가는 생각과 행위적 결정 하나하나가 다가올 심판 절차를 밟아 가고 있는 중이란 사실을 아는 것이 중요할 뿐이다.274)

예정은 정말 미래의 삶과 역사에 영향을 끼치고, 아직 실현되지 않은 결정력이지만, 창조된 세계 안에서 뜻이 이루어지고 이루어지지 않은 차이, 예정이 실현되고 실현되지 않은 시차는 별반이다. 만생이

---

271) 현재 처한 행위자와 인식자의 결정이 결국 하나님의 예정을 최종 확정하는 것임.

272) 「칼뱅의 예정론 연구」, 동영화 저, 서울성경신학대교대학원 신학과 조직신학전공 석사학위논문, 2008, p.61.

273) 위의 논문, p.29.

274) "예정 교리는 많은 논쟁거리를 가지고 있는 교리이다. 그리고 기독교 역사를 통하여 예정론만큼 많은 논쟁을 해온 교리도 없을 것이다. 왜냐하면 예정론은 신학의 한 학설로는 논리적 모순성을 내포하고 있는 것같이 보일 뿐만 아니라, 인간의 자유 의지를 제한하는 것이기 때문이다." - 위의 논문, p.1.

생멸 현상을 피할 수 없는 것은 하나님이 예정하신 결정성이기 이전에 대자연이 지닌 법칙이다. 아무리 건강한 자라도 어김없이 맞이하는 죽음처럼 예정도 마찬가지이다. 인류는 "하나님이 영원 전부터 뜻의 가장 지혜롭고 지극히 거룩하신 계획에 따라 장차 될 모든 일을 자유롭고 변함없이 예정하셨다"275)는 것을 진리로서 받아들여야 한다. 그 품의 발자취는 천고로부터 주재된 인류 역사 전체이다. "칼뱅이 하나님의 영원한 계획과 작정에 대해 언급한 것은 그의 사상에 있어서 예정과 섭리가 매우 밀접하게 관계되어 있음을 보여 준다."276) 예정은 섭리를 통해 하나님의 존재 속성과 의지, 창조 목적, 주권성 등을 적나라하게 부각시킨다.277) "모든 예정은 섭리적이며 섭리의 모든 작용은 예정적이다."278) 창조 목적을 실현하기 위해 예정된 뜻을 역사를 통해 풀어놓은 것이 섭리이다. 예정의 역사적 품이 곧 섭리이다. 예정은 선재된 창조의 결정성에 근거했다. 섭리는 모든 면에서 하나님의 창조 사실과 존재 의지와 예정하신 뜻과 연관되어 있었나니, 이것을 입증하기 위해 펼치게 된 것이 '세계의 섭리 역사' 편이다. 하나님이 진리의 성령으로서 강림하셔서 이루신 성업 결과물이다.

---

275) 『신론(하나님의 계획과 섭리)』, 앞의 책, p.261.
276) 「칼뱅의 예정론에 나타난 하나님의 주권사상」, 앞의 논문, p.21.
277) "칼뱅의 신학에 있어서 무엇보다 강조하고 있는 것은 예정론이라고 할 수 있다." - 위의 논문, p.2.
278) 『하나님의 섭리』, 폴헬름 저, 이승구 역, 한국기독교학생회출판부, 2004, p.17.

제3편

세계의 섭리 역사

하나님은 이 민족을 불러 세우사 하나님을 섬길 제사장 나라로 삼고, 거룩한 백성으로서 은혜 주시길 원하셨으니, 한민족은 반드시 이 같은 약속과 뜻을 받들어야 한다. 한민족이 소명을 받들어 일어서는 것은 세계를 유익하게 하는 것이고, 인류 사회가 한민족을 중심으로 해서 결합되는 것은 만국이 지닌 이해관계를 초월한다. 세계가 대통합의 기치를 따르는 것은 은혜 입은 백성으로서 따라야 하는 당연한 도리이며 지상 목표이다. 누가 이 사명을 부인할 것인가? 이 부르심을 거부할 것인가? 한민족은 세계 구원을 위해 예비된 민족으로서 세계사 가운데 우뚝 세워져 강림하신 하나님의 영광된 뜻을 완수해야 하리라.

- 본문 중에서 -

제 5 장

길의 섭리 역사

1. 섭리의 출발 역사 목적

하나님이 이루신 지상 강림 역사는 하나님이 진리의 성령으로서 주재하신 존재 역사이다. 그런데 지금까지 펼친 제반 과정은 역사된 결과를 두고 판단한 것이기 때문에 어떻게 해서 그 같은 결론에 도달하게 되었는가 한 과정은 밝히지 못했다. 섭리 역사는 무형으로 존재한 하나님이 이루신 역사를 엮어 놓은 발자취이기 때문에 이 장부터는 하나님이 세상 가운데서 펼치신 주재 역사를 직접 밝혀 나가리라. 본인이 걸은 인생 과정을 포함해서 하나님이 세계를 통해 펼친 역사를 하나하나 추적하리라. 창조 섭리가 요구하고 있는 조건들을 가장 근접해서 충족시키리라. 이것은 기번이 한순간 번득인 기지로『로마 제국흥망사』를 쓰려고 했던 것과는 다르다. 헤로도토스는 자신이 경험한 페르시아 전쟁 상황을 더 이상 기억이 소실되기 전에 후대인들에게 교훈으로 남기기 위해『역사』를 기록하게 되었다는 뜻을 밝혔는데, 이 연구는 하나님이 주재하신 세계의 섭리 역사를 종합적으로 통찰하리라. 본인이 그동안 이룬 진리 탐구 과정과 더불어, 하나님이 길을 통해 이룬 성업을 밝힌 성령의 주재 역사서이다.[279] 하나님이 이룬 주재 사실을 밝히는 데 있어서 갖추어야 할 조건은 모두 갖추었다. 역사된 과정을 기록하는 것을 주된 과업이라고 여겼기 때문에 기록도 철저히 하였다. 이 같은 일련의 자각 의식을 일컬어 본인은 길을 위하여, 혹은 길을 지킨다는 말로서 표현하였는데, 이들이 모두 하나님의 임재 역사를 판단할 수 있는 근거가 되었다.

그리하여 본인은 기록하는 것을 시작으로 하나님의 섭리 행적을 살피기 위해 모종의 출발을 이루게 되었는데(1976), 그로부터 지금까지 한결같이 펼치게 된 것이 길을 위한 추구 역사이다. 일련의 판단으로 하나님이 길을 인도하신 의도 목적과 근거들을 남기게 된 것인데, 이를 통해서 보면 하나님이 역사를 주재하신 것이 빈말이 아니란 것을 확인할 수 있다. 인류를 구원하기 위해 내세운 절대 방도인 세계 통합은 하나님의 뜻이기 때문에 무작정 따를 것이 아니다. 역사가 주재되었기 때문에 정말 하나 될 수 있는 타당한 근거와 족보를 밝히게 되리라. 그리해야 분열만을 거듭한 인류 역사가 일사불란하게 연결되고 통합된다. 섭리를 통해 뿌리가 밝혀져 하나인 창조 본체가 확인된다. 섭리를 통하면 잃어버린 창조 족보를 추적할 수 있다. 아울러 의도한 것은 아니지만 결과로서는 하나님의 본체까지 드러나게 되어 하나님이 이 땅에 강림한 사실까지 판단할 수 있다. 이 연구의 목적은 하나님이 주재하신 세계 역사의 면모를 밝히는 것이지만, 이를 통해 얻을 것은 오히려 하나님이 이루실 성업 역사이다. 하나님이 강림

---

279) 하나님의 세계 역사 주재서.

하신 사실을 증거하기 위해 대 섭리적 과업을 완수하셨다.

그래서 역점을 둔 것이 바로 '길의 섭리 역사'인데, 뜻하신 섭리 역정을 마무리 짓기 위해서는 이 땅에서 그 뜻을 대행할 사명자와 모판 역할을 수행할 민족이 필요하였다. 한민족이 종말에 처한 인류를 구원할 대명을 부여받게 된 것이다. 하지만 이 놀라운 뜻을 누가 나서서 전달할 것인가? 그래서 하나님이 길의 과정을 예비하여 두셨다. 한민족은 만세 전부터 예비하신 하나님의 뜻을 자각함으로 인류 구원이란 대 사역을 감당해야 한다. 세계 역사는 반드시 한민족이 이룰 영광과 함께할 것인데, 이것을 알지 못하면 창조로부터 준비된 모든 것이 허사가 되어 버린다. 그래서 이 연구는 성령 → 길 → 동양 → 서양 → 세계의 섭리 역사 다음에 한민족의 역사를 위치시켰다. 세계 사의 대세 흐름이 한민족을 향해 집중되리란 것인데, 만약 한민족의 역사가 험난한 세계사 가운데서 길이 보존되지 못했다면 인류 역사는 정말 그 무엇으로서도 결실을 맺을 수 없는 허망한 역사가 되어 버렸으리라. 이런 참담한 결과를 막기 위해 때가 되면 새로운 문명 역사를 일으키기 위한 에너지를 축적했다. 하나님이 세상 어디도 아닌 이 땅, 이 민족의 역사 위에서 先天 역사를 총결산하기 위해 강림하신 만큼, 배달민족은 한 사람도 빠짐없이 하나님의 준엄한 강림 메시지를 받들 준비를 다해야 한다.

2. 섭리의 구조 형성 역사

누구라도 삶을 영위하는 과정 속에서는 인생의 의미와 가치를 자각하기 어렵다. 자신이 걸은 길이지만 판단이 쉽지 않다. 옳게 산 것인지 그릇되게 산 것인지……. 자신도 자신을 모르는데 누가 나서서 평가할 수 있겠는가? 그렇지만 우리는 삶의 여정 가운데서도 어떤 일이 이루어진 결과를 보면 의미를 구할 수 있다. 이를 근거로 새로운 길을 모색하게 되는데, 삶의 궁극적인 의미를 깨닫게 되는 것은 삶의 과정이 마무리되었을 때이다. 죽은 자는 말이 없으므로 산 자가 일체를 기억해서 평가하리라.[280] 길의 역사도 지난날 겪은 역정 가운데서 무언가 반향된 뜻이 발견됨으로 그 의미를 애써 판단하고자 한다. 없는 것을 끄집어낼 도리는 없지만, 작용된 근거가 있다면 섭리된 가닥을 붙들 수 있다. 바람 없이 생각했고 믿음으로 추구한 결과 응답이 있으므로 이것을 증거하고자 한다. 소정의 길을 완수하였을 때마다 부여된 하나님의 말씀에 대한 통찰이 그것이다. 길을 통해 겪은 일련의 현상들이 어떤 특별한 일이라고 생각하지는 않는다. 누구나 간절하게 믿고 추구하였다면 어떤 형태로든 합당한 응답이 있으리라. 그러나 개개인이 이루고자 한 목적까지 동일할 수는 없기 때문에 본인역시 주관적인 뜻은 있었다. 그런데 하나님이 큰 은혜를 내리신 것이라면 그 감격을 토로하지 않을 자 또한 없다. 하나님은 볼 수 없어도 여건을 완숙시켜 뜻을 알리셨고, 침묵하셨지만 도움의 손길은 확실하셨다. 대개 주어진 성과는 자신이 노력해서 거둔 것으로 아는데, 주재된 뜻까지 통찰할 수 있어야 한다.

본인은 지난날 추구한 길을 통해 하나님이 역사하신 뜻을 분별할 수 있는 안목을 가지게 되었는데, 이것은 하나님의 역사를 경험하는 과정에서 얻게 된 일종의 영적 인식력이다. 삶의 추구 역정인 동시에

---

280) 본인 역시 지난날에 일군 길의 주장들에 대해서 최종적인 평가를 내린 것은 길의 과정이 완수되었을 때임.

진리 탐구 과정인 길을 통해서 본인은 제반 세계적인 현상으로부터 하나님의 메시지를 분별할 수 있는 의식을 고양하였다. 하나님의 말씀에 적합한 의식으로 본질화됨으로281) 설사 목적을 잃고 방황한 때라도 하나님은 길을 버리지 않으셨다. 인생 전체를 담보로 한 투신에 대해 하나님은 응답하셨다. 이루어놓은 길의 바탕 위에 하나님이 뜻으로 안주하셨다. 뜻을 구한 본인에게 차마 거부할 수 없는 말씀이 주어졌는데, 이 말씀은 하나님이 깨우친 계시로서 어떤 우연성이 개입될 여지를 사전에 불식시키셨다.

　인생길은 예측할 수는 있어도 그대로 추진되는 것은 아니다. 삶은 소설 쓰듯 의도, 기획할 수 없다. 삶의 역정은 목적을 세워 추구하지만 섭리된 역정은 그런 것이 아니다. 구속해서 인도하셨다. 길은 모종의 출발 시점에서 볼 때 하나님의 뜻을 처음부터 알았던 것이 아니다. 완수된 결과를 통해 섭리하셨다는 사실을 알게 되었다. 그래서 구성할 수 있게 된 것이 바로 '길의 섭리 역사'이다. 한 인간이 일군 평범한 독백인데, 알고 보니 차마 거부할 수 없는 뜻이 숨어 있었다. 인생 과정에서 점 하나를 찍어 놓고 지나친 것인데, 하나님이 일점, 일획 하나도 놓치지 않고 필연이란 구조의 틀 속에 짜 넣어 두셨다. 섭리는 이처럼 사전에 짜놓은(창조) 전체적인 구조 틀 속에서 전개된 작용성의 표출이다.282) 그래서 도정 가운데서는 분간할 수 없었지만 깨닫고 보니 모든 믿음이 즉각 계시로 승화되었다. 하나님의 섭리 의도를 대변하였다.283) 길을 구속한 구조 틀은 다름 아닌 하나님이 의도

---

281) "나는 하나님의 말씀으로 존재한다." - 『길을 위하여(1)』, 졸저, 아가페, 1985, p.7.
282) 통합성의 분열.
283) 손오공이 천리만리를 달렸는데도 알고 보니 부처님 손바닥 안에 있었음.

하신 주재 의지였다. 추구한 의식과 일군 가치가 한결같이 하나님의 존재 의지를 대변하였다.

그만한 역사를 이루고 그만한 세계를 경험한 자는 그렇게 해서 판단한 세계를 말할 수 있다. 본인이 세계의 섭리 역사를 판단할 수 있는 것은 길의 역사를 통해 이루어주신 하나님의 섭리 역정을 지켜본 때문이다. 세계의 섭리 맥을 가닥 잡게 된 것은 더할 나위 없는 은혜이다. 그렇게 해서 완수한 길 위에 하나님이 거룩한 본체를 현현시킨 것이나니,[284] 세계의 섭리 역사는 하나님이 만세 전부터 이루신 역사가 있었기 때문에 밝힐 수 있게 되었다는 것을[285] 증거하리라.

3. 섭리의 구속 작용 역사

하나님의 놀라운 섭리는 만사, 만물, 만 현상, 만 역사 위에 미쳤지만 이것을 감지하고 통찰해서 뜻을 받드는 것은 결국 인간이 해야 하기 때문에 예로부터 하나님은 인간과 인생 삶을 구속해서 품으신 뜻을 이루셨다. 그래서 역사상 수많은 인물을 세우셨는데, 오늘날은 길을 통해 뜻을 이루고자 하신다. 이것을 요약해서 보면, 길의 태동 역사 → 길의 성장 역사 → 길의 출발 역사 → 길의 모색 역사 → 길의 지킴 역사 → 절대 절대혼의 추구 역사 → 영의 인도(작용) 역사 → 하나님의 부르심 역사 → 말씀의 은혜 역사 → 길의 약속 역사 → 사명의 부여 역사 → 길의 공표 역사 → 대세의 부여 역사 → 길의 神적 본질 규명 역사 → 세계 통합을 위한 길의 완수 역사 → 보혜사 성령의 실

---

284) 강림을 위해 사전에 모든 길을 예비하심.
285) 결정적인 구속력.

체 규명 역사 → 세계론 시리즈의 저술 역사(통합, 본질, 창조, 유신, 섭리, 수행, 도덕)이다. 길의 섭리 역사는 기억을 더듬어 후술한 것이 아니고 그 시점에서 일군 생각들을 연결시켜 종합한 기록물이기 때문에, 주관성은 피할 수 없어도 의도되지 않은 과정이라 일군 신념과 믿음이 어떻게 해서 성취되었는가 한 여부를 객관적으로 판단할 수 있다. 실로 무형의 形而上學的인 의식과 의지 작용이 어떻게 세계의식에까지 영향을 미쳤는가 한 것을 알 수 있는 자료이다. 그만한 뜻을 알 수 있게 한 방법론을 강구하지 않았는데 어떻게 지상 강림 역사를 증거하고 섭리된 역사를 판단할 수 있겠는가? 한계가 역력하다는 사실을 고백하지 않을 수 없다. 앞 장에서 섭리의 원리성 문제를 거론한 것도 길을 통해 드러난 하나님의 의도를 분석한 결과인 만큼, 세계의 섭리 역사를 추적하는 문제도 여건은 마찬가지이다. 길을 통한 섭리 역사를 모토로 삼아야 하는 것은, 길로 인해 인류의 先・後天 역사가 갈라진 지상 강림 역사가 완수된 때문이다. 하나님은 천만 년에 걸친 창조 역사를 완수하기 위해 길의 역사를 종말을 맞이한 제일 막바지에 두셨다. 先天 역사를 모두 싸맬 보자기를 따로 마련하셨다.

하지만 완수되었는데도 공인받지 못하고 있는 지상 강림 역사만큼이나 길도 개인적인 신념에 머물고 있는 상태로서, 드러난 하나님의 의도 목적과 원리성만큼은 이 연구를 통해 확인할 수 있다. 길은 생소하다 치더라도 역사된 패턴만큼은 하나님이 평소 선호하신 방식이다. 하나님은 특정 인물을 세워 뜻을 전달하셨고 전체 세계로 확산시켰다. 개개의 행동에까지 미친 섭리 역사는 상상 외로 정미한 것이다.[286] 이

---

286) 『하나님의 섭리』, 폴헬름 저, 이승구 역, 한국기독교학생회출판부, 2004, p.111.

런 특성은 성경 속의 여러 인물들, 그중에서도 모세를 통한 역사와 요셉의 생애를 통해 극적으로 나타났다. "구덩이에 빠져 이제 죽었구나! 하고 생각한 요셉이 애굽으로 팔려가 나중에 국무총리가 되었고,[287] 나일 강에 내다 버려진 모세가 장성하여 이스라엘을 애굽에서 해방시켜 인도해낸 영도자가 된 것은 정말 믿기 어려운 일이다."[288] 만인이 그렇게 경험할 수 없다는 점에서일 수도 있겠지만, 그럼에도 불구하고 이런 사례가 계속 반복되었다는 것은 하나님이 어떻게 해서 이런 패턴으로 역사하셨는가 한 섭리 의도를 궁금하게 한다.

"이스라엘 역사에서 모세에 비길 만한 예언자는 없다(신 34:10~12). 그것은 하나님께서 그의 전 생애를 섭리로 다스려 그를 통해 당신 백성을 해방시키고, 그에게 당신 율법을 일러 주셨기 때문이다. 모세의 불림은 오랫동안 섭리로 예비된 사건이다. 압제받는 민족(출 1:8~22) 출신인 모세는 파라오의 딸 덕택으로 물에서 건져져 목숨을 구했을 뿐 아니라, 지도자가 되기에 필요한 교육까지 받았다(행 21:22). 하지만 그동안 얻은 지혜나 권력이나 명성도(출 11:3) 그를 자기 백성의 해방자로 만들기에는 충분하지 못했다. 그는 동족의 악의에 부딪히자 광야로 도피했고, 거기서 불림을 받았다. 야훼 하나님께서는 모세에게 당신 이름과 구원 계획을 밝히고 그의 사명을 깨우치고 임무 수행에 필요한 힘도 주셨다(출 3:1~15)."[289]

---

287) 형들은 애굽의 총리가 자기들이 팔아넘긴 동생 요셉인 것을 알고 살길이 없다고 예측하였을 때 요셉은 형들에게 말하길, "형님들이 나를 이곳에 팔아넘겼다고 염려하지 마십시오. 형님들이 팔아넘긴 것이 아니라 하나님께서 이때를 대비하시기 위해 형님들의 손을 통해 나를 꺼내 이곳에 보내신 것입니다." - 「하나님의 섭리와 요셉의 신앙」, 박춘화 저, 논문, pp.9~10.

288) 『놀라운 하나님의 섭리』, John Flaval 저, 구본규 역, 예랑, 1999, p.5.

289) 「하나님의 섭리에 관한 신학적 이해」, 정애숙 저, 서강대학교대학원 종교학과 신학전공 문학석사학위논문, 1989, p.9.

하나님이 모세를 불러 사명을 일깨우고 바로의 압제로부터 이스라엘 백성을 구원하신 것은 결코 한 개인과 한 민족에게 국한된 역사일 수 없다. 하나님으로서는 창조 목적을 실현하기 위한 역사 계획과 방향을 설정한 것이고, 앞으로도 그와 같은 패턴 방식으로 전체 인류를 구원할 수 있는 설계도를 작성한 것이다. 모세와 요셉의 역사는 완료된 과거 역사이나 하나님은 삼세 간에 걸쳐 계시기 때문에 한번 발하여진 의지 표명은 계속 적용될 영원한 것이다.[290] 옛날 역사가 그대로 재현될 수는 없겠지만, 그 같은 패턴 방식으로 새로운 구원 역사를 펼치시겠다는 뜻이다.[291] 성경을 통해 표명된 계시 약속이 모두 그렇다. 유대인은 하나님이 자기 민족을 택했다고 믿지만(선민의식), 만 인류의 主이신 하나님이 자기 자신을 밝혀 보이기 위해 한 백성만을 택했다는 것은 종교 연구에서 가장 취급하기 어려운 교리이다.[292] 하나님의 임재 역사가 있었다는 것은 큰 은혜이지만, 그렇게 한 의도는 만 인류를 구원하기 위한 발판을 마련하기 위해서이다. 그래서 반드시 전제된 조건이 붙었다. 그들이 하나님의 뜻을 헤아리고 모세처럼 부족함을 인식하면서도[293] 믿음을 끝까지 지켰더라면 뭇 민족 가

---

290) 어떤 약속을 했던 사람이 이 세상을 떠나 버렸다면 그 약속은 더 이상 지켜질 수 없다. 하지만 하나님이 옛적에 나타나 하신 계시 약속은 일회성, 일인에게 국한될 수 없다. 하나님은 삼세 간을 초월해 계시고 만유 위에 편만해 계시기 때문에 지금도 살아 있는 의지의 뒷받침을 받고 있는 영원한 약속이다. "天命은 과거형일 수 없다. …… 性은 하늘이 命한 것이 아니라, 命하는 것일 수밖에 없다. 그것은 영원한 진행형이다." - 『중용한글역주』, 김용옥 저, 통나무, 2011 p.209.

291) 성령의 역사 방식은 말씀 계시, 사도 역사, 교회를 통한 역사를 거쳤는데, 그렇게 진행된 과정상의 역사 특성은 되돌릴 수 없다. 우리가 마치 지난날 겪은 학창 시절의 생각으로 되돌아갈 수 없는 것처럼 성령의 역사 과정도 그와 같다. 구원 방식도 마찬가지이다. 그래서 오늘날 길을 통한 방식이 세워지게 된 것이므로, 이 특성을 지성인들은 예의 주시해야 한다. 길의 역사는 하나님이 필요해서 세운 역사이므로, 옛 기준을 가지고 이해하려 해서는 안 된다. 길의 역사로 인류는 하나님의 지상 강림시대를 맞이하였고, 종말을 맞이한 인류에게 새로운 구원의 희망을 주게 되었다.

292) 『현대문명의 성향』, 김정의 저, 혜안, 2001, p.257.

293) "저 같은 것이 무엇이기에……." - 출애굽기 3장 11절.

운데서 성실한 종으로 삼으시고(민 12:7~8) 역사 위에 우뚝 세우사 시온의 영광을 맞이할 약속까지 성취시켰을 것이다. 그러나 알다시피 그들은 하나님의 뜻을 오도하여 심판받은 민족인데, 미래 역사에 있어서 더 무엇을 기대할 것이 있겠는가? "성경의 초점과 방향은 모두 자기 백성에 대해 하나님이 구속하신 성취 역사이나",294) 자기 백성이란 이스라엘 민족에게만 해당되는 것이란 의미는 퇴색된 지 오래되었다. 하나님의 역사가 모세와 요셉만으로 그친 것이 아니듯,295) 이후의 역사도 마찬가지로 전개되었다. 인류 전체를 구원하고자 하신 것이 정형화된 역사 패턴이며, 세계로 확산시키고자 했던 것이 거부할 수 없는 뜻이다. 온 인류를 구원하기 위해 택정하셨던 것이지, 그들만을 구원하기 위한 역사가 결코 아니었다. 이 뜻을 깨우쳐야 그들도 대동의 구원 대열에 합류할 수 있다.

아무리 구원 목적이 만세 전부터 결정된 것이라 하더라도 그것이 역사로서 섭리되기 위해서는 단계적인 과정을 밟아야 하는 것이며, 개인이나 민족마저 온전하게 구원하지 못한 상태인데 온 인류를 구원한다는 것은 상식적으로도 있을 수 없다. 역사가 토인비(1889~1975)는 창조적 소수자(creative minority)가 새로운 문명을 창출하고 다수의 민중이 이를 모방(mimesis)한다고 했는데,296) 하나님이 길을 통해 역사하신 목적도 이와 같다. 길은 개인으로서 이룬 역사이지만 하나님이 직접 과정을 인도하고 구속하신 목적은 분명하다. 그렇게 역사하신

---

294) 「구속사적 해석원리(사사기, 룻기에 적용하여)」, 김중구 저, 대한신학대학 졸업논문, p.5.

295) "다윗은 양 떼를 따라 다녔을 정도로 젊어서는 그렇게 고상한 사상을 가지지 못하였으나, 뒤에 가서 하나님은 그를 양 떼의 목자인 왕이 되게 하셨고(시 78:70~71), 베드로와 안드레는 어부였으나 그리스도께서는 그들을 거기서 불러서 훨씬 더 수준 높은 사람을 낚는 어부가 되게 하셨다(마 4:18~19)." – 『놀라운 하나님의 섭리』, 앞의 책, p.77.

296) 『현대문명의 성향』, 앞의 책, p.30.

방식대로 인류를 구원하기 위해서이고, 이를 통해 구속하신 원리성까지 밝히셨다. 하나님이 주재하신 역사를 과연 세상의 어떤 원리 법칙으로 가늠할 수 있는가? 성경이 가능성을 지닌 범주 안에 있기는 하지만 성경을 기록한 저자들은 그들이 처한 입장 자체가 제삼자이거나 후술된 형태이기 때문에 실시간으로 생성된 질서성을 뒷받침하지 못한 한계가 있다. 시공의 생성 질서를 뒷받침하지 못한 아쉬움을 어찌할 수 없다. 하지만 '길'은 한 인간이 추구한 신념 어린 독백과 의지를 직관적으로 표출시킨 기록물이고 하나님과의 교호 과정을 생성하는 세계의식으로 묻혀 내었다. 그러니까 당사자도 발견할 수 없었던 섭리 가닥을 길 자체는 함재하게 되었고, 이것은 과정 일체를 객관적으로 판단할 수 있는 최적 바탕 자료이다. 추출된 섭리 원리로 하나님이 주재하신 섭리 가닥을 판단할 수 있게 되거니와, 능히 하나님의 뜻을 헤아릴 수 있는 해석 발판이다.297)

본인은 의아한 가운데서도 하나님의 뜻을 깨달은 즉시 추구된 길의 본질을 꿰뚫게 되었던 것처럼, 인류 역사도 동일한 원리로서 꿰뚫을 수 있다. 길을 통해 경험한 역사 원리가 이정표가 되어 얽히고설킨 섭리 가닥을 풀어헤치는 명석한 해석판 역할을 감당하리라. 섭리를 꿰뚫게 되는 것은 하나님이 존재 의지로 인류 역사를 주관하신 때문이다. 하나님은 어떻게 하여 세계 역사를 장악하고 만 영혼을 구속할 수 있었는가? 그 의문을 길의 원리로 답하리라. 만인은 하나님이 세우신 길의 역사를 어떻게 보고 있는가? 잘 보아야 세계사 가운데

---

297) 본인이 하나님의 섭리력을 발견한 것은 추구된 길의 과정 속에서이며, 독백한 믿음과 의지와 영혼의 교감을 통해서이다. 그래서 길은 비록 한 개인이 표출시킨 주관적인 신념이라 할지라도 이를 통해 하나님과의 교감 원리를 추출하고 주재 역사를 이해할 수 있는 길을 열었다면, 만인도 이 길의 역사를 함께 판단할 수 있도록 공유되어야 하리라.

잠재된 섭리의 비밀을 풀 수 있다. 숨은 그림을 찾는 것처럼, 처음 보면 막막하지만 자세히 보면 실마리를 찾을 수 있다. 하나님이 어떻게 한 인간을 온전하게 구속할 수 있었는가 하는 것은 세계의 섭리 가닥을 붙잡는 데 있어서도 동일하게 적용되는 구조적 방정식이다.

요셉은 "나를 이곳으로 보낸 것은 형님들이 아니라 바로 하나님이십니다(창 45:8)"고 말해, 형님들이 꿈에서도 깨닫지 못한 역설적인 뜻을 밝혔는데, 자칫 "인간의 개인적인 결단까지 포함해서 일어나는 모든 일이 하나님의 영원한 계획의 일부분"298)이라고 생각하는 것은 믿음조차 다 채우지 못한 판단이다. 하지만 하나님의 지상 강림 역사가 완수된 지금은 상황이 다르다. 어떻게 '모든 행동이 하나님의 능동적이고 관대한 섭리 속에 포함'299)될 수 있는가 한 의문에 대해 단도직입적으로 해답을 제시하리라. 만 영혼은 하나님의 존재 안에 포함되어 있고, 하나님은 만 역사를 존재하신 의지 하나로 장악하셨다. 그래서 하나님이 만 영혼을 구속하실 수 있었다.

> "一心으로 말미암아 온갖 세계[六道]를 지어내기 때문에 一心을 벗어나는 것은 하나도 없다(원효)."300)

一心은 한 존재가 가진 마음으로서 一心이 일으킨 마음이 一心으로 존재하는 의지를 벗어날 곳은 어디에도 없다. 인간은 스스로 생각하고 선택하고 결정하고 행동하는 것처럼 보이지만, 사실은 태초에 미리 정해진 대로 움직여지는 것이란 주장이 있을 정도로 인간이 누리

---

298) 「하나님의 섭리에 관한 신학적 이해」, 앞의 논문, p.12.

299) 위의 논문, p.12.

300) 『원효와 의상의 통합사상』, 박태원 저, 울산대학교출판부, 2004, p.18.

는 자유 의지(liberum arbitrium)는 자유로운 것이 아니다. 하나님의 예지에 묶여 있는 노예적인 것이란 비판 안목도 있다.[301] 그러나 어느 누구도 하나님 때문에 자신의 자유의사 결정 의지가 저지된 경우가 있었는가? 오히려 하나님은 인간들에게 100% 자유 의지를 허용하심을 통해 인간의 운명과 역사를 100% 구속하셨다. 구속의 존재론적 바탕성과 원리 자체가 그렇게 결정되어 있다. 인간과 역사가 하나님의 뜻으로 구속될 수밖에 없는 것은 하나님의 존재 의지 안에서 세계가 생성한 때문이다. 일체의 자유행동권과 생멸에 대한 주장권을 하나님이 지니신 것인데, 이것을 알 길 없는 인간들이 운명이나 天命으로 감지했던 것뿐이다. 만사는 하나님을 벗어날 수 없으며, 이것은 길의 역사뿐만 아니라 '세계의 섭리 역사'에서 더욱 역력하게 확인되리라. 천만 년에 걸쳐 주재된 섭리 역사를 추적해서 만세 전부터 역사 위에 새겨진 대 창조 목적을 밝히리라.

301) 「아우구스티누스: 신적 예지로부터의 필연성과 인간의지의 자유에 관하여」, 이성훈 저, 총신대학교 신학대학원 신학과 조직신학전공 석사학위논문, 2008, p.4

제6장

동양의 섭리 역사

1. 도의 섭리 가치

세계의 문화적 양상을 크게 대별한다면 동양과 서양으로 나눈다. 그런데 동양이라는 말은 서양인들이 생각하는 동양(Orient)이라는 말과는 차이가 있다. 그들이 생각하는 동양은 메소포타미아 문화권을 중심으로 한 개념이지만, 우리 사회가 잠정적으로 동의하고 있는 동양은 주로 중국을 중심으로 한 한국, 일본 등의 한자 문화권 내지 유교 문화권이다.302) 이 연구가 따르고자 하는 개념은 후자에 속하며, 여기에는 하나님이 이 땅에 강림하시기까지 주관한 결코 간과할 수 없는 뜻이 있다. 한때 동양과 서양은 서로 대등한 위치에서 문화 발전에 기여한 발자취를 남겼다. 그런데 동양이 서양에 비해 문명의 발달 정도에 있어서 차이가 나게 된 것은 아무래도 동서양이 지닌 가치관과 진리로서 지닌 특성 때문이리라. 동양은 道를 닦아 내면세계로

---

302) 『한국전통철학사상』, 김종문 · 장윤수 저, 소강, 1997, p.10.

침잠하였지만, 서양은 학문을 닦아 외부 세계로 진출한 양상이다. 중세 사회를 지탱했던 신권 질서의 굴레를 벗어던지고 문예부흥과 함께 과학을 발달시키게 되면서부터는 합리적인 사회 제도, 기술, 선진 복지 등에서 우위를 차지했다. 지식을 축적시킨 서구 열강들은 산업 혁명을 일으켰고 필요해진 경제적 식민지를 구하기 위해 전 세계를 구석구석 파헤쳐 잠들어 있는 동양을 무릎 꿇게 만들었다(제국주의적 야욕).303) 정복자의 입장에 서게 된 그들은 우월한 세계 중심적인 역사관과 진리관을 가지고 동양을 모든 면에서 열등한 것으로 격하시켰다. 근대를 열어 역동적으로 세계를 주도하였으며, 지중해로부터 대서양으로, 대서양에서 태평양으로, 그리고 지금은 명실상부하게 하나인 지구촌을 이루게 했다.

그렇다면 앞으로 더 진출해서 이룰 것은? 뻗어나갈 역사 추진의 목표를 찾지 못한다면 구축한 문명적 기세도 장벽에 부딪히리라. 보유한 잠재 가치를 다 드러내었는데 그렇게 해서 이룬 세계가 인류가 원한 세계가 아니라면 더 이상 어떻게 할 것인가? 대세를 전환시켜야 하는데 실마리를 찾지 못하고 있는 지금 오랫동안 묵혀 있던 동양의 진리가 이런 요구에 부응해 새로운 문명 세계를 열기 위해 서서히 빛을 발하고 있으며, 그 근거는 무엇보다도 하나님이 이 땅 위에 강림하시게 된 사실을 통해서 알 수 있다. 그런데도 이런 추이를 도대체 누가 알고 있는가? 안다고 장담한 자들도 살펴보면 추측한 것일 뿐이고, 준엄한 통찰은 하지 못했다. 동양은 왜 유일신 종교가 없는가? "동서 간의 종교를 비교한 것을 놓고 보면 서양의 종교는 유일신 신

---

303) 강제적으로 철저히 위압해 버림.

앙으로, 동양의 종교는 자연신론 내지 범신론으로서 분류했다."304) 그렇게 한 기준은 "도교는 인간성 자체에 대한 윤리적 존경심이 없기 때문에 유교보다 열등하고, 유교는 내세관이 없기 때문에 불교보다 열등하며, 불교는 창세주관이 없기 때문에 힌두교보다, 힌두교는 인격신관이 없기 때문에 기독교보다 열등하다고 판단했다. 유일신이자 인격적 神을 전제로 한 셈족의 유대교・이슬람교・기독교만 참된 종교"란 억지 논지이다.305) 그런데도 이 같은 아전인수 격인 발상을 근절시킬 사상적인 노력을 동양에서는 하지 못했다. 하지만 셈족 계통의 세 종교는 정말 고등한 종교이기 때문에 하나님의 존재성을 완전하게 드러내었는가? 동양의 진리 가치를 배제시킨 채 단독으로 하나님의 본체성을 드러낼 수 있다고 생각하는가?

그렇다면 지금 동양은? "동양 사상 하면 고리타분한 윤리・도덕뿐이고 占이나 관상 같은 신비적인 것으로 이해하면서 전근대적인 사상으로 치부"하였다.306) 주재된 섭리를 모를진대 누구도 제대로 된 가치를 파악할 수 없다. 마테오 리치는 중국 사회에 뿌리박힌 옛 경전에서 말한 하느님[上帝]이란 개념을 기독교의 하나님과 연결시키기 위해 天主란 단어를 선택했다.307) 그러나 정작 중요한 것은 중국 문명이 점유한 太極, 理와 같은 진리 개념을 포괄하였는가 하는 것이다. 그런데 결과는? 아예 짓밟아 버렸다. 하나님의 뜻을 전하고자 한 시도인데 껍데기만 취하므로 하나님이 바르게 전달되었을 리 만무하다. 헤겔

---

304) 『동양철학은 물질문명의 대안인가』, 김교빈 외 13인 저, 웅진출판, 1999, p.49.

305) 위의 책, pp.50~51.

306) 위의 책, 서문.

307) "吾天主, 乃古經書所稱上帝也[우리(서양)의 天主는 바로 옛 경전(중국의)에서 말하는 하느님(上帝)입니다]." ─『천주실의』, 마테오 리치 저, 송영배 외 5인 역, 서울대학교출판부, 2000, pp.97~98.

이 역사 철학을 논하고 있을 때만 해도 동양 역사는 세계 가운데서 한 군더더기에 불과했다. 영국의 철학자 러셀[308]이 철학사 제호를『서양 철학사(*History of Western Philosophy*)』로 명명하기 전까지[309] 그들의 지성사적 범주 안에서 동양의 역사는 괄호 밖에 있었다.

하지만 이런 몰지각에도 불구하고 동양이 보유한 진리적 가치가 평가절하된 것은 아니다. 혹자는 "道란 우주가 움직이는 길로서 궁극적으로 하나님과 거의 같은 그 무엇"이라고 했다.[310] 미국의 이론 물리학자 F. 카프라는 양자 역학과 동양 사상의 공통성을 논한『물리학의 道(*The Tao of Physics*)』에서 "바야흐로 동양의 세기가 도래했다"[311]고 주장했다. 그러나 누구도 왜 무엇 때문에 동양이 보유한 진리적 가치가 중차대한 것인지에 대한 이유는 밝히지 못했다. 그들의 눈앞에서 세계가 확연한 섭리성을 드러내지 못한 것이다. 역사는 세속의 정치사나 문명사를 주제로 한 것이지만, 섭리사는 그렇게 해서 결과 지어진 연유까지 통찰해야 한다. 세속 역사는 진리가 생성해서 맺어지게 된 꽃이라고도 할 수 있어 섭리를 알면 역사가 이루어진, 혹은 된 원인까지 파악할 수 있다. 이것은 거부할 수 없는 대세라, 전체인 본질 바탕이 그 가운데 속한 부분성을 구속한 형태이다.

동양의 하늘 아래서 하나님이 강림 역사를 완수하였다는 측면에서 보면, 세속 역사 위에서 제대로 부각되지 못했던 동양의 역사가 이 같은 역사를 뒷받침하기 위해 섭리되었다는 사실을 확인할 수 있다.

---

308) 러셀(Russel): 1872~1970.
309) 『서구의 사고방식과 비판정신』, 유준수 저, 경문사, 1985, p.210.
310) 『역사의 연구(Ⅰ)』, 토인비 저, 노명식 역, 삼성출판사, 1986, p.502.
311) 『화엄의 사상』, 카마타 시게오 저, 한형조 역, 고려원, 1987, p.23.

동양은 오늘날 하나님을 이 땅에 강림시키기 위해 천만 년에 걸쳐 진리를 일구었다. 그런데도 세인들은 동양이 일군 道와 하나님이 도대체 무슨 상관이 있느냐고 반문한다. 그렇다면 동일한 질문으로 기독교에서는 역사하신 하나님을 제대로 증거했는가? 증거라고 하면 과학적인 방법이 주효한데, 하나님을 초월적이고 무소부재한 영이라고 규정해놓고 그런 존재자를 어떻게 증명할 수 있는가? 달리 묘책이 없다 보니 믿음 하나만으로 구원을 얻을 수 있다는 논지를 폈다. 장님은 세상을 볼 수 없고 귀머거리는 소리를 듣지 못하는데, 서양 문명이 그 같은 장애 요소를 지녔다고 지적한다면 어떻게 받아들일 것인가? 사물의 제 현상들은 엄밀한 규칙성에 근거해서 분석해야 하지만 초월적인 하나님에게까지 적용될 합당한 방법은 아니다. 통상 道는 추상적인 관념물 정도로 이해하지만 달리 보면 참으로 차원적이고 입체적인 그 무엇이다. 하나님은 만세 전부터 계셨고 지금도 존재하고 미래의 저편에서도 역사하셔서 다시 오실 분인데, 이 같은 하나님을 인간이 지닌 평면적인 이해 방식으로 어떻게 이해할 수 있겠는가? 시공간을 초월해 계신 하나님은 이에 걸맞은 차원적인 인식 메커니즘이 뒷받침되어야 하는데, 이를 위해 道가 초월적인 존재성을 인식할 수 있는 운용 메커니즘으로서 예비된 것이다. 道와 神은 아무 상관이 없는 것인 줄 알지만, 道를 통해 하나님의 존재 속성이 증거된다면 이런 측면에서 道란 과연 무엇인가?

서양은 그들이 가진 우월적인 역사 안목으로 동양의 종교를 폄하했지만[312] 하나님이 인격신으로서의 면모를 갖추기 위해서는 본유한

---

312) 동양이 우러러 받든 天이나 道에서는 기독교의 하나님처럼 어떤 구체적인 인격 신관이 보이지 않는 것이 사실임.

존재성에 근거하지 않을 수 없는데, 이런 관점에서 본다면 어떤 형태로든 道는 하나님의 존재성을 드러내는 데 진리적인 역할을 발휘한다. 하나님이 무소부재한 형태로 계실 때는 기독교에서처럼 믿음으로 바라본 추상 대상으로 족했지만, 존재 형태가 구체화된 본체자로 드러나기 위해서는 道란 진리적 요소까지 더해져야 하고 이를 결집시키기 위해 하나님께서 섭리로서 관장하셨다. 살펴보면 신학에서 밝힌 神에 대한 개념과 동양의 覺者가 포착한 道에 대한 인식 개념이 비슷했는데도 섭리가 완수되지 못해 누구도 연결된 고리 흔적을 찾지 못했다. 서양은 서양대로 자체 진리가 지닌 특성 범주를 벗어나지 못했고, 동양도 자신들이 일군 진리 가치를 파악하지 못했다. 서양이 아무리 진리의 맥을 가닥 잡았더라도 언젠가는 道가 지닌 본질적 가치를 발견해야 했는데, 섭리가 완수되지 못해 道의 진정한 본원 가치를 알지 못했다. 인식 범위가 현상계에 국한되고 바탕이 된 본질 세계와 격리되어 버려 그 거리를 메우기 위해 믿음을 동원했다. 이것을 해결하기 위해 동양의 정신적 유산인 道가 일구어졌는데, 길의 인도 역사처럼 覺者도 하나님의 존재 본질을 무언 중 道라는 인식 형태로 각인했다. 누가 의도된 섭리 뜻을 알아차릴 수 있었겠는가? 하나님이 강림하시기 전까지는 성인이라도 짐작할 수 없었다.

道란 본시 우주와 대자연의 실상이자 진실 생명으로서, 하나님이 본체자로 드러나기 이전에 覺者가 엿본 세계의 살아 있는 생명성이다. 하나님이 성령으로서 실체를 드러내기 전에도 동양에서는 하나님의 존재 특성을 道와 같은 진리 형태로서 인식했다. 이런 어렴풋한 존재 상태를 일컬어 지성들은 범신론, 이신론과 같은 사상을 통해 표현하기도 했는데, 이것은 하나님이 완전하게 드러나기 이전에 형태 지어진 과도기적인 신론(神論) 관점이다. 하나님은 이전이나 이후라도 창조된 세계 안에서는 무형인 본질 형태로 존재할 수밖에 없으며, 이런 존재 속성을 통합한 총결산체가 강림하신 보혜사 하나님이다. 섭리 역사가 구체화되지 못한 동양에서는 하나님의 존재 본질을 道라는 진각 형태로 접할 수밖에 없었던 제한성은 있었지만 하나님이란 존재 자체는 고유하기 때문에 동양의 道가 무소부재한 하나님이란 존재 실체를 본질체로서 인식한 진리적 가치를 본유할 수 있었다.313) 이런 판단은 동서양이 추구한 진리적 기여도에 있어 어떤 성패를 가름하기 위한 것이 아니라 세계의 제 영역들이 시공을 초월해 하나님을 형상화시키기 위해서 각자의 역할을 담당했다는 사실을 밝히기 위해서이다. 하나님의 존재 본체를 강림시키기 위해 기여하지 않은 진리 영역은 하나도 없다. 그래서 이 연구는 먼저 道를 통해 천고로부터 섭리된 성령의 주재 역사를 밝히려 한다.

2. 도의 본원 특성

道는 동양의 覺者들에 의해 추구되고 일구어진 인류의 정신적 유산이고 보고이다. 그런데도 오늘날은 만연된 과학적 지식에 밀려 끝내 본원적인 진리의 가치를 인정받지 못하고 만 것은 안타까운 일이다. 하지만 보혜사 하나님이 진리의 성령으로 강림하셔서 밝힌 바로는 道가 하나님의 존재 본질을 대변한 통합 바탕체를 이루고 있다는 사실이다. 하나님이 존재하는 실체로서 근거가 있는 것이라면 그것은 道

---

313) 무형의 실체성을 증거할 진리적 근거를 제공함.

와 같은 형태일 것이므로, 이것이 覺者들에 의해 무형으로 내재된 본질 형태로서 갹출되었다. 창조 이전에는 하나님이 홀로 계셨지만 뜻(말씀)으로 천지가 창조된 이후로는 만물이 그렇게 해서 말미암게 된 하나님의 존재 바탕을 근간으로 하게 되었다. 그리하여 창조 역사를 주관한 기독교와 하나님의 존재 본질을 일군 道가 각자의 섭리 역할을 분담한 분열 과정을 거쳐 하나님이 강림하시게 된 오늘날 통합되기에 이르렀다.

그러다 보니 강림 이전에는 기독교도 道도 노력했지만 어느 누구도 하나님의 존재성을 확인할 근거를 찾을 수 없었고, 작용성도 연관 짓지 못했다. 무형의 작용 역사라 바탕성을 부각시킬 섭리가 완수되지 못한 상태에서는 작용된 메커니즘을 존재로서 가늠할 수 없었다. 그래서 동서양은 각자 지닌 진리적인 특성만을 표출시키면서 지금에 이르렀다. 추구는 하였지만 해결을 위한 실마리가 없다 보니까 "서양의 철인들은 존재 본질 문제에 대해 아예 사물의 독자적인 성질을 규명하려는 쪽으로 전환해 버렸고",314) 동양의 覺者들은 道의 본원이 하나님에게 속한 존재적 성향이라는 사실을 꿈에서도 상상하지 못했다. 道를 통해 삼라만상 우주의 궁극적인 실상을 실감나게 엿보았지만, 창조의 본의가 밝혀지지 않아 그것이 바로 그것인 가닥을 붙잡지 못했다. 동양인들은 하나님의 존재 본질을 道를 통해 접했던 관계로 "만물을 창조한 주격 神을 따로 구할 필요가 없었던 것인지도 모른다."315) 道를 깨닫고자 한 직관적인 방법으로 초월적인 궁극 실체에 접근했으며, 거기에는 하나님의 창조 작용 세계와 대등할 만한 道의

---

314) 『세계창조론 서설』, 졸저, 인쇄본, 1998, p.51.
315) 위의 책, p.100.

작용 세계가 있었다. 道가 운용된 작용 측면에서 본다면 道는 그대로 神이라고도 볼 수 있으며, 이것을 직접 확인하기 위해서는 창조의 본의를 밝힌 섭리 과정을 완수해야 했다. 道는 하나님의 존재 본질과 창조의 본의를 뒷받침한 진리로서 반석을 이루리라. 서양이 내세운 神의 인격신화 수준에 미달되었지만 동양적인 종교들이 종교로서 충분하게 역할을 다할 수 있었던 이유도 여기에 있다.316) 혹자는 범신론적인 종교는 종교로서 자격 미달이라고 하였지만, 동양의 종교는 하나님의 존재 본질을 道로서 간직했기 때문에 오히려 우주의 알파와 오메가를 관장할 수 있었을 뿐 아니라 넘치게 꿰뚫었다. 하나님의 창조 본질을 본유해 인간의 생사화복을 관장하였다. 창조의 작용성 면에서 본다면 儒・佛・道와 기독교는 큰 차이가 없다. 하나님의 존재 본질인 세계의 창조성과 주재 의지를 제각각 교리화시킨 진리 형태일 뿐이다.

그렇다면 창조의 궁극 바탕을 진리로서 각인한 道의 본원적인 특성은 과연 무엇인가? 이것을 알 수 있기 위해서는 만물이 창조되었듯 道도 창조로 말미암아 바탕이 된 것이란 사실을 확인하는 데 있다. 道는 창조이고 창조는 본원이며 본원은 하나님의 존재 본질이다. 그런데도 문제는 창조 이전에 하나님이 앞서 존재하셨던 관계로 인식 면에서는 시작과 끝을 찾을 수 없었다. 우리가 보면 천지간은 온통 有함 뿐이다. 그리고 그렇게 세계를 영원히 有하게 한 시스템이 바로 하나님이 삼라만상을 있게 한 창조 원리이다. 이것을 覺者들은 본질이 영원하게 생성하는 것으로 보아 가치와 질서를 사물의 본성과 인성과

---

316) 창조의 본원적인 진리성을 간직함.

국가의 통치 방면으로까지 확대시켰다. '無極而太極'이란 것은 道와 창조의 궁극적인 진리 생성 형태를 표현한 것이다. 원인이 결과를 낳고 결과가 원인을 낳는 순환과 통합적인 생성 특성을 통해서 覺者는 가없는 창조 실상을 만끽했다. 道, 空, 太極과 같은 본질 세계에서는 단계적인 분열과 진화 현상 부류는 찾아볼 수 없다. 道란 메시지가 전하고 있는 창조적 특성은 이미 모든 것을 갖춘 바탕체로부터의 생성이다. 모든 것을 갖춘 하나님이 만물을 창조하신 것일진대, 이 같은 사실을 엿본 道도 역시 처음부터의 완벽한 통합 본질 상태를 직시한 것이다.

창조 이전부터 이미 존재하고 계신 하나님이 그렇고 뜻을 발함과 함께 구축된 창조 본질이(통체 본질) 그러한 것처럼, 창조는 처음부터 완전한 출발 상태를 뜻한다. 사전에 완비시킨 창조 메커니즘 때문이다. 그래서 道, 太極, 空은 한결같이 완전한 바탕 본체로부터의 생성 상황을 우주론으로 전개했다. 道와 太極 그리고 無한 空이 만물을 낳았다는 것은 이들이 천지 만물의 바탕인 근원된 본질체란 뜻이다. 佛家에서는 "사물의 참 도리를 사무쳐 보는 깊은 지혜를 '반야'라고 했는데, 이것은 변화무쌍한 현상의 집착에서 벗어나 사물의 진상을 파악한 안목이다."[317] 반야란 안목에서 보면, "물질적 현상은 바로 空이다."[318] 色卽是空 空卽是色이다. 본질과 물질은 다르지 않다. 空은 제로에 무엇을 곱하더라도 변함이 없는 것처럼(통체공)……. 만물은 통합성을 바탕으로 창조되었기 때문에 이 空을 만물의 근본 본체로 보았다 해도 하등 이상할 것이 없다. 空은 살아 숨 쉬는 세계적 본질이다. 발하

---

317) 『반야심경 강의』, 광덕 저, 불광출판부, 1995, p.78.
318) 위의 책, p.24.

지 않은 상태에서도 존재하고, 드러나지 않은 상태에서도 작용성을 발휘한 무형의 본질이다. 만물의 본원인 핵심 본질을 太極·理氣·道·空이란 개념을 빌었어도 사실은 그대로 하나님의 존재 본질이다.[319]

오거스틴은 시간이 하나님에 의해 창조된 사실을 언급하였는데, 창조 이전에 하나님이 어떻게 존재하였는가 하는 문제에 대하여 의미 있는 사상을 남겼다.[320] 창조 이전에 있은 존재는 하나님 한 분뿐이고, 존재한 바탕체도 유일하다. 이에 창조를 계획하신 하나님의 뜻을 아버지로 하고, 그 뜻을 뒷받침한 통합 본질을 어머니로 해서 창조된 것이 천지 만물이다. 삼라만상은 모두 하나님의 존재 본질이 뒷받침되었고, 하나님을 근간으로 해서 창조되었다. 창조를 이루는 과정에서는 차원적인 거리감으로 인해 근원성을 파악할 수 없었지만, 존재한 본질은 고스란히 만물을 이룬 근간이 되었다. "色의 본질이 空을 통해서 밝혀지고 空의 본질이 色을 통해 밝혀진 때문이다."[321] 色空의 본질과 진리성을 드러내기 위해 동서 간이 유구한 세월 동안 분열을 거듭했다. 이것은 동양의 정신문명과 서양의 물질문명이 분열을 극해야 세계가 하나 될 수 있다는 뜻이다. 覺者가 일군 것이 만물의 근원인 道, 太極, 空이었다면 이에 대한 결과 근거는 과학이 발견한 물질 현상 가운데서 찾아야 한다. 이것이 동서의 진리 체제가 양분되어 구축된 이유이다.

『육조단경』에서는 "모든 것이 걸림이 없으며…… 하나가 참되매 모든 것이 참되다. 그냥 그대로의 마음, 이 성품이 능히 만법을 냄을

---

319) 진리성=세계성=존재 내에서의 작용성임.

320) 『서구의 사고방식과 비판정신』, 앞의 책, p.210.

321) 『세계창조론』, 제4편 창조증거론, 졸저, 엮음본, 1998, p.16.

알았다'322)란 각언이 있는데, 이 말을 우리는 범인으로서는 이해하기 힘든 진언 정도로 여긴다. 하지만 覺은 만물을 이룬 근본 자리를 직관으로 직시한 것이다. 우주의 생성 본체와 작용 세계를 지혜로 걕출했다. 창조된 진상은 삼라만상의 바탕 본질을 본유한 상태라 최근의 양자 역학, 불확정성 원리, 상보성 원리 등이 경계 없는 본질 작용 세계를 밝히고 있는 중이다. 道는 팽배된 물질관에 짓눌리고 소멸되어 버리고 말 운용 세계가 아니라 언젠가는 양자가 서로를 기반으로 해야 진리 세계가 완성될 수 있다는 사실을 알아야 한다. 道는 하나님의 창조 본질을 진리로서 일구었을 뿐 아니라, 세계의 궁극성에 대한 탐문으로 본질적인 진리를 걕출하고자 했던 필요 불가결한 진리 양태이다. 하나님이 진리의 성령으로서 강림하시사 천고로부터 구축된 거대한 문명 세계의 본질을 파헤치고 道의 본원성을 밝혀 주셨다.

3. 도의 창조 특성

서양의 학자들이 진화론을 주장하고 사상가들이 무신론을 배태시키고 있었을 때도 동양은 여전히 동양적인 우주론만 지켰다. 서양은 학문을 탐구한 전통이 개연적이었기 때문에 제반 사상을 지속적으로 발전시킬 수 있었지만, 동양이 각인한 道는 무형의 形而上學的인 작용체이다 보니 자연 현상과 거리가 있어 답보 상태를 면치 못했다. 조선의 유학자라면 누구나 理氣論에 대한 나름의 우주관적 견해를 가졌었는데도 구한말 나라가 누란의 위기를 맞이했을 때는 이 같은 인식 체

---

322) 『육조단경』, 육조문인법해 기록, 한길조 역, 대한불교서적센터, 1967, p.17.

제가 아무런 힘을 발휘하지 못했다. 과학적 지식이 만연된 오늘날은 정말 인류의 문명 발달에 영향을 끼칠 더 이상의 여력이 없을 듯하다. 기독교적인 창조관도 합리적으로 설명되지 않는 우주론인 것은 마찬가지로서 진화론이 대두한 이후부터는 천지 만물이 하나님의 창조와는 아무런 상관이 없다는 쪽으로 흘러 버렸다. 이 같은 추세가 대세인 상태인데 창조론을 거론한다는 것은 시대에 역행하는 일이라고 여길지 모르지만, 보혜사 하나님이 그런 문제점까지 고려해서 강림하신 것이라면 어떤 우주론도(道) 하나님의 창조 세계에 적극 참여하지 않을 수 없다. 하나님이 동양의 하늘 아래서 본체를 드러내신 만큼, 道도 이제부터는 창조된 세계를 위해 역할을 발휘해야 할 때가 되었다.

동양에도 창조론이 있는가? 기독교적인 세계관에 젖어 있는 사람들은 이런 사고 발상 자체를 의아해하겠지만 우주의 생성과 천하 만물이 어떻게 발생하였는가 하는 문제는 동양의 覺者들이 더 심오하게 머리를 싸맨 주제였다. 하나님의 존재 본질이 만물을 창생시킨 바탕 본질이란 것이 사실이라면 覺者가 밝힌 道의 세계도 근거 없는 주장이 아니다. 道는 만물을 어떻게 낳았다고 하였던가? 그렇게 생각한 관념의 산물일 뿐인가? 주장은 했지만 근거를 찾지 못하니까 부정할 수도 있으나, 이것은 때가 되어 섭리가 완수되어야 하는 문제이다. 우리가 성경의 창세기를 통해 알 수 있는 것은 하나님이 창조하신 행위에 대한 정보 정도이다. 천지 만물이 어떻게 창조되었는가 하는 창조 원리는 오히려 만물 자체가 지니고 있다. 이것을 깨어 있는 선각들이 정열을 바쳐 일구었다. 천지는 이미 창조되었지만 창조를 실현시킨 진리적 면모를 도출시키기 위해서는 또 다른 노력이 필요하다. 그래서 어렴풋하기는 하지만 세계 곳곳에 창조 신화가 전래되었고, 동양도 기독교의 창조론 못지않게 우주론을 펼쳤다. 창조된 진리를 밝히는 문제는 기독교만 다룰 수 있는 독점 사명이 아니다. 세계 각처에서 선각들이 우주의 생성 면모를 관찰하였고 진리를 일구어 판단했다. 그런데도 창조된 가치를 확인할 수 없었던 것은 섭리가 분열을 다하지 못한 때문이다.

그러나 오늘날은 하나님이 강림하셨기 때문에 여건이 달라졌다. 하나님이 道를 통해 역사하신 섭리 의미도 여기에 있다. 道는 창조된 원리성과 무관하지 않다. 『중용』에서는 "道의 본원이 天에서 나왔다"고 하는 의미심장한 말을 했는데, 天은 정말 만물을 낳은 바탕 본원이다. 우주의 생성과 작용 원리를 진리화시켰다. 창조를 생성적인 측면에서 접근한 覺者들은 객관적인 원리를 탐구한 서양의 지성인들보다 더 풍부하게 창조론을 전개할 수 있었다. 道가 사물 가운데서 인출한 원리와 다르다고 해서 진리로서 지닌 가치를 거부한다는 것은 어리석다. 道도 세계의 섭리 역사만 밝혀지면 언제라도 부활할 수 있는 생명력이 있다. 섭리 역사가 완수되기까지 道와 天과 창조와 神이 각자의 진리 영역을 확보하면서 매진했던 것이다. 제 진리가 하나님의 본체 바탕인 창조성에 근거할진대 그들은 하나 되기 이전부터 이미 하나였다. 그래서 창조성의 분열이 완료됨과 동시에 섭리도 완성된 것이며, 그렇게 완성된 바탕 위에 하나님이 강림하셨다.

"동일성과 상호의존성으로서 파악한 불교의 진리관도 알고 보면 하나님의 창조 특성을 직시한 것이다."[323] 하나님의 창조 원리를 道를 통한 작용성으로 표출한 것은 하나님의 존재 본질을 엿본 때문이

---

323) 空으로서 대변된 인식론은 하나님의 창조 바탕성을 파악한 것임.

다. 주자가 종합적으로 체계 지은 理氣論은 우주의 무엇을 말한 진리인가? 그것은 하나님이란 존재 본체가 창조를 위한 바탕 본체로 변모하여(통합성), 창조와 동시에 만상의 근원이 된 과정을 논한 것이다. '合해서 萬物統體一太極이고 分해서 一物各具一太極'[324)]이라고 설명한 것은 그것이 바로 하나님이 천지를 창조하신 원리 자체이다. 만물은 원래 하나인 하나님으로부터(통합 본질성) 창조되었고, 만물화되기는 하였지만(존재로서 특성을 가짐) 세상 가운데서 존립하기 위해서는 각자가 완전한 太極을 지닌 독립체로서 창조되었다는 뜻이다.[325)] 하나님이 지혜를 바쳐 실현시킨 창조 시스템이다. 그래서 만물이 태고로부터 생성으로 쉼 없이 운행되었다. "창조된 비밀이 道 속에 고스란히 내포되어 있다."[326)] 覺者는 道를 보면서 무궁한 창조 세계를 넘나들었다. 그런데도 道가 지닌 본질적 가치를 파악하지 못한 이유는? 道가 생성된 테두리를 벗어날 수 없어 전체 면모를 볼 수 없었고, 섭리가 완수되지 않아 道의 알파와 오메가를 관장할 디딤돌을 밟지 못했다. 그러니까 보아도 본 것이 아니고 알아도 안 것이 아닌 상태에서는 하나님을 볼 수 없었다.

하지만 道도 창조성이 분열을 극하면 뿌리가 드러나게 되어 천만년 동안 잠재된 진리적 근거를 확인할 수 있는 길이 열린다. 道가 생성한 근원은 창조를 실현시킨 본원인 만큼, 본원이 분열을 극하면 극과 극이 서로 만난다. 인류가 일군 道의 발자취가 물질문명이 극대화된 분열 종국과 맞닥뜨린 것은 이때가 바로 동서의 진리 세계가 통합

---

324) 『주렴계집』, 권 1.

325) 창조의 완전함. 곧 티끌 하나라도 완전하지 못하고서는 존재할 수 없음. 그래서 각자가 태극성을 본유했음. 이런 이유로 진화론은 일언지하 불식되는 것이며, 진화 메커니즘은 창조 원리에 위배됨.

326) 『세계창조론 서설』, 앞의 책, p.147.

될 여건이 순숙되었다는 뜻이다. 그래서 이때 통합을 이루기 위해 강림하신 분이 보혜사 하나님이다. 진리의 성령으로서 역사하여 道의 창조 특성을 일깨웠다. 세계의 진리를 품 안에 안기 위해 역사하셨다. 알고 보니 하나님의 존재 의지를 벗어난 진리는 하나도 없으며, 하나님의 창조 본질을 갹출한 진리 체제였다. 그래서 이들을 규합하기 위해 통합 의지를 발하신 만큼, 동서양은 정말 하나 될 수 있는 세계관적 근거를 창조 진리 안에서 제공받게 되었다.

제7장

서양의 섭리 역사

1. 서양 사고의 특색 본질

어떤 세계의 특성과 본질을 파악하기 위해서는 그 세계의 분열이 완료되어야 한다. 분열을 다하지 못한 상태에서는 전체 가운데서 지닌 본색에 대한 판단이 어렵다. 세계는 전체로서 부분을 내포한 관계로 전체 가운데서의 좌표가 결정되어야 존재하는 특성을 판단할 수 있다. 전체성 안에서만 궁극적인 알파와 오메가를 통찰할 수 있다. 그렇게 해서 개관한 관점으로 서양 역사를 보면, 그들이 받아들인 지적 전통 위에서 근대의 지평을 연 것은 '데카르트에서 시작된 자아의 자각사로부터 칸트, 헤겔에'[327] 걸친 정신적 거장들이 있었다. 소크라테스, 아리스토텔레스가 살았던 지적 황금시대에는 그 영향권이 고대의 희랍 사회 정도였지만 칸트, 헤겔 대에 이르러는 인류 전체의 문명과 제도관에까지 영향을 끼쳤다. 지난 몇 세기 동안 세계는 역동적

---

327) 『서구의 사고방식과 비판정신』, 유준수 저, 경문사, 1985, p.48.

인 서양 지식의 분출 에너지에 흠씬 젖었다. 그들이 쌓은 지적 토대 위에 현대 문명이 기틀을 이룬 만큼, 세계를 움직인 주축 에너지라고 보아도 과언이 아니다.

하지만 그들이 발 디딘 곳은 어디까지나 자신들이 호흡한 문화 전통 안에서이다. 쌓아올린 지식으로 거대한 문명은 가닥지었지만, 전체인 세계 가운데서의 일부분이란 사실은 의식하지 못했다. 사고가 지닌 본성적 특성은 잘 드러내었지만, 왜 어떻게 해서 이루어진 결과인지에 대해서는 알지 못했다. 그것은 결국 하나님이 강림하셔서 섭리 역사를 완수해야 파악할 수 있는 문제이다. 창조 섭리가 완수되기 위해서는 세계의 본질과 창조된 본의를 밝혀야 했는데, 조건이 미비되어 끝내 실패하고 말았다. 이런 여건에서 배턴을 이어받게 된 말단 문명이 바로 서양 문명이다. 그도 그럴 것이 그들 문명은 사물의 본질 영역을 탐구하도록 역할 지어진 물질문명 체제이다. 왜 이런 표현을 쓰는가 하면 천지가 창조된 이상 어디서도 궁극적인 원인과 바탕이 된 근원이 있기 마련인데, 동양의 道는 세계의 궁극 원인에 해당하는 무형의 본질 부분을 탐구하였고, 서양은 그 결과 부분인 사물과 현상 세계를 탐구했기 때문이다. 동일한 노선버스라도 상행 차와 하행 차는 운행 방향이 다르다. 순환되는 노선이라면 다시 만나겠지만……. 동양의 道가 세계의 본질 문제를 추적한 것과 서양의 지적 전통이 사물의 본질 세계를 탐색한 것이 창조된 세계를 밝히고자 한 데 대해서는 동일하다. 진리를 구하고자 한 귀결처가 같은 것이라면, 합일되고자 하는 데 있어서도 하자 될 것은 없다. 동양의 道가 창조된 본질 세계를 추구하였고 서양의 知가 창조된 사물 세계를 밝히고자 한 것은 의기투합한 탐구 목적이다. 양자가 다 함께 하나님의 창조 세계를 규명하기 위해 노력한 것이다. 섭리를 완수하고 하나님이 강림하는 데 기여되었다. 세계는 존재하는 모습으로 본질을 드러내므로 이를 근간으로 하나님이 강림하시게 된 만큼, 문명사회가 개화된 것은 그만큼 하나님의 지상 강림 때가 무르익었다는 뜻이다.

서양이 무엇보다도 사물의 본성을 탐구해서 문명을 개화시켰다는 것은 그들 세계가 종말을 맞이할 정도로 한껏 분열되었다는 뜻이다.328) 이룰 만큼 이룬 시점에서 서양 사고의 본색이 밝혀졌다. 서양, 그중에서도 "유럽에서는 고대나 현대를 막론하고 우주의 구조와 힘, 사물의 본질, 인간의 근본적인 본성 등에 대해 지적 관심이 컸는데, 이것이 과학적인 탐구 정신으로 자극되어 특징 있는 문명 체계를 이룩했던 만큼",329) 이 같은 탐색 패턴이 더 이상 다른 방향으로 선회될 것 같지는 않다. 본색으로서 완전하게 굳혀졌다. 나름대로 궁극적인 본질을 밝히는 데 기여된 것은 사실이지만, 동양이 취한 수행이란 방법을 두고 비교하면 대조적이다. 지적 방식을 주도했던 데카르트·스피노자·라이프니츠·칸트 같은 철학자들은 수행을 통해 진리를 일구기보다는 학문을 통해 양산한 자양분을 흡수하면서 진리 세계를 개척했다. 갈릴레이나 토리첼리 같은 학자들이 이룬 근대 물리학·수학·천문학과 같은 학문을 토대로 데카르트, 스피노자로 대표된 새로운 사고방식을 탄생시켰다. 라이프니츠는 수학과 물리학을 17세기 철학과 결합시키는 일을 필생의 과업으로 삼았다. 칸트는 고전 물리학의 집대성자인 뉴턴을 알아야 연구를 진행할 수 있었다. 근대 서구적인 사고의 전반적인 체계는 세속적이고 합리적인 과학의 부단한 진보와 보조를 맞

---

328) 구축한 과학 문명을 기반으로 해서 물질문명 세계를 만개시킴.

329) 『인도의 철학』, 하인리히 짐머 초록, 캠벨 엮음, 김용환 역, 대원사, 1992, p.47.

추어 확립된 것이다.[330] 왜 그렇게 되었는가? 그렇게 해야 천지가 창조된 실상이 드러날 수 있다. 수학·기하학·생물학·과학 같은 탐구 영역은 바로 천지가 창조된 결과 원리를 밝히기 위해 개척된 방법론이었다는 판단이 그것이다.

따라서 서양이 쌓아온 지적 전통과 사유 본색은 사물의 세계를 파고드는 데 있어서 합당한 방법론일 뿐, 창조의 궁극 본질인 무형의 원인 세계와 바탕 상태를 밝히는 데는 문제가 있었다. 어떻게 해서 세계가 운위되고 있는가? 천지가 창조된 것인 한, 언젠가는 이것을 진리로서 해명하기 위해 道란 실상 세계가 밝혀져야 했다. 세계가 분열을 다한 시점에서야 알게 된 사실이기는 하지만 서양이 지성사에서 남긴 탐구 족적은 분명하다. 창조된 결과 세계를 통해 法·정부·국가·권력의 구조·사회·자유·평등·제도·경제·자본·학문·이념 등의 영역을 주도적으로 이끈 지적 환경을 제공했다. 이것은 섭리적으로 담당한 사유 특색이 그러했기 때문에 이룬 역사적 발자취이다.

서양이 지성사에서 성과 지은 일련의 특성 맹아를 우리는 이미 고대 그리스의 철인인 플라톤의 사고방식에서부터 발견할 수 있다. 그가 주장한 관념성이 농후한 이데아론은 세계의 본질 영역에 속한 사물의 원형 상태를 지목한 것이다. 세계에 현실과는 차원이 다른 본질 영역이 있다는 것을 인정했을 뿐 아니라 공통된 원형까지 추적했다. "이데아란 개념 속에는 영원불변한 그 무엇에 해당하는 초월·독립적인 뜻이 있다는 점에서, 플라톤은 사물의 형성 배후에 있는 창조의 바탕성까지 엿보았다."[331] 하지만 이것은 사물의 궁극적인 원형 본질을

---

330) 위의 책, p.46.

331) 『세계창조론 서설』, 졸저, 인쇄본, 1998, p.61.

상정한 형태일 뿐, 의식을 통해 가늠한 실체가 아니다. 서양에서 관념론이란 철학 전통이 있게 된 근거도 여기에 있다. 아무리 벗겨 보아도 알맹이 없는 양파 껍질처럼 상정된 이데아는 먼 세계의 꿈일 뿐, 현실 가운데서는 확인할 수 없는 물자체(物自體)였다. 물결을 가르는 배는 결과를 이룬 현상의 세계인데, 원인인 본질 세계는 그 이면에서 운위되고 있어 접근하기 어려웠다. 그래서 플라톤은 현상 세계를 이데아란 원 실상에 대해서 그림자로 표현했다.

플라톤이 이데아 세계를 추적한 것은 자체로서 지닌 사유의 본색에 힘입은 바이다. 즉, 色의 본질을 분열시켜 쫓[이데아]이란 궁극성에 도달하고자 했던 것이 서양 사고가 짊어진 섭리적 운명이다. 동양 사고는 일원론적이고 통합적인 성향을 지닌 것이 특징인데, "헬레니즘의 영향을 받은 서양에서는 이원론적인 사고가 원형적인 틀로서 자리 잡았다."[332] 현상을 보고 본질이란 존재성을 상정할 수밖에 없는 여건은 분자가 분모를 능가할 수 없는 상황과 동일하다. 합리성과 이성만으로 일체를 판별하고 있는 세계에서는 그 무엇도 본체가 분열을 극하지 않는 한 궁극적인 면모를 드러낼 수 없다. 그러다 보니 "존재하는 것으로 하여금 존재하도록 하는, 존재하는 것들에 관한 궁극적인 원인을 체계적으로 연구한 形而上學을 통해",[333] 창조된 결과 세계를 규명하는 쪽으로 방향을 잡게 되었다. 이것은 동양의 지적 전통인 道의 생성 상황을 인식한 것과는 성격이 다르다. 서양철학에서는 "有의 바탕을 이루고 있는 것을 본질이라고 하여 사물의 궁극이 무엇인가를 아는 것을 매우 중요하고도 치열한 논의의 대상으로 삼

332) 『역사산책(주역편)』, 인터넷자료.
333) 『세계철학대사전』, 박영근 발행, 고려출판사, 1992, p.1257.

았다."[334] 세계의 궁극적인 세계를 파고들기 위해 존재론 같은 철학 전통을 수립하고 사고적 산물인 인식론에 치중한 것은 그들이 지닌 본색상 어쩔 수 없는 취향이었다(본질론이 아님). 그래서 서양 인식론은 "존재하는 것에 대한 사물의 본질 규명과 관련하여 자연과학적인 추구 인식"을 뒷받침해,[335] 하나님이 창조하신 결과 세계는 소상하게 밝힐 수 있었지만 살아 계신 하나님의 존재성을 증명하는 문제와는 거리가 멀었다.

이런 사유 특성은 칸트 대에 이르러 物自體에 대한 인식의 난색 선언을 통해 더욱 분명해졌다. 칸트는 그가 쓴 대표적 저서의 하나인『순수이성비판』에서, '나는 무엇을 알 수 있는가'란 명제를 통해 기존 인식에 대한 비판 문제를 제기했다. 그가 모델로서 염두에 두었던 知는 각양각색의 知 또는 변할 수 있는 知가 아니며, 보편타당성을 지닌 知, 혹은 인식이었다. 그런데 이런 知의 이상적인 지적 구성 형태로 예를 든 것이 기껏 삼각형의 내각의 합이 2직각이란 명제부류였다. 경험을 통해서 얻어진 知가 아니고, 선천적으로 종합하여 판단 가능한 인식지란 뜻이다. 보편타당성을 지닌 知를 인출할 수 있는 영역은 기하학적인 인식이고, 수학적인 인식은 경험에서 독립하여 얻어진 선천적인 인식의 덩어리라고 보았다.[336] 이것은 현상적인 원리를 벗어나 있는 초월성에 대한 논리가 아니다. 선험성은 경험과 이성이란 합리성에 대비시킨 지적 중도책일 뿐이며, 철저하게 현상성에 근거를 둔 이성적 판별이다. 현상으로서 인출된 분열 질서 안에서 도달할 수 있는 知

---

334) 위의 책, p.429.

335)『존재론』, 벨라 바이스마르 저, 허재윤 역, 서광사, 1990, p.36.

336)『서구의 사고방식과 비판정신』, 앞의 책, p.66.

의 인식 범위를 확정하려고 했을 뿐이다. 칸트가 주장한 선천적인 종합 판단의 수수께끼? 그것은 경험을 하기 이전에 세계에 관해서 무언가를 알 수 있다는 뜻인데, 방법상으로는 철저하게 현상적인 분열 질서를 따랐다.

예를 들면 먼 조상으로부터 전래된 한 유물 상자가 있다고 할 때, 그 속에 무엇이 들어 있는가 하는 것은 누구도 상자를 열어 보지 않고서는(경험) 알 수 없다. 하지만 그 유물을 최초 전래시킨 조상이 있다면 그 조상은 굳이 상자를 열어 보지 않더라도 그 속에 무엇이 들어 있는지 안다.337) 상자 안의 유물을 밝히는 것은 철저한 원인 행위를 판별하는 문제이므로, 현상계를 기준으로 한 질서 구분과는 차이가 있다. 선험성은 미리 아는 것도 예지도 아니다. 최초의 조상처럼 자연계의 인과율을 근거로 해서 창조된 원인을 밝힐 분은 하나님밖에 없다.338) 창조란 비밀 상자를 하나님이 전래시켰다고 보면, 인간이 지닌 한계성은 분명하다.339) "칸트는 物自體와 현상계를 명확하게 구별했던 것이고, 그래서 物自體는 정말 원리적으로 인식이 불가능한 것이었다."340)341)

그러나 길이 세계의 본질을 규명하는 과정에서 밝힌 바로는 현상적인 질서가 분열을 완료하면 만사가 物自體와 합일된 통합성 역사에 참여할 수 있으리라고 했는데, 그 같은 예견은 섭리 역사가 완수됨과 함께 서양 사고의 특색을 추출함으로써 확증하였다. 분열하는 도상에

---

337) 위의 책, p.70.
338) 최초 창조란 블랙박스를 하나님이 제작하심.
339) 우리는 인식이 불가능한데 하나님은 가능하다는 것임.
340) 인간이 인식할 수 있는 세계는 현상계에 한함.
341) "인간의 인식 능력은 현상계에서만 가능하고 物自體는 인식할 수 없다." - 위의 책, p.73.

서는 창조를 볼 수 없지만 현상은 본질이란 공통분모를 지니고 있어 분자가 분열을 극하면 도달하게 될 본향은 결국 통합성이란 분모뿐이다. 표면화된 자연계는 창조된 결과 드러나게 된 현상계로서[342] 창조를 있게 한 본체계와 엄연하게 구분되었던 것이다.[343] 서양이 창조된 결과 세계(사물)를 명백하게 구분했던 것은 창조의 비밀 상자를 알고 계신 보혜사 하나님을 맞이하기 위해서이다. 그런데도 현상적인 질서 세계에서는[344] 物自體에 대한 인식이 불가능하다는 쪽으로 방향을 틀어 버렸다. 이것은 칸트뿐만 아니라 서양 사유 자체가 지닌 본성상 어쩔 수 없는 한계적 판단이다. 쌓아올린 학문적 전통과 개척한 진리 탐구 방법론이 모두 그러한데, 그 이유는 神이 아니라 자연계의 실상을 대상으로 창조된 세계를 규명할 수 있도록 섭리되었기 때문이다. 形而上學(metaphysics)이 자연계를 넘어서는 근본의 원리에 관한 것을 논하는 학문[345]이란 어원을 통해서도 알 수 있듯, 서양의 제반 철학과 지적 체계들이 자연계에 관한 질서를 진리성을 판단하는 기준으로 삼았다는 것은 분명한 사실이다.

칸트[346]는 "대학에서 신학부에 등록했지만 수학·과학·철학 강의도 듣고, 라이프니츠의 形而上學과 뉴턴의 물리학을 공부하는 등",[347] 그가 걸은 진리 탐구 역정은 창조의 궁극 세계를 파고들 만큼 특출한 방법을 강구한 것이 아니었다. 그가 살았던 시대는 뉴턴의 고전 물리

---

342) 위의 책, p.72.
343) 통합된 物自體.
344) 하나님이 이루신 대세 섭리를 관장하지 못한 상태.
345) 위의 책, p.10.
346) 칸트(Immanuel Kant): 1724~1804.
347) 『서양사학사』, 이상신 저, 청사, 1984, p.411.

학과 같은 과학적인 학문 기반이 쌓여 있었던 시기로서 인식에 관한 문제를 비판한 것 역시 그런 지적 분위기를 고조시킨 것에 불과하다.[348] 동양의 覺者들이 걸었던 길처럼 초월적인 궁극성(실재)에 접근하기 위해 의식을 고도화시킨 적이 없다(수행). "칸트는 당대의 개연화된 학문적 토대 위에서 순수 이성이 사물과 현상에 대해 가지는 선험적 원리론과 방법론을 다루어(비판) 자연 과학적 진리와 과학적 진리의 본질을 해명하는 데 철학사적으로 기여했다."[349] 하지만 이 같은 업적은 도리어 후대인들로 하여금 하나님을 뵈올 지혜 안목을 차단시키게 한 결과를 초래하기도 했다. 자연 현상을 원리적으로 해명하므로 고도한 물질문명 세계는 구축했지만, 각종 무신론과 유물 사상을 확산시켜 버려 이런 진리적 터전 위에서는 하나님이 더 이상 인류를 구원할 수 있는 경륜 역사를 펼칠 수 없게 되었다. 그래서 천지 역사를 주관하신 하나님이 서양이 이룬 물질문명의 한계성에 직면하여 이것을 넘어설 새로운 진리 기반을 이 땅에서 마련하게 되었다.

2. 서양 지식의 한계 본질

잠에서 깨어난 동양이 서양의 역사와 선진 기술과 지적 전통을 받아들인 것은, 아울러 가치를 드높인 인간 이성의 능력을 함께 인정했기 때문이다. 눈을 뜨고 바라보면 이성은 참으로 세계를 명철하게 한 안내역을 충실하게 담당했다. 창조된 결과 세계는 정말 이성적인 노력을 통해 그 뿌리를 확연하게 드러낼 듯하다. 그런데도 그렇게 해서

---

348) 칸트가 생애했던 당대에는 이미 자연과학적인 방법론이 학문적으로 괄목할 만한 성과를 거두고 있었음.
349) 『철학의 이해』, 이정호 교수, 한국방송통신대학교, 제17강.

이룩한 서구 문명이 정작 하나님의 창조 사실을 거부한 진화론과 유물론 같은 무신 사상을 배태시켰다는 것은 하나님이 부여하신 역할에 대해 주객을 전도시킨 오버액션이다.350) 하나님이 이성이란 사고 능력을 부여한 것은 창조된 결과 세계를 살펴서 하나님에게 이를 수 있는 발판을 마련하기 위해서인데, 이성은 도리어 지혜를 헤아릴 안목을 차단해 버려 편협한 세계관 구축을 자초하였다. 그들이 구축한 진리 세계는 근원된 본질을 분열시킨 지류이지 본류가 아니다. 기독교는 참으로 해결했어야 하는 세계의 유신적 상황을 증거하지 못했을 뿐 아니라, 동양의 道가 함유한 形而上學的인 창조 본질도 이해하지 못했다. 현상 세계를 규명하기 위해 구축한 세계관으로서는 천지를 창조한 무형의 본질 세계에 접근하는 것이 불가능했다. 본질 세계에 접하고 있는 것은 의식이기 때문에 이성은 창조를 낳은 근원 세계를 가늠할 수 있는 지적 수단이 아니다. 탐구의 초점을 자연계에 두고 있어 통합성으로 존재하는 창조 본질은 도무지 파악할 수 없었다.

현상은 나타난 세계이며, 생성으로 드러난 결과 세계이다. 그렇지만 이면에 있는 원인 세계는 통합적인 본질 세계로서, 나지도 않고 줄지도 않고, 生함이 없으므로 멸함도 없는 바탕 본체로서 존재한다. 그것이 창조를 낳은 가없는 알파 세계이고, 만물의 근원인 창조적 실체이다. 생성하고 현상화되기 이전으로서 원인과 결과가 함께한 일원적 세계이고, 인과율을 결정한 통합성 세계이다. 반면 이성으로 파악할 수 있는 현상적인 질서는 분열되어 드러난 결과만 확실하게 포착

---

350) "서양 철학에서 이성의 작용에 의한 인식론이 발달한 것은 그들 나름대로 사물의 본질을 규명하기 위한 요구 조건을 충족시키기 위한 것이었지만, 여기에 전격 매달리다 보니 오히려 주객이 전도되어 세계의 궁극 본질에 접근하는 문제를 망각한 결과를 낳았다." - 『세계창조론』, 제2편 창조성론, 졸저, 엮음본, 1998, p.77.

할 수 있어 원인 세계는 추적할 수 없었다. 본질 작용은 분열된 결과로 있게 된 현상 작용과는 다르다. 이성을 통해서 보면 본질 작용은 논리상 모순투성이다. 그런데도 헤겔은 이 같은 제반 상황을 일반화시켜서 모순이 도리어 인류 역사를 발전시킨 원동력이라고 본 것이다. 모순을 나름대로 설명한 것을 놓고 보면 동양인들이 말한 陰陽 사상과도 비슷한데, 동일한 상황인데도 동양은 상호 교감을 통한 통합 작용으로, 그들은 상호 대립된 모순 작용으로 바라본 차이가 있다. "생동하는 만물의 원동력이 운동하고 있는 힘을 추적하는 과정에서 양극성을 발견하게 되므로",351)352) 이것을 대립되고 모순된 것으로 이해했다. 본질의 통합 상황을 직시할 수 있는 기준이 없어 논리적으로 따지면 이해할 수 없지만 작용하는 본질 상황만큼은 받아들이지 않을 수 없다. 어떻게 주어진 현상을 이치적으로 따지면 모순된 것인데도 엄연히 역사를 추진시키고 세계를 존립시켰는가? 그 이유는 사물 자체가 정말 모순으로 존재하는 것이 아니라 이것을 바라본 인간의 이해 폭에 제한이 있었다는 뜻이다. 이성을 주축으로 한 서양 인식론에 문제가 있었던 것이다.

'오르막길과 내리막길은 하나이면서 같은 길인데',353) 이 같은 통체성을 서양은 알지 못했다. 원래 하나라고 볼 수 있는 본질적 논리가 그들의 인식 사전에는 적혀 있지 않았다. 왜냐하면 우리가 접하고 있는 존재 상황은 온통 분열로서 드러난 현상성뿐이기 때문이다. 하지만 창조된 원인 세계는 제 질서를 낳은 궁극성으로서 분열 이전인

---

351) 『모순의 변증법』, G. 슈틸러 저, 양운덕·김재용 역, 중원문화, 1985, p.84.
352) 현상들의 내적인 이원성이 성립되어 있음.
353) 『동서사상의 원류』, 철학사상탐구선양회 편, 백산출판사, 1996, p.64.

통합성으로 존재하고 있다. 이것이 道로서 파악된 진리 세계이며 만상의 근원이 된 본체 바탕이다. 수학에서의 플러스와 마이너스, 물리학에서의 작용과 반작용이 어떻게 대립되어 있다고 생각하겠으며, 한 알의 밀알이 땅에 뿌려지는 것이 정말 자기 존재를 부정하는 것이겠는가? 양적 변화가 질적으로 변화한 이행(移行) 법칙인가?[354] 근원으로 존재하는 창조 바탕은 일체의 변화력을 함축한 일원성으로서 영원한 생성을 시스템으로 한 통합 본체이다. 이것을 서양의 지성들이 볼 수 없었던 것은[355] 하나님이 성령으로 밝힌 서양 인식론의 한계 이유이다. 한계성과 본말이 함께 드러났다는 것은 先天의 섭리 역사가 분열을 다했다는 뜻이기도 하므로, 이 같은 섭리성의 한계 맥을 극복하기 위해 하나님이 동양의 하늘 아래서 강림하시게 되었다. 道가 하나님의 섭리 대를 잇기 위해 만세 전부터 준비된 것인데, 이 사실을 누가 알 것인가? 어떤 역사를 통해서도, 진리를 통해서도 알 수 없었지만, 하나님이 진리의 성령으로 강림하셔서 밝혀주셨다.

---

354) 『동아세계대백과사전』, 동아출판사백과사전연구소 편자, 동아출판사, 1995, 변증법적유물론 편.
355) "통합적인 작용 실체로 운위된 창조 본체를 보지 못한 것은 서양의 지성인들이 지닌 사유 본색 자체의 특성이고 한계임" - 『세계유신론』, 졸저, 인쇄본, 2000, p.30.

제8장

세계사의 섭리 역사

1. 세계 섭리의 태동 역사

하나님이 세계의 역사를 주재하시기 시작한 것은 태초에 천지를 창조하기 이전부터이고, 유사 이래 문명사회를 이루기 이전부터이며, 하나님이 주관하신 세계사의 섭리 뜻을 알기 이전부터이다. 그래서 지상 강림 역사가 실현된 오늘날 우주의 시공간을 총망라한 섭리 역사를 대별한다면, 태초 이전에 하나님이 계셨던 '하나님의 선재 존재 역사', 하나님이 뜻하심과 함께 이루어진 '세계의 창조 역사', 하나님이 주재하신 '세계의 섭리 작용 역사', 하나님이 의도하신 '세계 섭리의 규명 역사', 하나님이 성령으로 역사하신 '지상 강림 역사', 하나님이 장차 실현하실 '지상 천국 건설 역사'이다. 물론 이렇게 분류한 것은 하나님이 밝히신 창조 섭리에 근거한 것이기 때문에 과거에는 구구각색의 난설이 있게 되었다. 따라서 세계사를 바라보는 획기적인 인식의 전환점은 어느 모로 보나 세계의 섭리 역사를 완수한 것이 명확한 기준이다. 하나님이 섭리를 완수하기 전에는 세계의 어디를 둘러보아도 역사된 뜻과 작용된 발자취를 발견할 수 없었다. 그 이유는 인류 역사의 핵심인 주재 뜻을 통찰하지 못한 때문이다. 섭리는 반드시 도출된 결과에 의해서만 가닥을 잡을 수 있어 세계가 섭리된 사실을 알기 위해서는 세계가 지닌 역사성이 끝까지 분열해야 했다.

그런 만큼 이 연구도 세계가 섭리된 사실을 밝힐 자격 조건을 갖추기 위해서는 실질적으로 세계의 섭리 역사, 그러니까 인류가 알지 못한 가운데서도 주재된 하나님의 도도한 뜻을 깨달아야 했다. 섭리된 역사를 밝히는 것은 이 연구의 내용을 구성하는 데 있어서 가장 걸맞은 타이틀 주제이다. 인간은 역사를 직접 겪은 주체자인데도 만사를 뜻대로 이루고 결과를 의지대로 얻은 것은 아니었다. 현재를 기준으로 과거와 미래를 너무나 몰랐다. 이것은 우리가 겪고 있는 인생만큼이나 세계 역사도 개개의 사실만으로서는 파악할 수 없는 어려운 전체를 구성한 바탕 본체가 있었다는 뜻이다. 우리는 모르더라도 우주마저 모른다고 볼 수 없는 근거로서 세계사를 구성한 이면에는 하나님이 계셨다. 언젠가는 밝혀질 것이지만 인간으로서는 알 수 없는 장애가 차원적인 벽에 의해 가로막혀 있었다. 장애를 걷지 못한 상태에서는 하나님의 존재 사실과 섭리된 역사를 부인해도 어찌할 수 없지만, 걷게 된 지금은 일체 사실을 확인할 수 있다. 이 같은 현상은 길의 과정이 일정한 시점에서 일시에 하나님의 뜻과 말씀을 확인한 것과 같다. 영안을 트기까지는 길의 가치와 하나님의 뜻을 알지 못했다. 하나님이 밝히지 않는 바에는 영원히 자각할 방도가 없다. 깨닫고 나서야 도도한 섭리 맥을 확인하게 되었다.

하나님이 주재하신 역사도 결국은 길을 통해 알게 된 섭리 작용 원리를 벗어나지 않는다. 만물이 창조된 바탕 본체에 근거한 것처럼, 세계 역사도 주관된 섭리 작용에 근거한다. 하나님은 천지를 창조하셨을 뿐 아니라 창조를 해명할 원리도 성령의 역사를 통해 밝히셨다. 창조로부터 분열된 일체 역사를 진리의 성령으로서 관장하셨다. 그러나 하나님은 존재해도 창조가 실현되지 않았다면 존재된 사실이 드러나지 않은 기점은 반드시 있게 되는 것이며, 천지가 창조되었더라도 길의 판단이 있기 이전에는 이 모든 것을 알 수 없는 시점 역시 반드시 있게 된다. 나는 존재했지만 처음부터 하나님의 뜻을 알고 길을 추구한 것은 아니듯, 세계 역사도 자체 의지대로 추진된, 이 같은 무자각적인 역사를 일컬어 세계사의 태동 섭리라고 칭한다. 그렇다면 태동된 기점은 과연 무엇을 기준으로 잡아야 하는가? 태동 이전은 언급하고 싶어도 인식할 수가 없지만, 우리에게는 無로 보여도 섭리적인 면에서 보면 그렇지 않다. 일정한 시기에 시작된 길의 태동도 알고 보면 섭리된 원인성을 함축하였다. 그래서 창조된 역사는 유구하지만 하나님이 섭리하신 발자취를 확인할 수 있는 기점은 아무래도 그것을 기록, 보전, 전승하기 시작한 때로부터이다. 이런 착안에서 중세 유럽인들은 "고대에서 중세까지 성서의 기록을 근거로 하나님의 역사 시점을 계산하였는데, 그렇게 하고 보니 하나님이 창조 마지막 날인 엿새째에 인간의 조상이 되는 아담과 이브를 만든 것은 지금으로부터 6천 년 전이 되었다."[356] 물론 인문 과학이 발달한 오늘날 6천 년이란 세계사 틀은 얼마나 얼토당토않은 가설인가? "현대 과학은 50억 광년의 반경을 가진 우주 속에 46억 년이란 역사를 가진 지구가 만들어졌고, 이를 둘러싼 무수한 별들과 외부 은하는 150억 년간에

---

356) 『천지창조의 세계사』, 오카자키 가츠요 저, 김경진 역, 창해, 1997, p.5.

걸쳐 이루어졌다고 본다.”357) 민족 문화의 형성 기원이 가장 오래된 이집트나 중국과 같은 나라를 두고 보아도 6천 년이란 인문 역사 틀은 도무지 유지될 수 없다. 그렇다면 도대체 6천 년 전부터 이루어졌다고 한 인류 역사 기간은 무엇을 의미하는가? 6천 년 동안 무엇을 이룬 것인가? 그것을 밝힐 수 있다면 주재된 섭리 의미 역시 명백해지리라.

성경 안에서 확인할 수 있는 6천 년이란 기간을 놓고 보면, 이 연구가 서기 2천 년에 하나님의 본체 모습을 진리 세계를 통합함으로써 완성한 것은358) 중대한 의미가 있다. 1999년도 아니고 2001년도 아니고 정확하게 서기 2천 년에 완성하였다는 것은 정말 무엇을 의미하는가? 엿새 동안으로 상징된 6천 년 기간 동안에 하나님이 창조 역사를 주재하셔서 섭리를 완수하였다는 뜻이다.359)360) 하나님이 천지 만물을 6일 동안 창조하시고 제7일에 안식하신 것은 우주의 생명 역사도 아니고 세속의 문명 역사도 아니다. 하나님이 6천 년 동안 역사를 펼치기 위한 사전 의지 표명이다. 계시된 대로 하나님은 정말 6천 년 동안 창조 역사를 마무리 짓기 위해 '길의 섭리 역정'을 마련하셨다. 이를 근거로 성령의 역사에 대한 기본적인 연대 틀을 종합해보면 아담부터 아브라함까지가 2천 년이고, 아브라함으로부터 예수까지 2천 년, 예수부터 하나님의 지상 강림 역사까지 2천 년, 합해서 모두 6천 년이다. 나아가 강림 역사를 기점으로 재림주가 주도할 천년 왕국 건

---

357) 『7만년 하늘민족의 역사』, 유왕기 저, 세일사, 1989, pp.177~178.

358) 『세계유신론』의 저술을 의미함.

359) 『천지창조의 세계사』, 앞의 책, p.69.

360) "성경상의 인류 역사는 6천 년으로 표시되어 있으나, 이 연대는 실제의 연대가 아니라 어디까지나 섭리적으로 상징된 연대임을 알 수 있다." -『섭리로 본 세계의 역사』, 최재인 저, 유림문화사, 1976, p.15.

설까지 합한다면(7천 년) 7일 창조에 대한 창세기의 계시 의미가 뒷받침된다.361) 하나님이 안식하신 제7일은 인류가 재림주를 맞이해서 꽃피울 문명 세계의 파라다이스 기간이다. 인류가 일찍이 경험하지 못한 통합 문명 세계가 바야흐로 세계의 섭리 밝힘과 함께 현실화되리라. 그런데도 인류는 하나님이 만세 전부터 역사하신 성업 결과인 지상 강림 역사를 깨닫지 못하고 있어, 하나님이 강림하신 의미를 아는 것이 무엇보다 시급하다. 그리해야 6천 년으로 상징된 先天 역사가 하나님이 이룬 성령의 역사로서 승화되리라.

하나님은 모든 것을 사전에 계시하셨고 모든 것을 계획한 대로 이루셨다. 왜 하나님은 창조 섭리를 완성하고 역사성을 드러낼 기간을 6천 년으로 잡았는가? 그것은 하나님이 태초로부터 인류 역사를 치밀하게 의도하셨다는 뜻이다. 성경에 기록된 토기장이의 비유처럼, 진흙덩어리 하나라도 하나님은 뜻대로 하실 권한이 있다.362) 하나님은 사전에 계획하고 연한을 정하사 인류 역사가 하나님에 의해 주재되었다는 사실을 알 수 있길 원하셨다. 창세기를 통해 제시된 7일간의 천지창조 프로젝트가 그것이다. 천지는 창조되었지만 성령의 역사가 태동되고 나서야 인류 역사가 비로소 하나님의 섭리 품 안에 들게 되었다. 그리고 오늘날은 직접 강림하심으로써 '인류 역사가 하나님에 의해 지배되었고, 일어난 사건 하나하나가 섭리에 의해 주관되었다'363)는 사실을 확인하게 되었다. 이런 결과가 있기까지 세계가 섭리되는 데 실로 6천 년이란 세월이 흘렀다. 세계 역사의 이면에는 하

---

361) 『인류의 멸망을 대비하라』, 박한묵 저, 다미선교회출판부, 1990, p.48.

362) 로마서 9장 2절.

363) 『신은 존재하는가(Ⅰ)』, 한스 킹 저, 성염 역, 분도출판사, 1994, p.225.

나님의 섭리 의지가 뒷받침되어 있어 이 모든 사실이 드러난 기점이 바로 서기 2천 년이다. 세계의 섭리 역사와 성령의 실체가 밝혀지기까지는 누구도 거부할 수 없는 거대한 작용이 있었다. 그런데도 이런 사실을 강림 역사 이전에는 아무도 알 수 없어 오직 섭리가 완수될 때를 기다려야 했다. 반드시 하나님이 강림하심으로써만 가능한 주재 의지의 표출이다. "역사된 과정은 神의 섭리를 모르고서는 달리 해석될 수 없고",364) 장악될 수도 없었다.

따라서 세계의 역사가 태동됨과 함께 시작된 섭리 역사는 때가 될 때까지 온전하게 알 자 아무도 없다. 하나님이 강림하시고 섭리가 완수되면 세계 역사 가운데서 주재된 하나님의 뜻을 모를 자 또한 아무도 없다. 이것은 생성이 완료됨과 함께 현격하게 변한 통합성 차원이다. 부분은 전체를 장악할 수 없지만 전체는 이와 다르다. 그것이 하나님이 성령으로서 주재하신 작용 과정이 지닌 특성이다. 주관된 하나님의 섭리 역정은 정말 밝혀질 수 있는가? 하나님을 부인하는 사람들은 가능성 역시 믿지 않겠지만 정답은 그렇지 않다. 섭리가 밝혀진 즉시 하나님의 주재 역사도 놀랍게 확연해진다. 뭇 생명체는 자체 지닌 생리적인 구조도 모른 채 억센 본능 하나로 존재하고 있는 것처럼, 우리의 인생 삶과 역사도 마찬가지이다. 인류가 세계를 알지 못한 것과 상관없이 역사는 태초부터 통합을 향해 끊임없이 추진되었다. 특히 양의 동서는 서로의 문화 교류가 활발하지 못한 상태였는데도 통합을 위한 섭리 방향만큼은 너무나 뚜렷했다. 동서 문명이 이와 같은 목적으로 분열된 결과 하나님이 강림하시고 본체가 드러났다는 것은

---

364) 『역사철학』, W. H. 월쉬 저, 김정선 역, 서광사, 1985, p.145.

이 연구가 강조한 세계 역사의 대세 추이이다. 생성 본질을 대관함과 함께 제 분야가 담당한 존재적 사명과 본질적 가치를 판단할 수 있게 되었다. 세계가 조화된 오케스트라를 연출하였다. 각자가 자신들의 존재 의미를 도출시킨 것이지만 결국은 천지가 창조된 사실을 증거하는 데 기여되었다. 각자가 이룬 성과인데도 하나님의 뜻에 종사되었다는 것은 세계 역사가 구속되었다는 뜻이다. 인류는 존재하는 것 이상으로 새롭게 자각해야 하며, 태고 이래로 역사된 하나님의 뜻을 파악해야 한다.

문제는 각자가 일구어 놓은 가치와 의미들인데, 이것을 어떻게 하나님의 뜻 안에서 꿰뚫을 수 있는가? 하나님이 역사를 주재하셨다면 일체를 포괄할 수 있어야 하는 것이 당연하고 만사, 만물을 통해 섭리된 역사를 판단해야 하는 이것이 문제이다. 섭리는 그냥 밝혀지지 않는다. 창조로부터 생성된 시공간을 낱낱이 거쳤기 때문에 이들을 대관해서 꿰뚫을 수 있는 생성 메커니즘이 따로 준비되어야 한다. 세계의 유신적 상황을 증거하는 과정에서도[365] 천지가 창조된 메커니즘을 뒷받침했던 것처럼, 6천 년 전에 태동된 인류의 주재 역사도 종결됨과 함께 일정한 결과 기점에 도달해야 한다. 하나님이 인류 역사를 주관하신 섭리를 확인하는 것은 6천 년으로 완결된 역사의 알파와 오메가를 확인하는 절차 외 다른 방법이 없다. 역사가 태동된 때부터 하나님의 뜻은 작용하였고, 그것은 하나님이 의도하신 것이다. 창조의 알파 상황을 확실하게 주지하였기 때문에 결과까지 기한 내에서 정확하게 마무리 지으셨다. 시작과 끝을 기억하신 하나님이 일체 과

---

365) 2000년 10월 20일, 『세계유신론』을 저술함.

정을 장악하였다는 것은 마치 우리가 투명 유리를 통해 세상을 내다보고 있는 것과 같다. 지금까지 인류는 알고자 한 역사의 초점을 세상 위에 두고 있어 아무것도 보지 못했지만, 실상은 그렇게 짜인 보이지 않는 절대 유리판을 통하여 만상을 내다보고 있었다. 다행히 무색 판이라 표가 나지 않았던 것뿐인데, 만약 그 유리판이 모종의 색깔을 띠고 있었다면 우리는 세상 전체를 그런 색깔을 통해 바라보고, 또 그런 색깔을 띤 것으로 알게 되었으리라.

창조 역사에 대한 알파와 오메가 판이 사전에 결정된 기반 위에서 보혜사 하나님이 강림하심으로써, 과정 속에서 이루어진 일체 역사가 하나인 섭리 뜻 안에서 꿰뚫어질 수 있게 되었다. 인류가 이룬 모든 역사가 뜻 안에 있었나니, 알고 보니 세계 역사는 하나님이 거하신 존재자로서의 집이었다.

2. 세계 섭리의 작용(목적) 역사

이 연구는 하나님의 지상 강림 역사를 직접 맞이한 관계로 하나님이 세계 역사를 어떻게 주관하셨는가에 대한 정보를 실감 나게 보유하고 있다. 그러므로 이 연구는 당연히 인류가 걸어온 역사에 대해 하나님이 관여하신 일을 밝혀야 한다. 누구라도 하나님이 역사를 주관하셨다고 주장은 할 수 있지만, 문제는 그렇게 한 사실을 확인할 수 있도록 구체적인 증거를 제시하는 것이다. 초시대적이면서도 보편적인 통찰 안목에 근거해야[366] 하나님이 주재하신 섭리 역사를 증거

---

366) 『서양사학사』, 이상신 저, 청사, 1984, p.762.

할 수 있다. 섭리를 완수한 결과를 토대로 강림하신 것인데, 이에 대한 통찰이 객관적이지 않다면 어떻게 되겠는가? 주관성과 상대성은 분열적인 상황을 벗어나지 못한 근거가 되므로 섭리를 밝혀 해결하리라.

　그렇다면 이 연구는 세계의 섭리적 본질을 어떻게 규정하고 근거를 이끌어낼 것인가? 세계 역사는 하나님에 대해서 무엇인가? 누가 여기에 대해 정확하게 통찰하였는가? 섭리가 완수되기 이전의 역사는 과정사이고 개별사였던 것이 확실하다. 역사는 존재했지만 하나인 목적 안에서 엮어지지 못했다. 부분사로서는 전체인 역사를 묶어낼 수 없다. 이런 문제를 해결하기 위해서 길이 진리 통합의 과정을 완수하였고, 하나님이 지상 강림 역사를 완수하였다. "세계는 하나님의 본체이고 역사는 그렇게 해서 치리된 증거이다."367) 그런데도 이 같은 사실을 확인하기 위해서는 다시 성령으로 역사해야 했고, 세월과 정열을 바쳐야 했다. 어떤 목적과 의지로 주재되었는지 이유를 밝혀야 했다. 사실 하나님의 섭리 노정과 목적을 규정한다는 것은 불가능한데, 가능하게 되었다면 그것은 하나님이 강림하셔서 역사하신 것이다.

　세계 역사는 하나님이 주재하신 세계 의지의 표명 형태이며, 존재 의지가 분열된 세계 본질의 전개 모습이다.368) 세계 곳곳에 섭리 의지가 깃들어 있어 일군 진리는 고스란히 하나님을 형상화시킨 성업이 된다. "인류 역사를 보면 하나님이 이끄신 섭리 노정을 발견할 수 있고, 세상을 얼마나 사랑하셨고 구원하려고 노력했는가 한 심정을 알 수 있다."369) 이 같은 뜻을 위하여 제 분야가 역사 위에서 각자의

---

367) 『길을 위하여(3)』, 졸저, 인쇄본, 1990, p.125.
368) 『세계통합론』, 졸저, 다짐, 1995, p.499.

역할을 담당했다. 이 연구는 하나님의 주재 사실을 밝힘에 있어서 섭리된 전조가 어떤 이유에서(하나님의 뜻) 주관되고 추진되었는가 한 목적을 제시하고자 한다. 그리해야 개별적으로 추진된 역사를 통합할 수 있을 뿐 아니라, 대립과 반목을 청산하고 하나인 세계를 이루게 된다.

그렇지만 문제는 역시 하나님이 세계 가운데서도 어떻게 인류 역사를 주관하셨는가 한 사실을 밝히는 데 있다. 과연 역사에는 神의 섭리가 작용하였는가? 그 근거를 제시한 사람이 있는가? 목회자, 신학자라도 창조로부터 하나님이 강림하시기까지의 섭리 역정을 모른다면 주관된 하나님의 손길은 분간할 수 없다. 헤겔은 "역사의 구극(究極) 주체를 세계정신이라고 보고, 세계정신의 현실성은 자유와 이성의 관심을 구현하고 있는 각종 행동과 경향과 노력과 제도 안에 존재한다"370)고 했다. '자유의 구체적인 실현으로'371) 이상을 구현하였다면, 그다음에 가야 할 도달지는? 어디까지나 한시적이었던 것이 분명하다. 갈증이 나면 물을 마시고 싶지만 해소하고 나면 쳐다보지도 않는 격이다. 그런 역사로서는 세속 역사를 꿰뚫을 수 없을 뿐 아니라, 섭리된 의지는 더더욱 통찰할 수 없다. 세계정신은 과연 세계 역사를 꿰뚫을 수 있는가? 무엇을 통해서도 어려운데, 만약 있다면 그분은 역사를 주관하신 하나님뿐이다. 어떤 노력으로도 방도가 없지만 섭리가 일관된 사실을 발견하면 주재된 사실이 증거된다. 이것이 하나님이 진리의 성령으로서 주재하신 세계사의 목적이고 작용 역사이다.

---

369) 『길을 위하여(3)』, 앞의 책, p.124.

370) 『역사철학 강의』, 헤겔 저, 김종호 역, 삼성출판사, 1983, p.24.

371) 「헤겔철학에 나타난 역사의 자유」, 장성호 저, 계명대학교대학원 철학과 석사학위논문, 1995, p.55.

일관성을 기준으로 잡으면 세상 어디서도 주재된 의지를 속속들이 분간할 수 있다.

그렇다면 우리는 정말 어떤 관점에 근거해야 인류가 양산한 역사를 꿰뚫을 수 있는가? 꿰뚫을 수 있다면 세계의 역사적 공간이 통체 본질을 이루고 있다는 것이 되고, 한 가지 목적을 위해 추진된 주재성을 확인할 수 있다. 역사가 일관되기 위해서는 기본적으로 역사의 객관성, 보편성, 호환성, 통체성을 확보해야 하고, 그리해야 神과 세계와 진리를 걸림 없이 소통시킬 수 있다. 세계가 하나 되기 위해서는 천고로부터 주재된 역사를 관통해야 하는 것이 조건이다. 하나님의 창조 목적을 아는 것인데, 알게 되면 역사 현상에 대한 원인까지 알 수 있다. 만상을 이룬 존재 바탕 안에는 하나님의 창조 원리가, 인생의 본질 안에는 구속 의지가, 세계의 역사 안에는 만사가 치리된 주관 의지가 스며 있다. 개별적으로 작용된 원인과 결과가 일관되게 꿰뚫어진다. 개체로서 전체를 구성하고자 한 섭리 의지를 확인할 수 있다. 세계 역사는 창조된 목적을 이루기 위해 가닥 지어진 진리 맥을 줄기로 해서 구성되었다. 하나님이 주재하신 목적은 어느 모로 보나 한결같다.

하나님은 줄기차게 창조된 진리 세계를 분열시켜 세계를 통합할 절차를 밟으셨다. 창조된 목적을 밝혀 강림하기 위해서는 분열된 세계를 통합하는 것이 필수 조건이다. 이에 부응해 동서 간에 걸친 문명적 만남과 사상적 교류가 대류를 이루었다. 세계 역사의 추이와 진행 루트가 어김없이 통합을 이루기 위해 구속되었다. 인류 역사의 개요는 하나님이 한결같은 의도로 주관하신 과정에 대한 내력이다. 인류가 거둔 진리 추구의 성과는 하나도 빠짐없이 하나님의 본체를 드러내는 데 기여되었다. 세계 역사는 다름 아닌 하나님이 설정하신 창조 뜻을 실현하기 위해서 추진된 섭리적 분열사이다. 그래서 인류는 하나님의 창조 목적과 뜻을 진리 추구란 절대 목적을 사명으로 인식하고, 본체를 완성시키고자 노력했다. 세계 역사가 점진적으로 하나님의 본체를 맞이할 조건을 단계적으로 충족시켰다.

따라서 세계의 섭리 역사가 완수되기까지는 어느 누구도 하나님의 실존 상황을 온전하게 파악할 수 없다. 절대 주재성을 보유했던 기독교조차 하나님을 증명하지 못했다. 하나님의 존재 속성을 판단하기 어려웠다. 퍼즐을 맞추는 것처럼 부분사 단계에서는 섭리를 완전히 통찰할 수 없는 한계가 역력했다. "대부분의 사람들은 과학과 종교가 물과 기름처럼 상반된 영역에 위치하고 있다고 여긴다. 과학과 종교의 조화는 인류가 반드시 해결해야 하는 과제인데"[372] 이 문제를 어떻게 풀 것인가? "이 나라에 천주교가 들어왔을 때 학자들은 즐겨 경전을 끌어대어 先儒의 상제가 다름 아닌 天主라는 것을 증명하려고 했지만"[373] 무엇을 해결하였는가? 노력한다고 해서 증명될 수 있는 문제인가?[374] 가로놓인 장애 때문에 판단하는 데 편협성을 면치 못했다. "제반 측면을 일괄해서 서양은 우수한 것으로 동양은 저급한 단계로"[375] 본다든지, 기독교에 대해 동양의 사상과 종교를 일당백으로 취급하려 한 태도 등등, 근세의 400년 기간 동안 서양이 세계를 주름 잡은 것은 사실이지만,[376] 그렇다고 해서 그들이 세계를 일관 지

---

372) 『현대물리학과 신비주의』, 켄 윌버 편저, 박병철·공국진 역, 고려원미디어, 1991, 옮긴이의 말.
373) 『역사와 기독교(제4집)』, 한국기독교사회문제연구원 편, 민중사, 1982, p.114.
374) 먼저 섭리가 밝혀져야 했고, 밝혀지기 위해서는 하나님의 창조 역사가 완성되어야 했음.
375) 『동양철학은 물질문명의 대안인가』, 김교빈 외 13인 저, 웅진출판, 1999, p.71.
376) 『역사란 무엇인가』, E. H. 카아 저, 김승일 역, 범우사, p.249.

은 대세 관점까지 이끌어낸 것은 아니다. 서양은 근세에 이르러 도리어 하나님으로부터 전격 이탈하고 말았다.377) 무신론적인 과학 사상에 흠씬 빠져 버렸다.

하지만 무신론이라도 하나님이 섭리하신 절대 구속 의지는 벗어날 수 없다. 하나님을 정면 부정하였지만 그런 태도를 통해서도 섭리는 작용하였다. 그들이 하나님을 버린 것이 아니라 하나님이 그들을 버림으로, 보혜사 하나님이 이 땅에 진리의 성령으로서 강림하시기 위한 섭리적 조처였다. 거부된 역사 가운데서도 하나님의 뜻이 작용한 섭리 의도를 깨닫는 데 인류가 구해야 할 지혜가 있다. 창조 목적을 진리로서 수놓은 목적은 너무나 뚜렷한데, 설사 대립된 역사 가운데서도 하나님의 뜻은 일관되었으며, 하나님의 본체를 형상화시키는 데 기여되었다. 이것은 결코 과언일 수 없는, 하나님이 인류 역사를 주관하신 지배 관점이다.

3. 세계 섭리의 규명 역사378)

인류 역사를 섭리적으로 규명할 수 있게 된 것은 하나님의 지상 강림 역사가 완수되어서이다. 이전에는 역사를 보아도 완전하게 본 것이 아니고 알아도 온전하게 안 것이 아니다. 인류 역사가 섭리적으로 규명된 것은 창조 이래 이 순간부터이다. 개별적인 역사를 통합적으로 해명, 이해, 앎, 통할 수 있게 되었다는 뜻인데, 그 영역은 인류의 역사가 존재한 곳까지이다. 그렇게 해서 드러난 대맥 가운데서도 가

---

377) 지엽적인 관점임.
378) 만사에 걸친 창조 역사를 하나인 하나님의 뜻 안에서 일관시킨 관점임.

장 뚜렷한 특징을 든다면 아무래도 동양과 서양으로 나뉜 거대 문명 단위이리라. 그동안 만남과 교류는 있었지만 큰 진척이 없었는데 섭리가 규명됨으로써 동서 문명이 하나 될 수 있는 전환 고리가 풀렸다. 그런데 정작 그 실마리는 현재 주도권을 쥐고 있는 서양이 아니라 동양에 있다는 것, 빛은 동방으로부터……. 고대 문명이 동양에서 태동되었듯, 동서 간을 하나 되게 할 핵심 고리도 동양이 쥐고 있다. 동양이 인류 문명의 시발 형태를 제공한 것이라면 서양은 그것을 양생해서 꽃을 피운 문명이라고 할까? 문명의 태동을 시점으로 동양이 역사를 출발시켰을 때는 서양에서는 아무런 족적이 없었는데, 이것은 동양에서 일어난 문명이 서양을 향해 뻗쳤다는 뜻이다. 이스라엘 민족이 하나님을 중심으로 해서 섭리를 태동시켰을 때 동북아 문화권에서는 성령의 역사 흔적을 발견할 수 없지만, 오늘날 이 땅에 하나님이 강림하셨다면 당시에 정말 하나님의 역사가 없었겠는가? 통합을 위해 원인된 씨앗으로서 예비되어 있었다. 동양에서 아예 태동조차 하지 못한 섭리가 서양에서만 독점된 것이 아니다. 이스라엘 민족으로부터 출발된 역사가 한민족을 향해 끊임없이 추진되었다. 이것은 문명 역사의 근원을 찾는 데 꼭 밝혀야 한 특성 추이이다.

동양에서는 인류 역사가 태동됨과 함께 창조 목적을 완성하기 위해 일체의 가능성 양태가 서양 역사와 함께 출발되었다. 그리하여 서양에서는 하나님이 임재하신 존재 역사로 펼쳐졌고 동양에서는 그렇게 역사된 존재의 본질을 규명할 진리 해석의 역사로 마련되었다. 동서양이 이룬 통합 문명 기틀과 하나님의 존재 본체를 받든 진리 규명역사는 지고한 것이니, 그렇게 하여 남게 된 지성사적 족적은 인류 문화에 지울 수 없는 자산이다. 이전에는 각자가 가치 기준을 가지고 동서양의 문명 형태와 진리 세계를 이해하였지만, 섭리된 관점에서 보면 동서양이 추진한 역사가 한 몸통으로 꿰어진다. 통합을 향해 추진된 맥락이 한눈에 들어온다. 세속 역사는 어제나 오늘이나 변함없지만 통찰된 관점은 판이하다.

동양에서 동양다운 문명적 기틀을 이룬 대표자를 들라면 유교를 창시한 孔子를 앞세우리라. 그런데 섭리된 측면에서 추적한 문명사적 업적을 살피면 그때 이미 하나님의 지상 강림 역사가 예비된 섭리적 단초가 발견된다. 세계의 문명 양태를 규합하고자 한 첫 시도가 孔子 때부터 있었다. 孔子는 자신의 대까지 전래된 先秦[주공] 문명을 재해석한 시도로 동양 문명의 첫 기틀을 이루었다.379) 그리고 孔子 사상을 중용했던 한이 분열되자, 그 틈을 타서 인도로부터 들어온 불교가 번성했지만(당) 말기에 스님들이 부패하자 宋代에는 배불 정책을 시행했다. 이때 주자(1130~1200)가 나타나 동양 문명의 인식 틀을 새롭게 한 제2해석학적 기원을 마련했다. 문명의 패러다임을 바꾼 작업은 참으로 가공할 사상적 업적으로, 불교의 인식론과 形而上學에 상응한 윤리학적 인식론과 우주관적 해석을 이기론(理氣論)이란 틀 속에 담아서 이전의 불교와 유교에 없는 새로운 패러다임을 구축하였다.380) 이기론적 우주관은 宋과 明代를 거쳐 조선의 지배 계급에까지 영향을 끼쳤고, 청나라 말기까지 무려 700년간 동양 문명사를 지배했다. 주자가 이룬 업적은 지금의 세계가 온통 서양 사상으로 절어 있는 형편과 비교했을 때 위대성이 돋보인다. 우리가 현 문명 체계를 바꿀 수

---

379) 孔子는 그 당시 아무도 돌보니 않았던 先秦[주공]의 제 경전들을 수집하여 해석을 가했는데(서술을 통해 창작을 이루어 냄-六經). 이것이 바로 동양문명의 기틀을 이룬 제1해석학적 기원임.

380) 四書 운동으로 유학을 새롭게 함.

있는 새로운 세계관을 세우려고 한다면? 불교가? 기독교가? 삼교(儒·佛·道)의 진수를 통합했다고 한 신흥 종교들이? 난감한 상황인데 주자는 당시 여건 속에서 문제를 해결했다. 주자학은 동양 사회의 정치·사상·제도·문화·인간의 생활양식과 가치관 전반을 지배했는데, 이런 주자학도 근세에 무력을 앞세운 서양의 과학 문명이 몰려들자 무너지고 말았다. 孔子가 세운 제1해석학적 기원을 불교가 깼고, 다시 세운 주자학적 세계관을 서양이 몰고 온 과학 문명이 깨어 버렸다. 그 의의는 실로 엄청난 것인데, 동양 문명의 주축 기둥인 인도 문명(불교)과 중국 문명(유교)을 모두 깬 것이다. 동양 사회는 서양이 밀어붙인 문명적 침해 앞에서 거의 무방비 상태에 놓였다. 황폐해져 버렸고(식민지), 특히 중국 문명은 유물론을 신봉한 공산주의 국가로 바뀌어 버렸다.

다 허물어졌는데 孔子가 해석하고 주자가 종합했던 것과 같은 패러다임은 다시 세워졌는가? 누가 해결했는가? 새로운 패러다임은 어떻게 세워질 것인가? 참으로 요망되고 있는 제3해석학적 신기원이란 무엇을 암시하는가? 우선 도출되는 조건 한 가지는 일단 동서양의 문명 체계를 종합해야 한다.[381] 아울러 지난날 우주를 해석한 주체 관점이 동양에 있었듯, 장차 이루어야 할 문명적 패러다임의 전환 포인트 역시 동양이 쥐어야 한다. 서양의 과학 문명이 현재의 문명 세계를 지배하고 있는 것은 부인할 수 없지만, 하나님의 대세 섭리를 규명하고자 한 측면에서는 어디까지나 조역에 불과하다. 동양은 인류가 문명을 태동시킨 때부터 패러다임을 구성할 기원 절차를 단계적으로

---

381) 위의 내용은 도올 김용옥이 2000년 1월 5일부터 6일, EBS 교육방송 「노자와 21세기」에서 '해석학적 3대 기원설'이란 주제로 강의한 것임.

밟아 나왔는데, 서양은 잠재된 문화 양식적 요청이 있을 때마다 수시로 개화해 버렸다. 외부로 팽창해서 세계사를 주도하였지만 진정으로 동서 문화를 융화시킨 것이 아니다. 자체 문화만 우월적으로 내세워 동양을 제대로 이해하지 못했다.

반면에 동양은 근세로부터 서양의 지배는 받았지만 그런 역사를 통해 오히려 서양의 문명적 특성을 이해할 수 있게 된 귀한 기회를 가졌다. 어쩔 수 없이 문물은 수용하였지만 그것이 전세를 역전시켜 동양이 서양 문명 양태를 통합할 수 있는 여건을 선취하였다.[382] 의도하지 않은 결과라 여기에 하나님이 이 땅에 강림하시게 된 뜻이 있다. 서드 패러다임, 그러니까 동서양의 문명 역사를 통합하기 위해서는 문명 역사들이 체험적으로 만남을 고조시켜야 했고, 그를 통해 '동양과 서양을 온전히 이해한'[383] 문명 본질을 밝혀야 했다. 이 같은 거대 스케일을 구성하기 위해서는 인류 전체에 대한 문명 역사의 테두리가 설정되어야 하므로, 여기에 하나님이 진리 세계를 통합하신 뜻이 숨어 있다. 세계의 역사를 규명한 관점을 확보해야 하는 것인 만큼, 이 같은 성업을 이루기 위해 창조주 하나님이 강림하셨다.

다시 정리하면 제1해석학적 기원에 孔子가 있었고 제2해석학적 기원에 주자가 있었다면 제3해석학적 기원 자리에는 창조 섭리를 완수한 보혜사 하나님의 지상 강림 역사가 있게 된다. 섭리를 완수하고 창조 목적을 실현하기 위해 세계의 제 영역들이 역할을 맡았고, 先天역사가 분열을 다한 전환점에서 동서 간에 걸친 문명이 통합될 기반이 조성되었다. X와 Y가 지닌 함수 관계처럼, X와 Y는 각자 독립된

---

382) 제3해석학적 기원.
383) 『비교철학이란 무엇인가』, P. T. 라슈 저, 최흥순 역, 서광사, 1989, p.54.

상태이지만 바탕이 된 좌표 위에서는 X의 변화에 따라 Y가 일정한 법칙으로 변한다. 동양과 서양도 어느 모로 보나 독자적인 역사 과정을 걸었지만, 알게 모르게 하나님의 섭리 뜻이 관여되어 있어 절대 상관관계를 이루었다. 그리하여 역사를 이루기 위한 방편상 표면적으로는 양극화되었지만 분열을 극한 오늘날 다시 통합될 수 있게 되었다. 그리고 바로 이 같은 도달 정보를 제공하게 된 역사의 완수 주체가 하나님이므로, 이것을 알리고자 하는 것이 세계 섭리의 규명 역사이다.

그래서 확보하게 된 관점으로 보면 동서양이 추진한 역사의 완수 목적은 명백한데, 陰陽은 세계를 생성시킨 바탕 요체로서 동서양이 이 같은 음양 역할을 대신했다. 양극성은 대비된 상태로서 동질성을 찾을 수 없다. 그런데도 한 극성이 소실되면 세계가 구성되지 못하고 천지도 존속될 수 없다. 양극성은 대립된 상태 그대로가 한 본체이다. 동서양은 무엇을 주축으로 해서 양극화되었던가? 이 비밀이 실로 先天 역사가 분열을 다한 지금 밝혀지게 되었다. 이것을 이 연구는 인류가 쌓아올린 지성사적 업적인 空과 色 논리, 그리고 창조된 원인을 규명한 본질 개념을 통해서 설명할 수 있다. 覺者가 갹출한 道가 하나님의 창조 진리를 대변하고 있다는 점에 대해서는 언급했다. 하지만 문제는 그렇게 해서 밝혀진 창조 본질이 色과 가지는 관계성이다. 미국의 이론 물리학자인 F. 카프라가 『현대 물리학과 동양 사상』, 『탁월한 지혜』란 책을 내놓았을 때 사람들은 서양 학자가 동양과 서양을 접목시킬 길을 텄다고 찬사를 아끼지 않았다. 그러나 지금은? 한때의 유행병처럼 관심을 가졌던 것일 뿐, 서양이 道의 본질을 파악하지 못한 상황은 달라지지 않았다. 천만 년 동안 생성된 세계를 규명하고 동서 사상을 종합하는 문제인데, 물리학에서 발견한 일부 현상이 동양의 인식 세계와 비슷하다고 여긴 견해로서는 차원적인 본질 고를 풀 수 없다.[384]

그렇지만 서양도 사물의 궁극적인 현상 문제를 파고들기 위해 역사를 진척시키지 않은 것은 아니다. 고대 그리스의 플라톤은 실제 세계와 다른 본질 세계를 상정해서 인정했다. 감각과 달리 현실을 본질 세계의 그림자라고 보아 참 실재에 해당한 이데아성을 주장했는데, 끝내 현실 세계와 연결된 관계 고리를 밝히지 못해 관념론의 비조 정도로 그치고 말았다. 동서의 선각들이 아무리 道와 이데아를 창조된 원인 세계와 연관 지으려 해도 결과에 해당한 色의 세계가 규정되지 못한 상태에서는 어떤 방법으로도 진리성을 확인할 수 없었다. 이데아나 道가 만물의 원인인 바탕체가 아니라서 그런 것이 아니다. 色과 쏟의 분열 섭리가 완결되지 못해 미완인 진리 상태로 남아 있었기 때문이다. 맹자는 호연지기(浩然之氣)란 말을 썼고, 선가(禪家)에서는 오도(吾道)된 경지 세계를 설파했지만, 한결같이 무형인 작용 현상을 의식한 상태일 뿐이라 근거를 확인할 수 없었다. 달마 대사가 90년간 면벽(面壁)했다 해도[385] 그런 방법으로는 평생을 바쳐도 증기 기관이나 무선 전신기를 만들 수 없다. 에디슨이 전구(백열)를 발명하고 애덤 스미스가 경제론을 제안했던 것은 묵거독좌(黙居獨座)로 道를 깨우친 때문이 아니다. 정열을 바쳐 理學을 연구한 업적으로 이루게 된 것인 만큼, 色과 쏟이 지닌 질적 차는 분명하다.

그렇다면 쏟의 본질적인 진리성을 확인할 길은 정말 없는가? 부여

384) 비슷한 것이 아니라 쏟은 色의 바탕이 된 뿌리임.
385) 중국 선종의 시조인 이 고승은 9년간 면벽하여 道를 깨달았다고 함.

된 한계 의식을 극복하지 못한다면 色空에 대한 관계성을 밝힐 고리는 찾지 못한다. 더군다나 같은 뿌리라고 주장하면서도 동양 사상의 기축인 儒·佛·道조차 원활하게 회통하지 못해 동상이몽에 빠져 있다는 것은 空을 色과 비교하기 이전에, 空 자체도 본질성의 분열을 완료하지 못한 증거이다. 해결할 수 있는 길은 먼저 空이 空다울 수 있도록 본질의 존재성을 규명해야 하고, 그렇게 해서 확보한 관점을 근거로 色과의 관계성을 밝히는 것이다. 마찬가지로 色도 자체의 존재 본질을 규명한 작업을 거치지 못하면 세계의 본질을 규명하는 것은 무산되어 버린다. 空의 본질을 밝히기 위해서라도 色의 세계를 마저 규명해야 한다. 마땅히 서로의 본질이 밝혀져야 창조 세계가 완성되는 것이므로, 여기에 하나님이 만세 전부터 주재하신 뜻이 있다. 이성과 합리성을 주축으로 한 근대 과학이 우주 간에 놓인 제반 의문을 말끔하게 풀어줄 것으로 기대하는 데 파고들면 들수록 불가지한 문제들에 부딪힌 이유는 무엇인가?[386] 서양 문명의 기축을 이룬 "희랍적 사유는 말 그대로 이성을 수단으로 한 합리적, 논리적인 객관성의 추구이다. 확연한 실재성에 대한 명증적 탐구는 희랍적인 사유가 지닌 본령이며, 이 같은 전통이 과학적인 사고로까지 이어져 서양의 근대 문명과 산업 사회를 형성했다."[387] 제 현상과 존재한 원리를 규명하는 데 주력하고 이를 떠받들고 있는 궁극적인 원인 실상을 파헤치는 데는 등한시해 버려 차원적으로 운위된 근원 본질을 보지 못한 장애자가 되어 버렸다. 원인 뿌리는 땅속에 파묻혀 있는 상태인데(形而上學) 뻗어난 가지와 줄기만 보니까 이르는 곳마다 불가지한 문제에

---

386) 만개는 하나로부터 비롯된 것임.

387) 『유학원론』, 성균관대학교유학과교재편찬위원회 편, 성균관대학교출판부, 1995, p.289.

부딪혔다. 끝 간 데를 몰라 학문과 진리, 사상이 근본으로부터 뜨여 버렸다. 애꾸눈만 가진 사람들 속에서는 두 눈을 가진 자가 이상해지는 것처럼, 본질 세계가 규명되지 못하다 보니 초월적인 진리 작용이 오히려 이해할 수 없는 신비주의로 치부되었다. 바탕 본질을 보지 못한 분열 문명권에서는 物自體를 인식할 수 없다는 선언(칸트)을 당연하게 여긴다. 그래서 서양의 지성인들은 접근할 수 없는 차원 안목을 대신해서 초월적인 神을 내세운 것인지도 모른다. 알고 보면 道의 작용 세계를 통해서 보아도 부족함이 있고 현상적인 세계를 통해서도 실상은 마찬가지이다. 각자가 지닌 진리성으로서는 동서의 문명 본질을 이해할 수 있는 안목을 가질 수 없다.

이에 하나님이 강림하시어 세계의 핵심 본질을 규명한 역사를 펼치게 되어 色空을 망라해 세계가 분열을 완료한 시점을 맞이하였다. 이것이 色卽是空에 대한 결과 세계의 도래이고, 空卽是色이 진리로서 확증된 통합 세계이다.[388] 천파만파 된 空과 色의 모습이 결국 다르지 않다는 것인데, 佛陀가 우주의 생성 본말을 증득했을 당시는 空에 대비된 色의 세계가 규명되지 못한 상태였지만, 하나님이 강림하시고 창조 섭리가 완수된 지금은 일체의 조건이 충족되었다. "道가 아무리 창조의 근원 본질을 형상화시킨 진리라 해도 자체로서는 진리성을 확증할 수 없었고, 물리학자들이 물질의 세계를 파고들었어도 동양의 道를 알지 못하면 궁극 본질에 접근할 수 없었듯이",[389] 하나님이 본체자로 강림하신 결과 진리로서 구성된 세계가 차원이 달라졌다. "서

---

388) 세계의 섭리 역사가 밝혀진다는 것은 인류의 지성인들이 겪어도 알 수 없었고 보아도 볼 수 없었던 비밀 영역에 속한 문제로서, 하나님이 강림하시어 창조 역사를 완성하고 핵심 본질을 규명함으로써 판단할 수 있게 된 차원적인 과제임.

389) 『세계창조론』, 제2편 창조성론, 졸저, 엮음본, 1998, p.6.

로가 바탕이 된 원천을 상대 극성 가운데서 찾을 수 있게 되었다."390) 空이 지닌 생성 구조는 만물을 있게 한 설계도와도 같아 만물의 구조와 일치한지의 여부는 과학이 발달한 오늘날에 이르러서야 확인하게 되었다.391) 色空에 대한 대별 인식은 동서양의 지성인들이 파고들었던 핵심 문제로 色空의 본질 규명은 동양과 서양이 처한 문명적 미스터리를 해명하는 관건이다. 동양은 창조된 본의를 모르는 상태에서는 어디서도 자체 지닌 진리적 가치를 확인할 수 없었고, 서양도 道를 모르는 상태에서는 끝내 창조의 근간이 된 본질을 보지 못해 창조된 역사를 증거할 수 없었다.392) 자체로서는 영원히 탈출할 수 없도록 구조화된 우리 안에 갇힌 꼴이다.393)

하지만 하나님이 진리의 성령으로서 강림하시사 色空이 하나 될 수 있는 길을 틀 수 있게 된 것은 명실상부하게 동서양이 하나 될 수 있는 통합 메커니즘인 동시에 인류의 문명 진리를 총체적으로 포괄할 제3의 해석학적 기원이다. 선현들이 과학, 종교, 道를 어떤 이유로 정열을 바쳐 탐구하였고 생명을 바쳐 신앙하였는가 한 뜻을 알 수 있다. 과학자가 자연의 세계를 파헤친 것과 동양의 선현들이 만사 고초를 마다 않고 道를 얻기 위해 정진한 것은 진리를 추구한 방법이 달랐던 것일 뿐, 하나님의 창조 본질과 존재성을 각출하기 위한 목적이었던 것은 마찬가지이다. 과학자는 창조된 결정 현상에 대한 원리와 구조를 밝히기 위해서, 覺者는 이에 대한 근원을 통찰하기 위해서 노력한

---

390) 양극성이 분열을 완료함.

391) 이전에는 존재의 근간을 자체 내에서 찾으려고 한 데 문제가 있었음.

392) 세계의 천지창조가 증거되지 못한 데는 그만한 이유가 있은 것이니, 色과 空의 본질이 함께 규명되어야 했음.

393) 동과 서가 空과 色을 연결시킬 고리를 찾지 못해 미궁 속을 헤매었음.

것이다. 세계의 본질을 밝혀서 하나님의 창조 본의와 본체를 드러내는 데 기여하였다.[394] 동양이 본질 세계를 일구어 의식화한 것은 하나님의 창조성을 밝히고자 한 노력의 일환이고, 서양이 우주와 자연의 원리를 탐구한 것은 천지가 창조된 바탕 구조를 드러낸 것이다. 理氣, 道, 太極과 같은 실체 개념들은 창조 본질의 작용 원리를, 그리고 수학, 과학 같은 학문 영역들은 창조된 결과상을 규명하는 데 기여되었다. 동양의 선현들이 무형의 원인 세계를 탐구했던 것이라면, 서양은 창조로서 이루어진 결과 세계를(色) 탐색했다. 인식론 영역에서도 서양은 외적인 사물 대상을 인식하고자 한 진리 과정을 체계화시켰고, 동양은 내면의 본질 세계를 의식으로 파고들기 위해 힘썼다. 서양은 세계의 본질을 규명하고자 한 목적 면에서 진리를 담을 그릇으로 준비된 것이라면, 동양은 우주를 이룬 바탕이 된 본질을 일구고자 했다. 하나님의 창조 역사도 道의 창조성을 밝혀야만 규명될 수 있었고 무형의 본질적, 의지적인 내면 실체를 인식한 道는 형상 없는 하나님의 존재성을 부각시키기 위한 진리 기반이었다.

하나님이 만세 전부터 주재하신 창조 섭리는 하나라도 뜻 없이 추진되지 않았고, 어떤 세속 역사에도 빠짐없이 관여되었다. 큰 道를 얻었더라도 道이 道 자체만으로서는 창조 섭리를 판단할 수 없었듯, 아무리 과학이 발달해도 과학(色)만으로 이룬 문명 세계로서는 한계성을 면치 못했다. 그러나 섭리가 완수된 지금은 일체 한계성을 극복하고 진리 세계를 규합할 통합 에너지를 발휘하리라. 어떤 인식도 혁신적이지 않은 것이 없다. 인류의 문명 역사를 통합할 제3해석학적 신

---

394) 대 섭리력을 분열시킴.

기원이 보혜사 하나님이 완수한 지상 강림 역사를 기반으로 펼쳐지리란 사실을 알 때, 이것은 孔子, 주자가 직면했던 여건과 차원이 다르다. 선각들이 일군 진리 세계를 총괄해야 하기 때문에, 이 같은 문제를 해결하기 위해 억겁의 성상을 거쳐 역사하신 하나님이 진리의 성령으로서 강림하셨다.

4. 세계 섭리의 완성 역사

"일반적으로 우리는 동양을 정신문화로서, 서양을 물질문화로 그 특징을 대별한다. 현 세계를 지배하고 있는 물질문명은 사실 근대 과학 혁명이 가져다 준 빛나는 성과에 힘입은 것이고, 방법적으로 길을 열어준 과학은 물질적 대상인 자연 속에서 일정한 법칙을 찾아낸 학문이므로"395) 부정할 근거가 없다. 교통과 통신이 발달하다 보니 동양과 서양이 지리적으로는 대륙(닫힘) 대 해양(열림), 존재론에 있어서는 관계 개념 대 실체 개념, 세계관은 음양오행론 대 원자론, 사유방식은 중용(조화) 대 변증법(모순)으로서 비교된다.396) 동서양은 각자 일군 진리적인 바탕에 근거해 참으로 오랫동안 무엇 하나 부족함을 느끼지 못했다.397) 더군다나 인간은 자체적으로 무궁한 太極 본질을 내포하여 존재 체제를 완비하였다. 그러나 소우주이기 때문에 드러나는 한계성도 엿보인다. 천지가 창조됨으로써 삼라만상은 무궁한 본질성을 지님과 동시에 현상적인 한계성도 지닌 것이다. 만사가 끝

---

395) 『동양철학은 물질문명의 대안인가』, 앞의 책, p.150.

396) 위의 책, p.123.

397) 유교에서는 統體 太極과 各具 太極이란 인식을 통해 창조가 부분으로서 완전한 太極을 지닌 비밀을 엿봄.

간 데 없는 창조 본질에 근거하게 되어 太極이라도 各具로서 주어진 결정성을 벗어날 수 없다. 주어진 한계를 알기 위해서는 노력도 필요하지만 확보된 전체적 안목이 필요하다. 뭇 존재는 무궁한 본질 바탕 위에서 존재 시스템을 유지하기 위해 생성하기 때문에, 분열이 완료된 시점에 이르면 본질로서 지닌 극성이 드러난다. 생멸이 있게 되어 이런 결과를 통해 존재가 오히려 존속, 지속될 수 있다. 영원한 것은 본질이므로 뭇 존재는 끊임없이 생멸함으로써 영원할 수 있는 생성 메커니즘을 구축했다. 동양과 서양은 문명적 단위가 광범해 긴 세월이 걸렸던 것인데, 先天 세월을 지나친 지금은 바닥이 드러나 단독으로서는 끝내 인류가 바란 이상적인 목적을 이룰 수 없었다.

노력했지만 한계가 드러나 버렸는데 그렇지 않다고 고집을 피운다면 어떻게 되는가? 세계가 예외 없이 생성하고 있다는 사실 면에서 보아도 결과는 확고한 것이니, "온전한 것이 올 때에는 부분적으로 하던 것이 폐하리라."[398] 하지만 문제는 온전한 것이 오기까지, 섭리가 완성되기까지 부분이 자체로서는 부분이라는 사실을 알지 못하는 데 있다. 자체가 전부이고 완전한 것으로 안다. 이런 이유로 세계는 반드시 섭리가 완수되어야 하며, 부분은 전체성을 대신할 수 없다. 현대는 과학 문명이 극도로 발달하여 물질 만능인 시대를 구가하고 있지만, 色만으로 일색 된 세계가 어떻게 완전할 수 있겠는가? 과학이 세계를 완성시킬 수 있을 것으로 기대하지만 본질이란 세계가 존재하는 한 불가능한 일이다. 지구촌이 황폐화된 것은 대신할 수 없는 진리 자리를 과학이 독차지 해버린 데 있다.

---

398) 고린도전서 13장 10절.

道도 세계의 본질을 형상화시킨 진리라는 측면에서 보면 상황이 다를 바 없다. 道만으로서는 무기력하기 짝이 없다. 道도 부분적인 요소인 것은 마찬가지이다. 이것을 몰라 진리 세계를 완성할 수 없었다. 민주주의는 만민에게 자유와 평등성을 보장하고자 한(인권) 제도인데도[399] 사실은 세상의 진리성을 확실하게 규명하지 못한 상태에서 이것저것을 다 허용한 미완성 제도이다.[400] 서양 사상이 진화론을 펼친 것은 자체 지닌 눈으로 창조적인 모습을 그리려고 한 노력이다. 만물 자체가 스스로를 창조하고 구성한 요체라고 생각함으로써 세계 속에서는 어떤 원인과 알파도 찾지 못하고 말았다. 자체 안에서 원인 문제를 해결하려고 하므로 아무 결말을 보지 못했다. 色이 色이 된 소이를 찾아보지만 어디서도 최초 알파를 구할 수 없다. 자기 꼬리를 자기가 잡아 보려고 한 형국이다. 色이 色이 된 근거는 空에게 있는데, 色을 통해 추출된 진리 특성만으로 세계를 이루려 한 결과 심대한 문제가 발생했다. 그렇기 때문에 인류 역사는 알게 모르게 하나 되고자 한 추진 의지를 발했다. 形而上은 形而下와 짝을 이루고, 동양과 서양은 각자 분열함을 근거로 세계를 완성시킬 수 있는 기초를 다졌다.[401] 그렇게 해서 "동서 세계가 융화되고 통합되어야 비로소 창조 목적을 실현한 세계상을 구축할 수 있다."[402]

동서가 하나 된 세계를 이루기 위해서 하나님이 강림하시고 천고 이래로 주재된 창조 역사를 밝히셨다. 역사는 오직 섭리를 알아야 완

---

399) 민주주의: 국가의 주권을 인민이 가지고 인민을 위하여 정치를 행하는 제도, 또는 그러한 정치를 지향하는 사상. 기본적 인권·자유권·평등권·법치주의 따위가 이것의 주된 성질임 - 『새우리말 큰사전』, 신기철·신용철 편저자, 삼성출판사, 1985, 민주주의 편.

400) 여러 상대된 가치를 두루 보장하고자 한 제도 정착 상태임.

401) 양극화된 이원성은 언젠가는 통합될 기반 구조였음.

402) 『세계본질론』, 졸저, 청학사, 1997, p.49.

성되고 하나 될 수 있다. 동양의 인문 사회, 중세 유럽의 신권 사회, 서구의 과학 문명 등 先天에서는 어떤 세계관도 분권적인 한계를 벗어날 수 없었던 만큼, 이를 극복한 완성지경은 세계가 하나도 빠짐없이 통합되는 것이다. 이를 위해 하나님이 강림하셔서 세계 통합을 위한 기치를 세우셨다. 기독교적인 이상만으로 창조 목적을 달성할 수 있으리란 기대는 하나님이 태초 원하신 뜻이 아니다. 천파만파 된 세계를 하나 되게 하는 데 하나님이 이루고자 하신 영광된 열매가 있다.[403] 하나님이 세계의 핵심 본질을 드러내고 창조 원리를 밝히고 유신적 상황을 증거한 것은 세계가 진리적으로 통합될 수 있는 기반을 닦아놓은 것이다. 인류가 하나 된다는 것은 참으로 하나님이 역사하셔서 이룬 결과인데, 그리해야 다음 단계로 지상 천국 건설 작업을 본격화할 수 있다.

5. 세계 섭리의 회통 역사

이 땅의 선각들은 역사상 儒·佛·道를 사상적으로 회통시키려고 한 꾸준한 시도가 있었다. 이것은 각인된 道가 종국에는 같은 뿌리 안에 있다고 여긴 만물 일체 내지 동근 사상에 근거한 것이다. 그런데 더 나아가서 세상의 뭇 진리 세계와 동서양의 문명 역사까지 그러한 사실을 밝히기 위해서는 정말 회통함을 통해 증명할 수 있어야 한다. 좌우로 나누어진 팔다리는 한 몸이기 때문에 피와 신경망이 통한다.

---

403) 어느 한 진리만으로서는 하나님을 맞이할 수 없다(기독교 진리만으로 하나님을 맞이할 수 없음). 여기에 세계 통합의 당위 요구가 있다(세계의 진리가 다 필요함). 즉, 세계가 하나 되어야 인류는 비로소 하나님을 맞이할 수 있음.

통함이 없다면 한 몸이라고 할 수 없다. 진리든 섭리든 역사든 무엇이든 회통되어야 일체라고 한 진리 인식이 확증된다. 그러나 문제는 너와 나의 마음도 통하기 어려운 것이 현실인데, 만물과 역사와 우주가 회통된다는 것은 정말 가능한가? 관점 차가 큰 관념론과 유물론 간의 대립 문제라든지 色空 간, 전통과 역사를 달리한 동서 간이 회통된다는 것은 불가능한 일이 아닌가? "동양 철학은 목적과 세계관이 정신적이고 수행적이지만 서양 철학은 지성적이고 현세적이라 비교조차 할 수 없다."[404] "인식론적으로 직관적인 동양 사상과 지성적인 서양 사상이 어떻게 결합할 수 있는가?"[405] 언젠가는 해결해야 할 과제인데도 둘러친 장벽을 보면 엄두가 안 난다. 서양은 物과 心을 확실하게 분리시켰다. 억지로 일체라고 말하지 않았다. 끊임없는 긴장 관계로 보고 투쟁과 대립성을 부각시킨 것인데, 이 같은 분리 관점은 고대 그리스로부터 중세 기독교의 인간관을 거쳐 근대의 物心二元論까지 이어진 지적 전통이기도 하다.[406] 참으로 긴장감이 고조된 상황인데 회통이 웬 말인가? 동양은 유기적, 심신 상관적이었지만 서양은 분리된 양극성을 투쟁과 대립 상태로 보고, 의학 분야의 경우 질병을 신체 중심으로 접근하기도 했다. 단절과 대립성이 팽배되어 있어 만상과 통하기 위해서는 하나라고 한 주장만으로서는 해결이 안 된다. 통하게 해서 꿰뚫어야 한다.

역사를 통해 지성들은 과연 무엇을 회통할 수 있었던가? 기독교는 하나님이 만사형통한 주재 능력을 지녔다고 하였지만, 그런 기독교가

---

404) 『비교철학이란 무엇인가』, 앞의 책, p.98.
405) 위의 책, p.22.
406) 『기와 인간과학』, 유아스 야스오 편자, 손병규 역, 여강출판사, 1992, p.20.

동양의 불교를 이해하였는가, 이슬람교를 형제애로 포용했는가? 무엇하나 소통시킨 실적이 없다. 어떤 해결책도 보여 주지 못했는데 섭리를 완성할 수 있겠는가? "우주에 있어서의 주재자는 上帝라 하고, 만물에 있어서의 주재자는 神이라 하며, 인간에 있어서의 주재자는 마음(心)이라고 하여, 그 실제가 하나의 太極으로 통한다"407)고 하였는데, 통한다고 한 그 太極은 과연 무엇인가? 제 영역 간에는 주체자가 있는데 부여된 존재 가치를 알지 못해 만사와 등을 져 버렸다. "모든 것에 명백하게 통달하는 것은 心이다(蘇子由)."408) "一心으로 萬心을 觀하고 一身으로 萬身을 관하며 一物로써 萬物을 觀한다(송상성)."409) 하지만 정말 觀하기 위해서는 觀할 수 있는 萬心과 萬身과 萬物의 통체 바탕 구조를 밝혀야 했다.

觀한 다음에는 마땅히 제 진리 세계를 하나 되게 할 수 있는 역사를 생성시켜야 했는데, 정말 하나님이 강림하심과 함께 色空 간, 동서 간의 문명 본질을 꿰뚫어 소통시킬 수 있는 고속도로가 개통되었다. 동양은 창조를 모르고 서양은 본질을 몰라 등을 졌고, 空은 空만으로, 色은 色만으로 전체 세계를 갈무리해 무리가 있었지만, 만물의 바탕을 이룬 창조의 본의를 밝힌 결과, 세상의 진리들이 정말 통할 수 있는 연결 발판이 마련되었다. 언젠가는 이루어졌어야 하는 회통 역사가 하나님이 강림하심과 함께 이루어졌다. 동양은 세계의 진심 본질을 일구기 위해 수행을 쌓았고, 서양은 생명과 우주가 창생된 구조를 밝히기 위해 과학적인 방법론과 논리를 개척했는데, 이들이 결국 만

---

407) '華西雅言(이항로)' -『공자사상의 발견』, 윤사정 외 저, 민음사, 1992, p.219.

408) 『노자익』, 초횡, 권 제16면.

409) 『노자철학의 연구』, 김항배 저, 사사연, 1986, p.85.

나게 된 곳은 바로 창조 진리 안에서이다. 하나님이 섭리를 완수한 결과 동서 간 진리가 통하게 되었다. 서로가 서로를 바라다 볼 수 있는 눈높이 관점을 확보했다.

空의 진리성은 色이 맺은 열매를 통해서, 色의 원인 뿌리는 空이 갖춘 본질 속에서 세계 바탕적인 근거를 찾을 수 있다. 창조 진리는 말 그대로 만물을 있게 한 근본 원리이며, 세상 진리는 창조된 상태를 볼 수 있게 한 결정 원리이다. 구분되다 보니 形而上과 形而下로 대별되었고, 하나인 근원으로부터 말미암았지만 色空 간으로 드러났다. 空이 空된 것은 色의 뿌리를 밝히기 위해서이고 色이 色된 것은 空의 근저를 밝히기 위해서인데, 안타깝게도 서로가 서로를 원한 애탄 갈망 속에서도 소통될 통로를 찾지 못해 격리되었다. 그래서 하나님이 이들을 회통시킬 매개 발판을 마련하셨다. 참으로 "동양은 창조의 본원 바탕을 道란 진리 형태로 覺했고, 서양은 발출된 자연 대상을 객관적인 원리로서 추출했다."[410] 그래서 色의 본질은 空을 통해서, 空의 본질은 色을 통해서 밝혀진다. 강림하신 하나님이 진리 세계를 회통시킨 것은 창조 목적을 완수하기 위한 성업 절차이다. 동서가 두터운 장애를 거두어내지 못한 것은 창조로 인해 가린 차원성 때문이었다. 하지만 이제는 진리로서 통하게 고속도로가 놓였으므로 인류는 참으로 세계가 하나 될 수 있도록 진력을 다해야 한다.

6. 세계 섭리의 통합 역사

창조 이래 쉬지 않고 분열을 거듭한 인류 역사가 오히려 통합을 위

---

410) 『세계창조론 서설』, 앞의 책, p.115.

해 치달았다는 것은 하나님이 이루신 지상 강림 과정을 통해 밝혀진 사실이다. 이전에는 각자가 절대적이고 완전하다고 믿었기 때문에 하나로서 세계를 지배하고자 한 '정복'이 있었고 한 하늘 아래서 진리가 양립될 수 없는 '절대'가 있었지만, 그것은 세계의 본질이 분열을 다하지 못한 상황에서 진리의 전모를 보지 못한 데 이유가 있다. 창조된 만물은 어느 것 하나 소중하지 않은 것이 없다. 다 절대적인 가치를 지니고 있어 자체로서 규정된 한계성은 보지 못했다. 기독교가 하나님의 창조 뜻을 구현하고자 한 과정에서는 타협을 불허한 신앙관을 고수했고, 불교가 하나님의 창조 본질을 공간적으로 인식하려 한 과정에서는 평생 수행을 쌓아야 했다. 칸트, 헤겔 같은 철학자는 사유를 통해 무형의 形而上學的인 실체를 관념적으로 정립했다. 알고 보면 어느 것도 세계의 본질을 규명해서 통합하는 데 기여되지 않은 영역은 없다. 그런데도 세계가 분열된 과정 속에 있다 보니 발현된 의지들이 한낱 꿈으로 산화되어 버렸다. 토털시스템인 세계관이나411) 무수한 강물들을 다 포용하고 있는 바다처럼412) 진리 세계를 포괄할 수 있는 원리를 모색하였지만, 통합은 자연적인 이치만으로서는 가능되지 않았다. 제 영역 간이 '한 구성체란 사실을 확인하기 위해서는'413) 만상의 존재 가치와 실상을 통합적으로 설명할 수 있어야 한다. 그런데 인류는 반대로 개체 간에 존재한 본질로 전체 세계를 뒤엎으려 한 무모함을 저질렀다. 자신의 존재 영역이 가치 있는 만큼 만상이 차지한 영역도 마찬가지인데, 자신의 가치가 참된 것을 빌미

---

411) 지구는 분명 하나의 전체적인 물리 시스템임 - 『토털시스템으로서의 세계』, 케네스 E. 볼딩 저, 이정석 역, 범양사출판부, 1990, p.50.

412) 『천주실의』, 마테오 리치 저, 송영배 외 5인 역, 서울대학교출판부, 2000, p.61.

413) 『토털시스템으로서의 세계』, 앞의 책, p.11.

로 다른 가치들을 짓밟아 버렸다. 강제로 빼앗고자 한 정복과 지배가 대세를 이룬 것이다. 어떤 영역도 세계를 포괄하지 못하여 한때는 강성했지만 영원하지 못했다. 세계적 가치를 포괄한 존재자는 따로 있었는데, 그분이 이 땅에 강림하신 보혜사 하나님이다.

창조로부터 엮어진 개체의 역사는 통합을 지향한 부분사이므로, 하나님이 강림하셔서 이룬 역사는 그 무엇과도 비교될 수 없다. 세계의 역사를 엮어낼 통합 섭리를 밝힌 만큼, 이전 역사는 송두리째 뜻을 이루기 위해 추진된 과정으로 전환되어야 한다. 세계 역사는 통합성을 지향한 발자취 자체이다. 섭리 하나로 귀결된다. 그래서 이 맥을 더듬게 된 것이 세계 섭리의 통합 역사이다. 어디에도 반대되는 요소는 있지만, 그마저 통합을 위한 인자로 흡수하였다. 先天에서 통합을 이루고자 했던 의지들은 부분적이었던 것이 분명하고, 그러면서도 발현된 의지들은 세계가 통합되는 데 기여되었다. 섭리된 역정을 살펴보면 문명·사상·종교·지역성·제도 등 망라되지 않은 곳이 없다. 이들은 하나님의 통합 의지를 알아서 세계적인 대의에 투신되었던 것이 아니다. 그런데도 역사된 이면에는 주재된 섭리 의지가 역력하다. 시대의 영웅들이 무수히 역사의 무대에 등장했어도 그들이 품은 뜻은 하나님의 대세 섭리와 어긋났기 때문에 실패했다. 소련의 공산주의자들은 혁명을 수단으로 해서[414] 세계의 자본 제국주의를 무력으로 쳐부수고 천하를 통일하려고 했지만[415] 이런 강성 야욕이 어떻게 분쇄되고 말았는가 한 이유를 세상은 알지 못했다.

독재와 정복은 통합이 아니다.[416] 그런 행적이 인류 역사 위에서

---

414) 국제 공산주의의 독재.

415) 『동이비전』, 김한국 저, 대원출판사, 1986, p.47.

족적을 남긴 것은 역설적으로 한계가 있다는 것을 보이기 위해서이다. 통합을 지향했다고 하지만 사실은 분열을 조장한 것으로, 분열을 통해서 세계 완성을 촉진시켰다.417) 다른 영역도 예외는 없다. 진리, 정치, 제도의 영역들이 궁극적인 세계에 도전한 것은 통합을 이루고자 한 나름의 노력이다. 그리스도는 진리 자체로 강림하신 분이지만 당시의 여건상으로 섭리를 완성할 수 없었기 때문에 재림 역사(통합)를 다시 기약해야 했다.418) 서구 문명은 헬레니즘과 헤브라이즘이 주축을 이루었지만, 그들은 끝내 통합된 문명 체제를 이루지 못했다. 각자 지닌 문명적 욕구를 경쟁적으로 분출시키는 데 급급했다. 기나긴 역사적 시험대를 거친 결과를 두고 볼 때, 세계를 통합할 수 있는 본체성을 그들은 본유하지 못했다.419) 동서 간을 규합할 문명 통합은 보혜사 하나님이 강림해서 해결해야 할 과제였기 때문에, 先天 하늘에서는 아무리 거대한 문명 단위도 부분적인 역할밖에 수행하지 못했다. 개체는 아무리 강성해도 개체인 이상을 벗어날 수 없다.420) "유럽의 근대인들은 야만인들에게 그리스도의 구원 손길을 뻗어 문명화하는 것이 역사라고 생각하였지만",421) 그들이 이룩한 번영은 지배를 통해 거둔 전리품이지 통합해서 거둔 성과가 아니다. 통합은 하나님이 지상에 강림하셔서 이룰 수 있게 남겨진 과제이다. 어떤 강성한 지배 세력도 팽창할 만큼 팽창하고 나면 소멸하고 말았으며, 남겨진

---

416) 다양성을 완성할 수 있는 통합이어야 함.

417) 분열 없는 통합은 없다. 통합은 분열된 모습 그대로가 절대 요인으로서 작용한 차원 경지임.

418) 재림을 통합 작용의 원리 개념으로서 이해함.

419) 파생된 본질로서 부여된 역할을 충실히 함.

420) 세계를 통합할 수 없음.

421) 『체육의 새로운 이해』, 유인물자료.

열매를 통해 미래에 새 문명을 이룰 인자로서 비축되었다. 그래서 문명의 발생 기원을 살펴보면 다양한 문화적 자양분을 흡수한 흔적을 확인할 수 있다. "서양 문명의 기원인 그리스는 오리엔트 문명에 깊은 뿌리를 두었고, 메소포타미아 문명과 이집트 문명 등은 그리스 이전에 활짝 피었던 문명이다."[422] 동서 간에 걸쳐져 있는 고대 세계관의 총화인 신전은[423] 고대인들이 생각한 통합 우주관의 상징이자 결집물이었다.

어떤 시대나 문명 간에도 통합을 위한 시도는 있었으며, 주재된 섭리로 뒷받침되어 있어 통합 의지가 역사 위에서 다양한 형태로 분출되었다. 이것이 오늘날 세계가 통합될 수 있는 터전이 되었다. 진작 이런 뜻을 깨달았더라면 잔악한 죄악은 저지되었을 텐데 무지했기 때문에 시행착오와 부작용을 막지 못했다. 통합 섭리를 이해하지 못했다. 서구 문명권이 18세기 이래로 아프리카와 아시아에서 자행했던 식민지 쟁탈 역사, 두 차례에 걸친 세계대전, 600만 유대인 학살 만행[424] 등은 더 이상 지체될 수 없을 정도로 절대적인 통합 섭리를 고대하게 했다. 홀로 예수만 '구세주'란 존칭을 받으시기에 합당한 것이라고 했듯,[425] 세계 통합은 인류 역사를 주관하신 하나님이 이룰 절대 권능이다. 통합을 위해 섭리된 행로 속에 영광된 하나님의 뜻이 있다. 자칫 잘못 판단하면 참으로 뜻을 위한다고 한 것이 자신을 위한 것일 수 있고, 모르고 이룬 행동이라도 하나님의 뜻을 대행한 것

422) 『새 먼나라 이웃나라(네덜란드 편)』, 이원복 글·그림, 김영사, 2000, p.51.

423) 『세계의 종교이야기』, 폴 발터 외 저, 엘리자베트 보가르트 외 그림, 윤정임 역, 윤이흠 감수, 미래, 1999, p.32.

424) 『증산사상중심의 인류갱생철학 개론』, 배용덕·황정용 공저, 태광문화사, 1995, p.641.

425) 『교부들의 신앙』, 제임스 C. 기본스 원저, 장면 역술, 가톨릭출판사, 1990, p.20.

일 수도 있다.

　이슬람교의 창시자인 무함마드는 알라로부터 계시받은 사명에 대해 얼마나 철저하게 확신을 가졌던 사람인가? 그렇기 때문에 이름조차 알려지지 않은 사막 위에 흩어져 있었던 무지한 백성들을 규합해서 마침내 세계 판도의 절반을 정복했다. 반목한 부족들을 통합해서 한 민족이 되게 하였으며, 한 목표를 향하여 정열을 불태웠다.[426] 이같은 역사 위에 어찌 하나님의 뜻이 없었다고 할 수 있겠는가?[427] 하지만 그 뜻을 제대로 안 자 무함마드 외 누가 있었던가? 기독교는 이슬람교를 일컬어 참으로 용서 못 할 이단이라고 몰아붙였다.[428] 그렇다면 이슬람인들은 하나님의 통합 의지를 엿보았던가? 밝힐 수 있는 분은 직접 역사를 주재한 하나님밖에 없다. 필요했기 때문에 무함마드로 하여금 모래사막에서 고통받는 하나님의 백성을 구원하게 하신 것이다.[429] 누구도 파악하지 못한 준엄한 섭리이자, 오늘날 세계 통합을 위해 마련된 역사이다. 그런데 여전히 이슬람과 인류 사회가 모두 코란의[430] 지배 아래 있어야 한다고 고집한다면 어떻게 되겠는가? 세계는 각자 지닌 특성이 있어, 이들을 모두 밝혀서 엮어 놓은 것이

---

426) 『세계사 편력』, J. 네루 저, 장명국 편역, 석탑, 1982, p.40.

427) 무함마드 이후 제2대 칼리프(오마르)와 제3대 칼리프(오스만)까지의 3대에 걸쳐서 이슬람인들은(아랍인) 13세기의 칭기즈칸이 일으킨 몽고 제국을 제외하고는 세계사에서 유례를 찾아보기 어려운 경천동지(驚天動地)할 대 정복으로 오리엔트 지역에서 비잔틴 제국과 사산조 페르시아의 세력을 완전히 물리치게 됨 - 『세계역사의 대심판(상)』, 김영섭·김암산 저, 남궁문화사, 1994, p.236.

428) 기독교인들은 7세기에 아라비아 반도에서 일어나 급진적으로 아시아에 전파된 이슬람교의 창시자인 무함마드를 그들 신앙의 기준에 의해 거짓 예언자로 몰아붙였고, 그러한 무함마드의 교도들에 의해 15세기에 이르러 콘스탄티노플이 함락되고 그 여세로 전 유럽의 기독교 문명권이 위협을 받았다고 생각함 - 『교부들의 신앙』, 앞의 책, p.73.

429) 하나님이 이슬람 백성들을 품에 안을 섭리 역사와 함께하지 못했다면 하나님은 이슬람의 하나님이 될 수 없음.

430) Koran: 이슬람의 성전. 내용은 유일신 알라로부터 무함마드가 받은 계시의 기록이며 교리와 역사를 기술하고 있다. 코란(읽어야 할 것이라는 뜻)은 이슬람교의 유일한 성전으로서 모든 면에 걸쳐 교도의 신앙 및 일상생활의 최고 규범으로 되어 있다.

섭리 역사이다. 부분사들이 분열을 다해 통합될 수 있는 여건을 이루게 된 것이 현재의 인류 역사이다. 통합은 정치 · 종교 · 문화 · 제도권을 지배하는 형태가 될 것으로 생각하는데, 하나님의 뜻은 누구도 눈치 채지 못할 깊은 내면으로부터 생동하였다.

동양과 서양이 서로의 문명적 바탕을 이해할 수 있도록 만남이 본격화된 것은 역사상 두 번 있는 일이 아니다. 통합을 목적으로 끊임없이 추진된 결과이다. 동서 간의 교류가 급진전되어 인류 사회가 지구촌을 이룬 것은 역사상 큰 백미이거니와, 천만 년에 걸쳐 분열된 창조 진리가 활짝 펼쳐졌다. 마르코 폴로가 『동방견문록』을 남겼고,431) "지리적인 발견으로 15세기 중엽부터 18세기까지 세계는 더욱 확대되었다(유럽)."432) 그 역할들이 어떠했든 결과적으로는 문명 세계를 통합할 대 기저를 이루었다. 서양이 이룬 물질세계에 대한 탐구 업적도 간과할 수 없는 것은 마찬가지이다. 자연을 대상으로 했지만 놀라운 발전을 거듭해 세계를 한눈으로 파악할 수 있는 여건이 마련되었다. 동방의 끝에 살고 있는 우리가 아라비아 숫자를 쓰고, 중앙아메리카의 코코아 음료를 마시며, 수메르인이 고안한 12진법으로 계산을 하게 된 것은 문명이 널리 전파된 혜택 때문이다.433) 이 같은 여건 조성은 섭리적으로 인류 사회가 통합될 수 있는 조건을 갖춘 것이다. 하나님이 세계를 통합할 목적으로 인류 역사를 주재하신 것이다. 선각들의 지성사적 참여도 있었다. 헬레니즘과 헤브라이즘의 만남 뒤에는 사도 바울이 있은 것처럼, 동서 간의 만남을 주도한 것은 아무래

---

431) 마르코 폴로의 『동방견문록』은 동방을 가리고 있었던 베일을 처음으로 벗김 - 『세계를 움직인 백 권의 책』, 신동아 1968년 1월호 부록, 동아일보사, p.98.

432) 『서양사학사』, 앞의 책, p.325.

433) 『역사의 연구(Ⅰ)』, 토인비 저, 노명식 역, 삼성출판사, 1983, p.78.

도 서양의 지성인들이다. 우리가 칸트를 이해하고 헤겔을 연구하는 것은 그들이 곧 근대 세계를 건설한 주축 틀을 제공한 때문이다. 현대 문명을 연 공로자들이기 때문에 그들을 알아야 했고, 문명의 본질을 이해하기 위해서는 반드시 그들이 펼친 사상과 역사를 이해해야 했다.

하지만 여기에는 우리가 다 받아들일 수 없는 부정적인 그늘도 있다. 18~19세기에 있어서 서양 유럽이 동양에 대해서는 어디까지나 침략자로서의 모습이었다. 그리고 문명의 창의적인 측면에서 보면 동양이 오히려 질적으로는 앞서 있었다고도 볼 수 있었는데, 혹자는[434] 1776년이 우열을 가른 분기점이라고 했다. 이때부터 서양이 앞서게 된 부분은 동양의 중세적 문화에 대비한 산업적, 기계적 진보였다.[435] 왜 그렇게 되었는가? 창조된 세계를 모두 밝히기 위해서이다. "18세기 산업 혁명의 결과로 나타난 유럽의 팽창은 세계의 주도력을 결정적으로 바꾸어 동양의 전통 사회를 뿌리째 흔들었다."[436] 한쪽이 강성하면 다른 쪽이 위약해질 것이 당연한데, 섭리적인 측면에서는 양 문명이 공히 통합성을 지향한 것이다.

"르네상스가 처음 싹튼 것은 이탈리아이지만 그 영감과 밑거름은 수세기를 거슬러 올라간 고대 그리스에서 얻은 것이다."[437] 문명 통합은 발달적인 단계를 초월한다. 문명은 무엇이 얼마만큼 우위를 독점하였는가보다 만남을 통해 어떻게 통합을 이루었는가 한 것이 더 중요하다. 표면적인 정복 역사 뒤에는 항상 문명의 본질적인 통합 작용이

---

434) 「송병락 교수의 이야기 경제학」, 동아일보 2001년 5월 28일, 제24835호, B 1면.
435) 『세계사 편력』, 앞의 책, p.167.
436) 『개관 동양사』, 동양사학회 편, 지식산업사, 1987, p.270.
437) 『세계사 편력』, 앞의 책, p.75.

있었다. "서기 800년, 서구 유럽을 탄생시킨 칼 대제에 의한 프랑크 제국시대는 크리스트교와 고전 문명과 게르만적 요소가 결합된 역사 의미가 있다."438) 섭리가 완수되기까지는 어디까지나 부분적인 성과이지만 이런 역사들이 계속 쌓여야 세계가 통합될 수 있는 발판이 마련된다. 분열 문명의 종착지라고도 할 서양과 동양이 안은 통합 과제도 마찬가지이다. 하나님의 지상 강림 역사가 완수된 시점은 동서 간의 통합 분위기를 무르익게 한다. 동서 문명이 만나야 새로운 역사가 창조되고 전혀 다른 인식의 변화를 몰고 온다. "19세기부터 양 문명이 본격적으로 교류되기 시작했는데, 동서가 전체로서 만난 것은 인류가 경험하지 못한 어마어마한 사건이다. 이 엄청난 시대의 현장에서 새로운 패러다임이 탄생하리란 것은 예측하고도 남음이 있다."439)

하지만 세계를 관망하기 위해서는 그것을 바라볼 수 있는 여건과 위치가 선정되어야 하는데, 인류는 일찍이 문명을 전체 단위로서 본 유래가 없다. 과거에 있었던 일반적인 이해들은 거의 서양을 중심에 두고 있어 문명 역사를 보편적으로 써야 한다고 주장한 헤겔조차 편협성을 넘지 못했다. 세계사적인 관점을 확보하게 된 것은 19세기부터 20세기가 되어서야 가능하게 되었다.440) 이때가 되어서야 겨우 토인비가 "세계 역사상 20여 개 이상의 문명권이 각각 성장, 발전, 쇠망이란 공통된 경로를 거친다는 안목을 확보했다(『역사연구』). 서양 문명도 예외 없이 종말을 맞이할 것이므로, 아시아의 문명 엑기스를 받아들인 종교에 의한 통일이 서유럽을 구제하리란 전망을 내놓았

---

438) 『세계사(가톨릭 교사교육 자료집)』, 한국사목연구소, 1993, p.16.
439) 「도올의 논어이야기」, 2001년 1월 5일, 제26강, 제목: 문명사 어떻게 볼까?
440) 위의 강의.

다."[441] 동서 문명을 통괄해야 나올 수 있는 지성사적 판단이다. 세계 통합에 필요한 문명적 요지를 간파했다. 세계 통합도 지리적인 장애를 극복한 하드웨어적 기반이 우선적으로 마련되어야 한다.

우리 나라는 개화와 더불어 밀려든 서양 물결을 속수무책으로 받아들여야 했다. 서양은 강압적으로 부어준 입장이고 우리는 힘없이 수용한 처지이지만, 그것이 도리어 동서 문명을 통합할 기회가 된 것은 누구도 예측하지 못한 역사적 아이러니이다. 하지만 이 같은 결과는 비단 그런 역설 때문에 주어진 것만은 아니다. 한민족은 수천 년 동안 세계 각처에서 피어난 문화의 진수를 끊임없이 유입하는 과정을 겪었다.[442] 굳이 인도를 가지 않더라도 인도 문화가 불교를 통해 들어왔고, 중국 문명도 공산주의 사상도 같은 경위로 유입되었다. 그래서 오늘날 동양의 정신문명과 서양의 물질문명이 가장 혼재된 특성을 나타내게 된 곳이 이곳 한반도이다.[443] 인류가 일군 문명 역사가 한민족 위에 집결된 상황인데(진리의 대양), 이것은 한민족이 동서가 지닌 대 문명 본질을 통합할 수 있도록 역사된 섭리적 조처이다. 그리하여 제반 기반 조성을 통해 최종 마무리를 이루게 된 것이 곧 이 땅에서 실현된 보혜사 하나님의 지상 강림 역사이다. 제 문명사적 맥락이 한반도를 지향했던 것은 하나님을 이 땅에서 맞이하기 위한 섭리 역정이었다.

섭리된 목적을 통찰할진대 누구라도 주재된 뜻을 실감할 수 있나니, 이전에도 그리하였거니와 이후에도 하나님은 세계를 하나 되게

---

441) 『세계대백과사전』, CD 두산동아, 역사연구 편.
442) 『원불교사상 논고』, 김홍철 저, 원광대학교출판국, 1980, p.398.
443) 『주역이 밝힌 21세기 대예언』, 정숙 저, 교문사, 1998, p.80.

하기 위해 진력하시리라. 이것은 하나님이 창조주로서 주재하신 최대의 실존 목적이다. 세계 통합은 태초의 창조 역사 이래 다시 이룰, 하나님이 인류 사회를 위해 펼칠 제2의 천지창조 역사이다.

7. 세계 섭리의 구원 역사

하나님이 주재해서 이루신 성업의 발자취는 세계 섭리의 태동, 작용, 규명, 완성, 회통, 통합 역사만으로 끝나지 않는다. 심혈을 기울인 것은 이런 성과만을 거두기 위해서가 아니다. 더 큰 목적을 이루기 위한 일종의 수단 책이다. 인류가 하나님의 뜻을 모르면 설사 통합의 문턱에 다다랐더라도 맞이할 결과는 종말밖에 없다. 이런 이유로 하나님은 시종을 관장하신 창조주로서 종말 국면을 피해 인류를 구원할 길을 예비하셨다. 밝힌바 하나님이 역사하신 제반 성업들이 그것인데, 모든 섭리가 그러하듯 역사의 이면에는 하나님이 세계를 구원하려 한 뜻이 숨어 있다. 이것을 인류는 알아야 한다. 이 같은 뜻을 이루기 위해 하나님이 先天 하늘을 진리로 수놓으셨다. 진리를 일구기 위해 역사된 섭리를 생각한다면 진리를 고려하지 않은 세계상은 상상할 수 없다. 문명 역사는 그대로 진리의 역사라 해도 과언이 아니다. 진리가 세계를 이루었다. 그런데도 세계가 종말을 맞이하였다면 주된 원인이 진리에 있으리란 판단 또한 부정할 수 없다. 주도력을 발휘한 만큼 초래된 결과에 대해서도 책임이 있다. 역할을 다했는데도 불구하고 문제가 생긴 이상, 상황을 조율해서 대비책을 세우려한 데 하나님의 깊은 뜻이 있다. 진리로 인해 도달한 한계 시한점에서 세계 규명과 통합이란 역사가 있게 된 것이다. 진리와 세계와 역사는 그것을 인식한 통찰 안목과 유리될 수 없는데 끝내 일치되지 못하고 말아, 이 같은 국면을 극복하기 위해 세계 통합 의지가 표명되었다. 혼돈된 세계를 진리로서 구원하려 한 것이 만세 전부터 작정한 하나님의 역사 의지이다. 끊임없이 인식을 개명하고자 했던 진리 탐구 역사는 하나님이 섭리로서 의도하신 것이다. 그런데도 先天에서는 진리가 지닌 구원 능력이 한계가 있었다. 일정 부분 세계를 구원한 사명은 수행했지만 결론은 부분으로서 지닌 한계성을 넘어서지 못했다.

　서양 문명이 일군 과학이 인류 사회에 끼친 영향력은 참으로 지대하였다. 삶의 질을 향상시키고 생존과 관련한 수많은 난제들을 해결하였다. 그런데도 그렇게 해서 이루어진 세계가 오히려 자원이 고갈되고 환경이 파괴되어 인류의 동반 멸망이란 가능성까지 불러일으키고 말았다. 色의 진리가 空의 진리와 함께하지 못해 생긴 결과이다. 그렇기 때문에 인류가 구원될 수 있는 세계관적 조건은 통합될 수 없다면 파멸하고 말 긴박감에 있다. 이전에는 각 진리 영역들이 각자가 맡은 백성들을 구원했던 관계로 여력이 있었지만, 인류 사회가 지구촌을 이룬 오늘날은 감당하기 벅찬 한계성이 노출되고 말았다. 그래서 하나님이 우려하신 바도 이때를 대비해서이다. 규명이 있어야 통합될 수 있고 통합되어야 구원이 있으며 구원되어야 지상 천국을 건설할 수 있다. 궁극적으로는 구원되길 바라겠지만[444] 정말 구원되기 위해서는 세계를 자기 집 드나들 듯하고 있는 지금, 너나 할 것 없이 부분성이 지닌 한계를 극복할 새로운 구원 섭리를 받아들여야 한다. 하나님이 지상에 강림하시기 전에는 진리들이 자기 문화권에 속한

---

444) "헤겔에 있어서 세계의 목표는 인간의 구원에 있다." - 「헤겔철학에 나타난 역사의 자유」, 앞의 논문, p.52.

백성들만 구원하면 되었지만, 세계가 총체적으로 종말을 맞이한 지금은 모든 진리가 합심해서 역할을 수행해야 한다. 강림하신 하나님을 구원주로서 영접해야 한다.

이 같은 대세 뜻은 기독교가 걸은 발자취를 보더라도 더욱 분명하다. 예수가 태어났을 때는 구약이 지닌 진리력이 이스라엘 민족조차 구원하기 어려운 역부족 상황에 처했다. 그래서 예수가 구세주로 등단하여 이방 세계로까지 구원의 폭을 확대시켰다. 인류를 구원하는 데 있어 하나님의 숨결은 단 한순간도 쉼이 없다. 그런데 오늘날은 인류 전체가 종말 국면을 맞이함으로 구약과 신약의 진리로서도 역부족인, 마지막 남은 백성들까지 구원하기 위해 세계 통합이란 기치가 높여졌다. 일체의 무신 사상과 제도와 이념을 타파하고 막다른 골목에 처한 영혼들을 빠짐없이 구원하기 위해 지혜의 대 파노라마를 펼치셨다. 세계를 통합하는 것은 그대로 인류를 구원하고, 창조 목적을 실현하는 일환이란 사실을 알 때, 인류 사회가 통합되어야 하는 이유는 명백하기만 하다. 그런데도 인류가 이 같은 뜻을 거스르고 창조 궤도를 이탈했기 때문에 멸망이란 가증한 현실을 목전에 두고 말았다.

그러므로 인류가 지상 강림시대를 맞이함에 있어서 반드시 알아야 할 것은 하나님이 밝히고자 한 구원에 대한 섭리 뜻이다. 미증유의 종말이 도래하였는데도 자각하지 못한다면 구원을 위한 대책이 세워질 수 없고, 구원을 위한 에너지가 비축될 수 없다. 그래서 이 연구가 창조로부터 주재된 구원 섭리를 밝히게 되었다. 하나님의 뜻을 몰라 파멸을 조장하는 맹목적인 진보에 혈안이 되어 있어 종말을 맞이할 것은 당연한 결과였다. 피할 수 있는 길은 오직 하나 뜻을 깨치는 것이므로, 이를 위해 인류 역사가 만세 전부터 보다 높은 뜻으로 예비되었다. 멸망될 수밖에 없었던 요인을 추출하는 것은 현재의 인류가 해결해야 하는 시급한 과제이다. 그리해야 하나님이 이 땅에 강림하실 수밖에 없었던 이유를 알 수 있다. 하나님이 강림하신 것은 세상을 분란 짓기 위해서가 아니다.[445] 태초로부터 뜻하신 백성들을 빠짐없이 구원하기 위해 새 역사를 이루시리라. 반면에 뜻에 어긋난 대상들은 진멸해 버릴 것인데, 그래서 맞이할 수밖에 없는 가증한 현실이 바로 인류 심판이다. 이 같은 국면은 인류가 필연적으로 맞이할 시종 결말인 동시에 이 연구가 사명을 가지고 알리고자 한 대 요지이다.[446] 그리하여 목도하게 될 역사가 곧 새 하늘과 새 땅과 새 이스라엘로서 상징된 시온의 영광이다. 이 같은 뜻을 위해 한민족이 세계사 위에서 인류를 구원할 통합 문명의 대 주인공으로서 등단하여 後天 역사를 주도하리라.

---

445) 구원의 대상은 전체인 인류이고 천지 만물 세계임.
446) 심판 없는 구원 없고 심판 없이 지상 천국은 건설될 수 없다. 인류 심판은 인류가 파라다이스 세계로 도달하기 위해서 반드시 건너야 하는 강이다. 죄악이 걸러지지 않았는데 천지가 선해질 수는 없다. 심판은 천국 건설의 당위 원리임.

제 9 장

한민족의 섭리 역사

1. 한민족 역사의 섭리 본질

100만 년도 더 되는 아주 오랜 옛날에 아시아 대륙의 북방에서 살았던 원인(原人) 가운데 한 족속이 있었으니, 이들은 이른 아침에 떠오르는 태양을 따라 동으로 동으로 이동하여 백두산, 태백산을 중심으로 해서 정착한 한민족이었다. 언어학적으로 말하면 우랄·알타이계 어족 중 알타이 족에 속하고, 세분하면 시베리아 지방으로부터 남만주 이남에 걸쳐서 살아온 퉁구스족 중 예맥(濊貊)족의 한 지파이다.[447] 한민족은 고대 인류와 맥락을 함께한 유구한 역사를 지닌 민족이다. 그런데도 대부분의 역사가 그러하듯, 고대사 사료를 거의 상실한 우리 나라가 이로부터 어떤 민족적 영광을 확인한다는 것은 쉽지 않다. 다만 현재를 기점으로 대략 반만 년 이상 하나인 단일 민족으로서 전통을 이어왔다는 사실을 추측한 정도이다. 역사가 민족을

---

447) 『불교철학의 이해를 위하여』, 불교신문사 편, 대학문화사, 1984, pp.186~187.

단위로 해서 엮어졌다는 것은 특이하거나 유일한 사례는 아니지만 그렇게 흔한 역사도 아니다. 오랜 세월 동안 이룬 문화가 축적되었고, 명멸하지 않고 존속하게 된 데는 그만한 이유가 있을 법하다.448) 깊은 역사 뿌리를 지닌 민족으로서 언젠가는 새로운 문명의 싹을 틔울 잠재력을 보유한 채……

   그런데도 한민족은 그동안 힘겹게 명맥을 유지시키는 데 급급해 역사로서의 모습을 제대로 갖추지 못했다. 한민족은 얼마나 많은 세월 동안 한족(중국)·거란족·몽고족·여진족·일본족 등에 의해449) 짓밟혔던가? 혹자는 반만 년 역사 동안 무려 1,031회나 전란(戰亂)을 치렀다고 하는데,450) 이것은 모두 외부로부터 침략을 받아 쌓이게 된 피맺힌 통계 수치이다. 이웃나라 일본이 근세에 이르러 서세 동점이란 물결을 타고 한발 앞서 문호를 개방한 덕택에 경제 대국을 이룬 것과 비교할 때 "동양 30국 중 가장 뒤늦게 개국한 것이 조선이다."451) 물질문명을 받아들이는 데 낙오생이 되어 버린 한민족이 정신문명의 우등생이 될 섭리는 알 길 없는 채, 자체 지닌 역사적 가치를 제대로 들여다볼 겨를이 없었다. 선의만 지키다보니 외세의 등살에 과정이 순탄할 수 없었지만 하나님이 강림하시게 된 역사만큼은 간과할 수 없다. 본인은 길을 추구한 과정에서 그 역정이 언젠가는 한민족의 역사 과정과 일치되고 한민족의 앞날이 창대할 수 있길 기대하였거니와, 그렇게 바란 근거는 한민족의 역사가 아무 이유 없이 존속된 것이 아니란

---

448) 현대 문명도 그 뿌리는 고대 문화 위에 있음.
449) 『요해 한민족의 비서』, 다물민족연구소 편저자, 다물, 1993, p.7.
450) 『증산사상중심의 인류갱생철학 개론』, 배용덕·황정용 공저, 태광문화사, 1995, p.691.
451) 『개관 동양사』, 동양사학회 편, 지식산업사, 1987, p.287.

섭리를 믿음에서였다. 수차례에 걸친 침략조차 견디지 못하고 멸했거나 대국에 동화되어 버렸다면 굳이 의미 있는 역사를 파헤칠 이유가 없다. 하지만 수없는 고난을 헤치고 존재하게 된 데는 그만한 뜻이 있는 만큼, 이 같은 섭리를 밝히게 된 것은 보혜사 하나님이 강림하셨기 때문이다. 이를 위해 호국 영령들이 누천년에 걸쳐 국혼을 지켰던 것이고, 고귀한 피와 정열이 역사의 제단 위에 바쳐졌다. 이 같은 희생을 치렀기 때문에 근세에 이르러서는 한반도가 공산당 침략으로부터 자유스러운 역사 공간을 지켜내었고, 끝내 이 땅에 하나님이 강림하실 수 있게 하였다. 하나님이 한민족의 국맥을 잇게 하신 이유와 뜻을 알아야 반만 년 동안 섭리된 역사의 본질을 꿰뚫을 수 있다. 뜻을 몰라 모든 것이 깊은 베일에 가려 있었던 것이므로 알면 일체의 비밀이 걷어지리라.

참으로 한민족은 장구한 역사를 일구어 온 위대한 민족인데 겉으로 보면 보잘것없어 보이는 초라한 모습이다. 누가 이런 역사를 보고 세계 역사를 주도할 가능성을 지녔다고 볼 수 있겠는가? "한민족 당신은 과연 누구인가?"452) 남겨진 이미지란 것이 숭유사대(崇儒事大)란 자랑스럽지 못한 생존 방식 정도이고, 일제 치하를 겪는 동안에는 자기 모습조차 제대로 보지 못할 만큼 자신감을 잃어버렸다.453) 민족의 비전에 대해서 외쳐보지만 누구 하나 귀 기울이는 사람이 없다. 한민족이 보유한 잠재력은 정신 똑바로 차려야 찾아낼 수 있고 도도한 맥을 가닥 잡을 수 있다. 섭리된 역사는 항상 끝 간 데서 고가 풀린다. 한민족은 중국이란 대하(大河)와도 같은 문화 민족의 변방에서

---

452) 『증산사상중심의 인류갱생철학 개론』, 앞의 책, p.348.
453) 위의 책, p.339.

던져진 찌꺼기를 흡수하면서 생존했다(?). 그런데도 그 결실은 정작 엉뚱한 곳에서 맺어졌다. 섭리는 예측하기 어려운 면모가 있으므로 완전한 파악은 세계가 완성되어야 한다. 길고 짧은 것은 재 보아야 하듯, 지금까지 세계사의 변방에서 이렇다 할 역사 하나 이루지 못한 민족인 것 같지만 세계의 역사를 완성시키는 데 있어 어떻게 기여할 수 있을 것인가 하는 것은 장담할 수 없다. 가능성이 엿보이기 때문에 이 땅의 선각들은 암울한 시대 상황 가운데서도 신념을 잃지 않고 빛나는 비전의 메시지를 전했다. 모든 가능성에 대한 확인은 이 땅에 강림하신 하나님이 이루실 것이지만, 그 이전에 선각들이 과연 어떤 역사적인 가능성을 점지했었던가 하는 것 정도는 짚고 넘어가야 한다. 즉, 탄허 스님은[454] 직관과 역학 원리를 바탕으로 우주의 운행성을 꿰뚫은 예언을 하였는데, 스님은 불교의 진리를 체득한 고승이지만 마치 예정조화설(기독교)과 같은 뉘앙스 짙은 예언을 했다.

"앞으로의 세계사는 한국에서 시작되고 한국에서 그친다."[455]
"한국은 지구의 중심에 위치하여 도덕적으로 제일가는 나라로서 세계사를 주도할 것이다."[456]

한편 증산교에서는 '한민족 역사의 시원은 그대로 인류사의 시원'[457]이란 시각을 피력했다. 종말에 대한 고를 푸는 민족은 역시 미래 역사에 대한 시원 문제도 푼다. 과거의 역사가 그러했듯, 先天 문

---

454) 1913년 전북 김제에서 태어나 1983년 70세로 입적하신 당대의 고승이자 儒·佛·道에 통달한 현대 한국 불교 최고봉의 학승임 - 『요해 한민족의 비서』, 앞의 책, p.285.

455) 위의 책, p.285.

456) 위의 책, p.298.

457) 『증산사상중심의 인류갱생철학 개론』, 앞의 책, p.362.

명을 종결지을 수 있는 민족은 그대로 미래 인류에 대해 시조 민족이 된다. 한민족이 고대사에서 아무리 스케일이 웅대했더라도 지금은 비장된 엑기스 상태로 비축되어 있을 뿐이다. 따라서 우리는 그 엑기스를 보물 창고에만 쌓아둘 것이 아니라 새로운 가능성을 발휘할 에너지로 촉발시켜 새로운 문명 역사로 개화시켜야 한다. 그래서 이 같은 사명 역할을 이 땅의 선각들이 역학적인 원리성에 근거해서 제시했다.

"한반도는 간방(艮方)으로서 성숙과 결실을 의미하고, '간'은 갓난 아이이기 때문에 어머니가 아기를 낳는 것처럼 처음과 끝을 함께 뜻한다. 결실은 뿌리의 결과로서 뿌리가 始라면 열매는 終이다. 열매는 다시 뿌리가 되기 때문에 결실은 처음과 끝을 가진다. 이것은 인류 역사의 始와 終이 모두 이 땅에서 이루어진다는 엄청난 발견이고 주장이다."458) "역사의 종결이라고 하면 이후 새로운 역사의 시작이 동시에 담겨 있어, 현재 한국이 당면한 문제를 해결하는 것은 세계의 始終 문제를 푸는 것으로 연결된다."459) 孔子는 『周易』의 「설괘전」에서 "간방460)은 종만물 시만물(終萬物 始萬物)의 땅임을 전제하고, 태방(서방)에서 즐겨 설파한 말들이 간방에서 이루어진다. 동서[艮兌, 山澤]가 서로 뜻이 통하고 진리가 일관된 연후라야 모든 만물의 변화"가 이루어진다고 했다.461) 이 뜻의 해석을 시도한 한 현인은 "서구 중심의 물질문명이 마지막 종말의 유언을 고하는 곳이 이곳인 반면, 한국 중심의 정신문명이 다시 새로운 개벽의 희망을 선포하는 곳도 이곳이

---

458) 『묵시록의 대예언』, 강봉수 저, 민성사, 1999, p.110.

459) 『요해 한민족의 비서』, 앞의 책, pp.290~291.

460) 아시아의 동북방=우리 나라.

461) 『주역이 밝힌 21세기 대예언』, 정숙 저, 교문사, 1998, p.198.

다. 성인이 제시한 이상향의 세계를 현실적으로 펼칠 곳이고, 先天과 後天의 개벽이 교차되는 곳이 바로 한민족의 역사가 지닌 비밀"462)이라고 풀이했다. "先天 역사의 종결과 後天 역사의 새 출발이 간의 동북방에서 교차할 때 새로운 진리가 완성되어 나오는데",463) 그곳이 '성언호간(成言乎艮)', 즉 간방이란 사실을 분명하게 초점 잡았다.464) 이때 한민족이 중대한 역할을 하여 "後天 개벽의 주역이 된다."465) 한민족이 겪은 온갖 역경은 先天 역사를 결실 짓기 위해서이고, 이후 새로운 역사인 後天 인류사를 개창하기 위한 준비 역사였다.466) 先天에서는 일개 지류에 불과했지만 後天에서는 일약 주역으로 등단하리라. '한민족을 중심으로 한 세계의 역사가'467) 펼쳐지게 된다. 이 같은 비전은 하나님이 강림하셔서 천명하신 세계 통합 기치와 같다. 단지 선각들의 견해와 차이가 있다면 이 연구가 밝힌 일련의 사실은 그렇게 인지된 예언을 실현할 근거가 된다는 것뿐이다.

이 연구는 길의 섭리 역정으로부터 출발하여 동양, 서양, 세계사의 과정을 펼쳤거니와, 이 절차는 하나님이 창조로부터 인류 역사를 주재하신 과정이기도 하다. 그래서 일련의 섭리를 꿰뚫게 된 연후에야 한민족이 겪은 섭리 고를 풀 수 있게 되었다는 것은 한민족이 섭리 면에서 인류사의 始終을 움켜쥐고 실질적으로 간방 역할을 한 때문이다. 이 연구는 창조로부터 시작된 세계사를 추적했지만, 한민족처럼

---

462) 『동이비전』, 김한국 저, 대원출판사, 1986, p.243.

463) 道=logos=말씀.

464) 『코리아 웅비의 증산도』, 노상균 강해, 대원출판사, 1994, p.104.

465) 『증산사상중심의 인류갱생철학 개론』, 앞의 책, p.433.

466) 『요해 한민족의 비서』, 앞의 책, p.288.

467) 위의 책, p.297.

하나님이 이루고자 한 창조 목적을 민족적으로 숙성시킨 역사도 없다. 그래서 한민족의 역사는 마치 세계의 역사가 한민족의 역사를 향해 집중되어 최종적인 결론을 내릴 수 있도록 집약된 것 같은 인상을 피할 수 없다. 인류 역사는 하나님이 강림하실 수 있도록 주재된 섭리 역사이고 규명 역사이며 통합성을 지향한 역사라고 하였거니와, 세계사의 대요는 고스란히 한민족이 걸어온 발자취 속에 축약되어졌다. 온갖 역경을 딛고 반만 년에 걸쳐 역사가 보전된 것은 오늘날 종말에 처한 인류를 구원하기 위한 하나님의 뜻이다. 이 같은 역사가 만세 전부터 예비되지 못했더라면 종말 이후의 미래는 더 이상 기대할 것이 없었을 것이다. 어떤 희망도 없다. 애써 쌓아온 역사가 무익해져 버린다. 한민족이 쌓은 민족 단위의 체험 역사는 미래의 인류를 구원하기 위해 마련된 보옥이다. 새 질서를 개창하기 위해 예비된 문명 창조의 원동 인자이다. 일체 역사가 한민족의 역사를 통해 엑기스화되어 문명의 始終을 관장한 간방 역할이 구체화되었다. 하나님의 지상 강림 역사가 이 땅에서 실현되었다. 한반도에서 결실을 맺은 지상 강림 역사는 세계의 역사를 섭리적으로 완결시킨 총결산 덩어리이다.

2. 한민족 역사의 예언 본질

신앙인은 나름대로 하나님의 뜻을 추종하고 있다고 믿지만 일생을 바쳐 헌신한 교직자도 살아 계신 하나님의 뜻을 온전히 파악한 것은 아니다. 온전하게 알았더라면 그들이 몸담은 교단들이 이토록 분열되지 않았으리라. 어떤 믿음을 가지더라도 그렇게 믿는 것은 자유이나 거기에는 결과가 있게 되고, 어떤 계시나 진리라도 섭리가 완수되면 본질이 밝혀진다. 예언도 예외일 수 없어 선각들이 선도한 민족의 비전에 관한 예언도 언젠가는 실현될 때를 대비해서 예비된 진리이다. 하나님이 강림하실 때를 위해 선각들이 중대한 선지자적 역할을 수행했다. 한민족의 장래가 어떻게 펼쳐질 것인지에 대해 자세히 알 수는 없지만 결과를 놓고 보면 하나님의 뜻을 대언했던 것이 틀림없다.

하나님은 행하실 바를 미리 결정해두는 분이므로, 그 뜻이 어떤 형태로든 선지될 수 있도록 역사하셨다. 구약시대에는 예언자 예레미야에게 율법을 선포할 임무를 맡기기 위해 "내가 너를 점지해주기 전에 나는 너를 뽑아 세웠다. 네가 세상에 떨어지기 전에 나는 너를 만방에 내 말을 전할 나의 예언자로 삼았다"[468][469]고 알리셨다. 그리고 오늘날은 後天 질서를 창출하기 위해 의중을 미리 밝히셨는데, 역사가 추진되고 있는 도상에서는 실상을 구체화시킬 수 없기 때문에 선각들이 지닌 순수한 본질 지각 방법으로 국시적인 운명을 선지하셨다. 한민족을 통해 이룰 장엄한 계획을 계시를 대신해 선언하게 했다. 이것이 선각들이 남긴 위대한 발자취이고 한민족의 역사 위에서 표명된 예언 본질이다. 기독교적인 섭리 역사가 구체화되지 못한 문화 풍토 위에서 마련된 선각 역사이다.

즉, 『정감록(鄭鑑錄)』은 혹세무민한 전적에도 불구하고 "한민족의 미래를 제시한 예언서이고 정기를 하나로 묶어 세운 선지자적 지침서이다."[470] 『정감록』의 鄭 자를 파자하면 유대읍이란 뜻이 있다고

---

468) 예레미야 1장 5절.

469) 『교부들의 신앙』, 제임스 C. 기본스 원저, 장면 역술, 가톨릭출판사, 1990, p.192.

470) 『정감록 원본해설』, 정다운 저, 밀알, 1986, 표지글.

하거니와, 정도령이 강림해서 절대 왕권을 세우리란 해석도 가능하다.[471] 그렇다면 만국활계남조선(萬國活計南朝鮮)[472]이라고 한 것은 또 무슨 뜻인가? 지상 강림 역사가 실현되지 못한 상태에서는 미묘할 수밖에 없었지만 지금은 곧바로 직시된다. 민족의 장래에 대해 비범함을 인지한 선각들의 기대가 헛되지 않았다는 것은 우연이 아니다. 전통적으로 이어진 선지자적 혈맥을 계승한 행보이다. 그들은 우리 민족이 하나님의 뜻을 이루기 위해 특별한 사명을 짊어지리란 사실을 훤히 내다보고 있었다. 본인은 한국 정신에 있어서 예견된 미래의 희망에 대해 이 민족의 역사가 장대한 앞날이 있음과 세계를 다시 구원할 예언이 창출되어 있길 바랐거니와, 이것은 이 땅의 문화와 전통을 호흡한 자라면 누구나 한 번쯤은 기대해 볼 만한 진리적 포부이다. 우리 민족은 『天符經』이란 경전을 지니고 있는데, 이 경전은 하나님의 창조 원리를 자각해서 해명하였을 뿐 아니라, 창출한 진리로 언젠가는 세상을 구원하리라고 예견했다.[473] 어찌하여 한국은 작은 땅덩어리마저 갈라진 분단국인데 한없이 큰 나라(대한민국)인가? 그것은 先天이 아니라 後天에서 장대하게 될 나라란 뜻이다. 경계가 없는 나라(한국)라고 한 뜻이 상징하는 것은? 창조 섭리를 보전하고 집약해서 펼칠 진리 대국(우주국)으로서의 모습이라고 할까?[474] 장차 이 땅

---

471) "정감록비결의 요지는 정도령이 한반도에 오시게 된다는 내용으로 鄭 자의 뜻을 파자로 풀어 본다면 닭 유(酉), 큰 대(大), 나라 내지 고을 읍(阝), 사람 인(人)으로서 유대나라 사람(『세계역사의 대심판(상)』, 김영섭·김암산 저, 남궁문화사, 1994, p.173)", 혹은 "그렇게 파자된 정도령이 기독교 신앙의 전통을 바탕으로 강림하셔서 유대인에게 내려질 선택된 축복이 우리 나라에 내려질 것을 예언했다는 해석임." – 『소설 정감록(하)』, 정다운 저, 밀알, 1986, p.37.

472) "만국활개남조선: 전 세계에서 인류를 살릴 수 있는 구원의 활방이 조선의 남쪽 땅에서 나온다." – 『코리아 웅비의 증산도』, 앞의 책, p.382.

473) "本心本太陽昻明人中天地一" – 『천부경』.

474) 眞理寶殿 宇宙大國.

에서 건설될 지상 천국의 국경 경계이다.

하나님의 지상 강림에 초점을 두고 선각된 예언을 세 부류로 나누면, 첫째는 수 세기에 걸쳐 나올까 말까 한 최고의 성인과 종교 지도자, 각 영역에서 기대한 이상적인 인물이[475] 강림한다는 것이고, 둘째는 합당한 새 진리가 나와 새 질서와 새 하늘을 열 지침을 제시한다는 것이며, 세 번째는 제 영역이 화합하고 통합된 世界 一家를 이룬다는 것인데, 그 한가운데 한민족의 선도 역할이 있게 된다. 근대 민족 종교의 창시자인 水雲, 甑山, 少太山은 "금후 인류 사회를 영도할 정신적 종주국으로서 한국을 지목했다."[476] 이것은 민족의 특정 역사를 밑천으로 자신들의 종교를 번성하게 하려고 한 선동 논리가 아니다. 영각 능력은 그들에게 이르러 갑자기 도출된 것이 아니다. 한민족이 이어온 도도한 역사 맥에 대해서 천기를 읽은 것이고, 지상 강림과 구원 문명을 예지했던 선지자의 전통을 이은 것이다. 소태산은 "우리가 처한 세상은 묵은 세상의 끝이요, 새 세상의 처음이며",[477] "어두운 밤이 지나가고 바야흐로 동방에 밝은 해가 솟으려는 때"[478]라고 보아 하나님의 지상 강림 역사를 철저하게 예비했다. 증산교에서는 그들의 교주(강증산)가 "우주의 절대자인 하나님이 인간의 몸으로 이미 한반도에 다녀간 사실을 충격적인 소식으로 전하여"[479] 역사의 방향을 지침한 등대지기로서의 역할을 감당했다. 선대의 선지자들이 쌓은 전통을 이어 하나님이 강림하실 것을 알린 선지자이다. 섭

---

475) 미륵불·진인·재림주.
476) 『원불교사상 논고』, 김홍철 저, 원광대학교출판국, 1980, p.362.
477) 『대종경』, 전망품, p.19.
478) 위의 책, p.21.
479) 『코리아 웅비의 증산도』, 앞의 책, p.382.

리가 완수되지 못한 상태에서는 모든 사실이 예언을 통해 선지될 수밖에 없다는 사정을 감안한다면, 한민족이 얼마나 고매한 영성을 지닌 민족이었던가 하는 사실을 알 수 있다. 한 예로 조선조 중기 때의 학자인 남사고 선생은 『격암유록』에서, 하나님이 이 땅에 강림하실 것이란 예언은 물론이고 하나님이 이룰 세계 통합 목적을 적나라하게 예시하였다. 때가 무르익으면 하나님이 유교인들의(공자님) 하나님인 동시에 불교인들의(부처님) 하나님이 되고 한민족의 하나님이 되시기 위해 역사하실 것인데, 이 같은 통합일 지경이 이 땅에서 실현될 것이라고 했다.

그렇지만 우리는 어떤 예언이라도 정말 그렇게 실현될 방안과 원동력까지는 알 수 없었는데, 오늘날 예언이 이루어진 현실체로서 강림한 분이 보혜사 하나님이다. 先天의 섭리 역사를 완결시켜서 임하셨다. 도래할 통합 문명 형태를 구체화시킨 것이라고 할까? 새 하늘나라에서 삶을 얻을 백성들에 대해서는 수조상(首祖上)[480]이 될 것이라고 말하였다.[481][482] 하나님이 세계 통합으로 이룰 이상적인 모습이다. "儒・佛・道 異言之說 末復合理 十勝이라."[483] "十勝은 유교・불교・기독교가 종교의 이념은 다르게 말하고 있지만, 말세에는 다시 처음 하나님께 우주를 창조하고 道敎를 각각 분리해내기 이전처럼 모든 道敎를 합일하는 것이다."[484] 통합을 예시한 것이 분명한데, 왜 무

---

480) 수조상: 지상 천국의 시조.

481) 『격암유록의 현대적 조명』, 구성모 역해, 미래문화사, 1992, p.73.

482) 『격암유록』, 롱궁가: "地上仙國 朝鮮化 千年大運 鷄龍國[조선 땅 지상에 하늘나라가 세워지는데 1,000년 대운을 가진 東方國(계룡국)이다]."

483) 『격암유록』, 십승가.

484) 위의 책, p.87.

엇 때문에 남사고는 이 같은 천고의 비밀을 새긴 것인가? 이 땅에서 혼을 묻은 선각들의 전통을 이어 강림하신 하나님을 맞이하고 이상적인 천국 세계를 건설하기 위함이다. 그런데 그때는 하나님이 강림하신 역사가 기점이 되므로, 우리는 지상 강림을 예비한 민족적 영특성과 예언의 의미를 혜량해야 한다. 이스라엘이 줄기차게 선지자를 배출한 민족이었지만 그리스도를 맞이하는 데 있어 실패하고 말아 연면한 섭리 맥이 단절되어 버렸던 것처럼, 한민족도 강림하신 무상의 통합주를 바르게 영접하지 못하면 여태껏 끊이지 않았던 선지자의 외침 의미를 한꺼번에 잃어버린다. 그래서 그 혈맥을 굳게 하기 위해 이 연구가 뜻을 아로새기게 되었다.

3. 한민족 역사의 강림 본질

이 연구는 천고로부터 인류 역사를 주재해 창조 섭리를 완수한 하나님의 지상 강림 역사를 밝혔다. 그런데도 이 땅의 어디서 어떻게 강림할 수 있게 되었는지에 대한 문제는 언급하지 못했다. 지구 상의 많은 나라와 민족 중에서도 이 나라, 바로 한민족의 역사 위에 강림하셨다면 마땅히 이에 합당한 근거를 찾아야 하며, 이것은 지금까지 추진된 길의 추구 역정을 재차 확인하는 작업이 되기도 한다. 동서 간의 문명 교류가 활발하여지고 세계 통합 요구가 가일층 고조된 차원에서 접근할 수 있다. 갑자기 강림하신 것이 아니고 세계의 역사를 한반도로 집중시키고 先天 질서를 갈무리한 성업을 기반으로 했다. 진리와 창조 섭리를 완수하고 당당하게 한반도의 역사 위에 강림하셨다.

이스라엘 민족이 구약시대 동안 하나님의 뜻을 수행했고, 교회시대 2,000년이 그리스도의 구원 본질을 부각시킨 역사였다면, 한민족은 창조 섭리를 완수함으로써 강림하신 하나님을 맞이할 채비를 갖춘 민족이다. 정작 우리 자신은 아직 자체 지닌 비밀과 잠재력을 모르고 있는 실정이지만 한민족은 보혜사 하나님을 맞이하기 위한 섭리 과정을 줄기차게 거쳤다. 어디를 살펴보아도 지상 강림을 선지한 예언이 있고, 강림을 애원한 간절한 믿음이 있으며, 선지자들의 고귀한 희생 역사가 있었다. 한반도 강세를 위한 진리·사상·세계 인식적인 섭리가 완비되었다. 결과를 놓고 보면 "지나온 과정 하나하나가 강림 목적을 이루기 위한 역정으로 충만되었다."485) 우리는 19세기 말 철학자의 한 세기적인 외침을 통하여486) 서구 문명의 가치 질서가 붕괴되는 것을 안타까워한 절규를 들었거니와,487) 그것은 충만했던 은혜를 상실함에 따른 소외 의식이기도 하다. 하나님의 은혜가 함께한 역사 위에서는 결코 그런 참담한 허무가 있을 수 없다는 사실을 만인은 한민족의 역사를 통해 확인하리라. 한민족은 얼마나 긴 세월 동안 하나님의 지상 강림을 갈망하였고, 이 순간까지 믿음을 지킨 민족인가? 기독교적 믿음은 경색되었지만 한민족이 대망했던 믿음은 한결같다. 믿음의 질적 정도를 비교할 수 없거니와, 지난날의 역사가 성부와 성자가 함께한 것이었다면 한민족은 오늘날에 이르러 강림하신 하나님과 함께하기 위해 先天 역사를 통째로 준비한 민족이다. 그렇기 때문에 세계 역사가 한민족의 역사에 이르러 완결되어야 했고, 세계 역사를 집결시킬 수 있는 섭리를 내포해야 했다. 한민족이 이

---

485) 『세계유신론』, 졸저, 인쇄본, 2000, p.287.

486) "神은 죽었다." - 니체.

487) 하나님이 역사하신 대세 섭리가 종결됨.

땅에서 강림하실 하나님을 맞이하기 위해 세계의 역사를 종합해야 했다. 여기에 하나님이 만세 전부터 역사하신 대세 뜻과 섭리가 있다.

삼위 중 성부인 하나님을 모셨던 이스라엘 민족은 그 영광을 구약에 기록하였고, 성자를 맞이했던 성도들은 그 역사를 신약에 기록하였듯, 한민족은 강림하신 성령을 맞이한 역사를 지금부터 아로새겨야 한다. 길은 멀고 험난했지만 모든 믿음은 끝내 현실화되어 지상 강림 역사를 맞이하였다. 이런 역사를 이루기 위해 국맥이 연면하게 이어졌는데, 이것을 한민족이 알아야 한다. 선각들은 이미 알고 있었는데 오늘을 살아가는 우리들이 이해조차 하지 못한다면 말이 안 된다. 한 민족은 이스라엘이 지킨 신앙 전통 이상으로 하나님을 맞이하기 위하여 필요한 예언과 선지자를 줄기차게 배출한 민족이다. 전래된 예언과 소망과 행적이 하나님이 약속하신 영광과 직결되어 있다. 다른 나라에서도 "한국이라는 곳은 미래에 인류를 구원할 나라, 성인 출현국, 하나님의 나라라는 데에 대한 통찰이 있었다."[488] 석가모니·孔子·도교·예수·타골·게오르규 등등.[489] 하지만 그들은 이 땅의 선각자만큼 근접해서 실상을 보지 못했다. 이 땅의 선각자들은 자기 역사답게 주체성을 발동했는데, 민족의 장래 운명을 예언한 『정감록』은 반드시 짚어 보아야 할 책이다. 그리고 그 예언의 한 중심에는 묘령의 정도령에 대한 강림 지침이 있다. 정도령이 도대체 누구인가에 대해서는 역사가 좀 더 진척되어야 할 것이지만, 『격암유록』에서는, "한반도 남한에서 세상을 구원할 성인이 출현하여 찬란한 일월성신

488) 『7만년 하늘민족의 역사』, 유왕기 저, 세일사, 1989, p.89.
489) 한반도에 강림하실 우주 절대자의 호칭에 대한 각자 다른 이름이다. "불교: 미륵존불, 도교: 道, 유교: 상제, 기독교: God" - 『동이비전』, 앞의 책, p.130.

진리의 빛을 발한다. 고대하고 갈구한 구세주가 남한에서 출현한다. 그분은 하나님의 진리를 펼쳐서 세계를 구하고 다스릴 자"라고 했다.[490] "미륵출세 만법교주 시목출성 동서교주."[491] 즉, 세상 학문과 사상과 종교를 통합할 역할을 담당한 자, "시공을 초월하여 자유자재한 진리의 세계를 운용할 대 道力을 지닌 분, 세상을 가장 위대한 진리로서 다스릴 지도자이다."[492] 이 같은 예언을 실현할 한 중심에 계신 분은 도대체 누구인가? 그분을 지목하기 위해 이 연구가 섭리 역사를 펼쳤다. 언제까지 때를 기다리고만 있을 것이 아닌 것이니, 지침된 실체를 맞이할 수 있도록 영안을 틔워야 한다.

『격암유록』의 십승가에서는 '해외도덕 보혜지사 상제재림 십승'이라고 했다.[493] "해외 도덕은 의심할 바 없이 서양에서 도덕을 논한 종교인 기독교를 뜻한다. 보혜사는 성령을 가리키며, 기독교는 성령을 보혜사로 부른다. 성령이 상제로서 재림하시므로 그것이 十勝이다."[494][495] 한말의 최수운은 "先天의 운이 다함과 더불어 無極大道를 펼칠 천주님이 이 강토에 강림하시리라고 한 파격적인 신념을 피력했다. 천도교의 핵심 이념인 시천주(侍天主)는 한민족이 하나님을 모신다는 예언이다. 그는 『동경대전』과 『용담유사』의 곳곳에서 자신이 종교 지도자라고 하는 위치보다는 오로지 이 땅에 강림하실 새 하나님(한울님)을 신앙해야 한다고 연신 당부했다."[496] "하나님의 한반도

---

490) 『격암유록』, 남사고 전수, 신유성 해독자, 세종출판공사, 1987, p.10.
491) "彌勒出世 萬法敎主 柿木出聖 東西敎主" – 『격암유록』, 궁을론 편.
492) 『정감록 원본해설』, 앞의 책, p.68.
493) "海外道德 保惠之師 上帝再臨 十勝"
494) 『충격 대예언』, 안영배 편저자, 둥지, 1995, p.276.
495) 격암은 十勝을 구원처라고 표현함.
496) 위의 책, p.319.

강림과 無極大道가 출현하리란 우주 역사의 대 소식을 목숨을 바쳐 알렸다."[497]

　　"시 천주조화정 영세불망만사지."[498]

　이 진언에 대해 혹자는 無極의 운을 타고 강림하신 하나님의 새 진리가(절대자의 절대 진리) 세상에 출현할 것이라고 보았는데,[499] 그분이 다름 아닌 統合大道[無極大道][500]로서 강림하신 보혜사 진리의 성령이시다. 하나님을 맞이하는 데 있어서는 어떤 특정한 사명을 부여받은 자만 길을 예비하는 것이 아니다. 이스라엘 민족이 그러하였고 재림을 소망한 기독교인들이 그러하였듯, 우리도 민족 전체가 유구한 역사 동안 강림을 앙망한 믿음을 지녔던 것이니, 이런 소망의 한 중심에 미륵불 신앙이 있다.[501] "하늘나라 백성들의 무의식에까지 각인된 소망은 언젠가는 도래하고야 말 미륵 세상에 대한 바람이었다. 미륵은 정토 세상을 가져올 차세대 '구세주'로서 한민족이 기다린 영원한 메시아이다."[502] 민중의 의식 가운데서 생동한 미륵 신앙은 지금으로부터 약 1,200년 전 통일신라시대 경덕왕 때 법상종의 창시자인 진표 율사로부터 출발되었다. 몸을 바위에 내던진 필사의 구도 행적을 쌓아 미래의 부처인 미륵불이 한반도에 강림하리란 깨달음을

---

497) 『코리아 웅비의 증산도』, 앞의 책, p.111.
498) "侍 天主造化定 永世不忘萬事知" ― 『동학경전』, p.57.
499) "만고 없는 無極大道가 이 세상에 날 것임" ― 『동학경전』, 몽중노소문답가.
500) 통합 대도: 양극·상극이 통합된 無極을 이룬 道.
501) "미륵의 뜻은 도솔천(불교에서 미륵이 계신다는 천상 세계)의 天主가 말세에 강세해 새로운 大道로 인류 구원의 틀을 짜고 세계를 통일한다는 것을 암시함" ― 『충격 대예언』, 앞의 책, p.275.
502) 위의 책, p.268.

얻게 되었다.[503] 이것이 고려시대와 조선시대로까지 이어졌고 구한
말에는 가일층 고조되었다. 어지러운 세태 속에서 민중들이 기댈 데
라고는 조상 대대로 전래된 미륵불의 출현밖에 없었을 것이란 비판
도 있지만,[504] 그렇지 않은 현 세대에 있어서도 미륵불 신앙은 연면
하기만 하다. 미륵불 사명자는 오늘날 갈라질 대로 갈라진 인간의 마
음을 규합해서 새 역사를 창출할, 난립된 종교와 사상과 진리의 통합
자로서 출현할 것이 강력하게 요구된다.[505] 이 미륵존불 사명자를 신
흥종교에서는 더러 자신들의 교주로서 세웠지만,[506] 천부당만부당한
믿음이다. 때가 여물지도 않았는데 나타나 천기를 엿본 것일 뿐, 누구
도 정통성을 부여받지 못했다. 그래서 이 연구가 적법한 인준 절차를 거
쳐 大道를 밝히게 되었다. '진사성인출이요 오미락당당'이다.[507] 서기
2000년에 하나님이 강림하시고[508] '2002년과 2003년에는 세계 인류
가 정신문명의 필수인 원요소(原要素) 잔치로 집집마다 즐거운'[509] 하
나님의 지상 강림 역사를 실현하게 되리라.[510]

예언의 역사적인 도래 사실은 예언의 선지성을 통찰하는 것만으로
끝나지 않는다. 한민족이 先天 역사에서 겪은 수많은 고초를 승화시
킬 수 있도록 길의 추구 역정이 뒷받침해야 한다. 2,000여 년 전 세례

---

503) 『코리아 웅비의 증산도』, 앞의 책, p.116.

504) 『원불교사상 논고』, 앞의 책, p.27.

505) 『세계역사의 대심판(상)』, 앞의 책, p.22.

506) "증산 상제님은 1901년 7월 5일 중통인의의 전무후무한 대도통을 이루시고 자신이 바로 인류가 그토록
    고대해온 하나님이며, 미륵 부처님이며, 이 우주 天地人 三界의 大權을 주재하시는 절대자임을 밝히시
    고, 자신이 인간으로서 오신 지상 강림의 목적을 말씀하심" - 『코리아 웅비의 증산도』, 앞의 책, p.139.

507) "辰巳聖人出 午未樂堂堂" - 『격암유록』.

508) 『세계유신론』의 완수.

509) 『세계역사의 대심판(상)』, 앞의 책, p.22.

510) 『세계섭리론』의 집필 과정.

자 요한이 구약시대의 막을 내리게 된 것은511) 세인들이 판단하지 못한 영적 깨달음과 희생을 감수한 결과이듯, 이 땅의 역사는 최수운,512) 강증산,513) 소태산514) 같은 선지자의 헌신이 있었기 때문에 하나님이 강림하실 수 있는 터전이 마련되었다.515) "미개의 탈을 벗어던지지 못하고 어두운 암흑 속에서 수천 년을 살아온 인류에게 큰 함성소리로 새 세상의 여명을 알려 가야 할 길을 밝힌 선각자들이다."516) 특히 최수운은 "조선 조정이 사도난정(邪道亂正)이란 죄목을 덮어 씌워 1864년 세수 41세로 참형을 시켰는데",517) 이것은 온 인류가 언젠가는 그 의미를 다시 일깨워야 할 고귀한 희생이다.518) 세례자 요한이 구약시대 400년간의 침묵을 깨고 主의 길을 예비한 희생과도 비교할 수 없다. 수운은 실로 창조 이래의 先天 질서를 종결짓고 後天시대를 알리다가 희생된 인류 전체의 대 선지자이다. 피를 바쳐 길을 텄기 때문에 보혜사 하나님이 이 땅에 강림하시게 되었다. 先天 섭리를 종결짓고 창조 섭리를 완수한 하나님은 온 인류가 영접해야 할 보편적 실체이다. 이 하나님을 구원주로서 영접하기 위해 한민족이 반만 년 동안 역사 과정을 준비하였다는 사실을 안다면 세계를 향

---

511) 『충격 대예언』, 앞의 책, p.320.

512) 崔濟遇: 1824~1864.

513) 甑山: 1871~1909.

514) 朴重彬: 1891~1943.

515) "수운은 1860년에 천도교를, 증산은 1900년에 증산교를, 그리고 소태산은 1916년에 원불교를 창립하여 순수 한국 종교를 내놓음으로써 근대 한국 정신사의 주맥을 이룩함" - 『원불교사상 논고』, 앞의 책, p.15.

516) "선지자들이 말씀하신 後天 개벽의 순서를 날이 새는 것에 비유한다면 수운 선생의 행적은 세상이 깊이 잠든 가운데 첫새벽의 소식을 알리신 것이요, 증산 선생의 행적은 그 다음 소식을 알리신 것이요, 대종사(소태산)께서는 날이 차차 밝으매 그 일을 시작하신 것" - 『원불교 대종경』, 변의품.

517) 『세계역사의 대심판(상)』, 앞의 책, p.182.

518) 수운은 "하나님의 실체에 대한 새로운 인식인 人乃天 교리를 펴다가 4년 만에 관군에게 포위되어 4개월 동안 옥살이를 하다가 대구 감영에서 참형을 당함" - 위의 책, p.174.

해 일어서는 데 거리낄 것은 하나도 없다.

4. 한민족 역사의 통합 본질

　인류의 문명 역사가 한반도를 지향해서 섭리되고 아로새겨지고 집중되어졌다면 놀라지 않을 사람이 없으리라. 그 형국은 제 사상이 그러하고 세계사의 대세가 그러하며 우주의 생성 루트가 그러하다. 어떻게 해서 그렇게 되었는가? 여기에는 그만한 이유가 있는데, 다름 아닌 인류 역사를 주재하신 하나님께서 절대적으로 관여하셨기 때문이다. 한민족의 역사 가운데서 연면하게 꿈틀거린 통합 목적과 원인을 파헤칠 수 있다면 그 자체가 전체 문명사를 꿰뚫을 수 있는 대업이 된다. 최수운은 "後天 5만 년 우주의 가을철 결실 문명이 한반도를 중심으로 이루어지고 세계의 정치·문화·종교를 통일할 無極大道의 운이 이 땅을 중심으로 출현하리란 파격적인 선언"을 했거니와,[519] 그렇다면 마땅히 이에 합당한 근거와 원리를 밝히는 작업도 병행되어야 한다. 어떻게 해서 인류 역사가 先天과 後天의 질서로 구분되는 것인지, 극한이 없는 無極, 極이 없어진 統極시대가 열리는지[520] 이유를 밝힐 자가 세상 가운데서는 없다. "지축이 23.5도 동북쪽으로 기울어 陰과 陽의 조화가 깨어진 관계로 先天 상극의 부조리 원인이 발생되었다"[521]고도 보지만, 統極을 이룬 대운이 한반도를 강타하리라는 것은 유구하게 생성한 우주가 분열을 다해 전환되는 상황과 연관성

---

519) 『충격 대예언』, 앞의 책, p.318.
520) 『요해 한민족의 비서』, 앞의 책, p.174.
521) 『코리아 웅비의 증산도』, 앞의 책, p.342.

이 깊다. 불교, 기독교가 겉모양새는 다르지만 한결같이 종말론과 말법시대를 예고하고 있고, 새로운 영적 지도자가 나오리라고 한 것과[522] 역사가 새로운 질서 세계로 바뀐다[523][524]고 말한 것은 다른 안목이 아니다.

이런 엄청난 역사가 절로 이루어지리라고 보는가? 『周易』에서는 "우주 변화의 道를 아는 자는 조화신(造化神)의 행하는 바를 알 것"이라고 했다.[525] 생성하는 진리는 머물러 있지 않다. 극한 상황에서 본 모습을 나타내므로, 그때 하나님이 주재하신 내면 섭리를 판단할 수 있다. 선현들이 인식한 우주 철학의 핵심 원리도 이곳에 있다. 세상이 된 원리를 앉아서도 훤히 꿰뚫었다. 말세에 대한 예언, 우주 질서의 전환, 새로운 진리에 대한 인식, 그리고 성현의 출현 등을 예고했다. 우주의 진행 본질을 엿본 것인데, 때가 되니까 정말 창조성이 분열을 극한 통극시대의 도래로 인류 역사가 일찍이 경험하지 못한 통합 문명시대를 맞이하였다. 극성의 대립 상태가 해제됨과 함께, 감당하기조차 벅찬 문명적 차원시대가 펼쳐졌다. 제3의 초종교가 탄생한다,[526] 혹은 "쇠하는 낡은 시대가 지나가고 새 시대가 돌아오면 萬古에 없는 無極大道가 나올 것이다(後天 세계)."[527] 통합성시대는 인류가 고대한 後天의 정신문명 세계이다.

그러므로 지금 우리가 해야 할 것은 統極 大道가 보혜사 하나님이

---

522) 미륵불과 재림주 강림.

523) 위의 책, p.100.

524) 용화시대와 하나님 나라.

525) "知變化之道者 其知神之所爲乎" - 『주역』, 계사상 9장.

526) "後天의 가을철로 전환하려고 한 이때에 나온 증산도는 제3의 초종교라는 주장" - 『코리아 웅비의 증산도』, 앞의 책, p.63.

527) 『원불교사상 논고』, 앞의 책, p.179.

밝힌 창조 진리인 것을 확인하는 절차이다. 강증산은 "先天의 역사와 세계의 본질을 뜯어고쳐 모든 반종교적, 반인간적인 요인을 걸러내어 없애버린 천지공사(天地公事)를 단행했다"[528]고 했는데, 분열된 창조성과 통합성을 대비시켜 놓고 보면 정면으로 대치된 개념일 뿐이다. 하나님은 추호도 천지 만물을 잘못 창조하지 않았으며, 단지 섭리가 미완수된 것뿐이다. 완성되지 못한 체제 상태에서는 그 무엇도 절대 권위를 확보할 수 없다. 바탕이 된 본질 자체가 분열 중인데 어떻게 하나님이 전체자로서 모습을 드러내고, 섭리를 완수할 수 있었겠는가? 그래서 천파만파 된 세계를 아우르기 위해 섭리를 완수하게 된 때를 기점으로 강림하셨다. 이것을 선각들은 "先天의 미완성된 종교와 문화를 볶고 익혀서 완성한다는 의미로서 표현하였고",[529] "儒・佛・道의 先天 3道가 하나의 大道로 통일된다고도 보아, 궁극적으로는 세계의 종교가 모두 통일"되리란 도맥의 결말 상황을 암시했다.[530] 統合 大道는 실로 "오늘까지 인류 역사를 이끈 종교와 과학 문명권은 물론이고 민주주의와 공산주의도 묶어낼 절대 사상과 초과학적인 발동에 의한 정신문명의 출현에 대한 예시이다."[531] 삼권이 분리된 정치 제도가 최상이라고 여기고 있는 대다수의 지성인들 앞에 정치와 종교가 하나가 되는(제정일치) 시대가 도래하리라 하다니 웬 구태의연한 발상인가? 하지만 色空이 합치된 統極시대가 되면 바탕성 전체가 통합된 상태가 되는데 제도라고 벗어날 수 있겠는가? 그렇다면 궁

---

528) 『증산사상중심의 인류갱생철학 개론』, 앞의 책, p.476.

529) "道出於熬也" - 주장춘.

530) 『코리아 웅비의 증산도』, 앞의 책, p.114.

531) 『세계역사의 대심판(상)』, 앞의 책, p.30.

금한 것은 이 같은 통합 문명시대를 열 자가 도대체 누구인가? 선지자들이 밝힌 것은 바로 이때에 한민족이 모든 비밀을 밝히지 않을 수 없는 사명 역할을 기대해서 한 말이다. 따라서 인류 역사도 내·외면적으로 예시된 역할을 수행하기 위해 조건을 갖추어야 했다. 하나님이 강림하시어 통합 문명을 주도할 수 있도록 뜻을 새겨야 한다. 기대부터 무성한 태평양시대의 도래는 예사로운 문명적 전조가 아니다. 그리고 그 발동의 제일 중심에 한민족이 지닌 역사가 있다. 인류 문명의 주도권이 '지중해에서532) 대서양을 거쳐533) 태평양으로'534)535) 이동하였다는 주장이 그것인데, 태평양을 주 무대로 하게 된 오늘날 드디어 동서가 본류적 만남을 이루었다. 어떤 문명권도 전체 세계를 한눈에 바라볼 안목을 확보하지 못했는데, 동서가 만난 시대의 한 중심에 서게 된 한민족은 장차 어떤 문명 여건을 창출할지 알 수 없다. "동서양의 문화를 포용해 조화시킬 통일 문화, 이것이 한민족이 꽃피울 인류 문화의 주제 가닥이다."536)

예시된 과제는 누가 보더라도 명백한 것이나, 문제는 정말 누가 실행할 것인가? 사명을 직접 부여받은 자이고 저력을 쌓은 민족이다. 한민족은 고유한 전통 위에서 삼국시대에는 儒·佛·道, 근세에는 기독교·과학·기술 문명을 받아들여 민족 문화의 근간을 이루었다. 이것은 각 문화권에서 발생된 진리들이 유구한 역사 경로를 통하여 한반도로 끊임없이 유입된 결과 때문이다. 하나님이 주재하신 역사를

---

532) 과거의 바다: 고대 서구 문화권의 주역은 로마 라틴족.
533) 근대의 바다: 서구 유럽 문화권의 주역은 앵글로색슨족.
534) 미래의 바다: 지구촌 문화권의 주역은 한민족.
535) 『동이비전』, 앞의 책, p.239.
536) 위의 책, p.238.

부인할 수 없게 하는 근거이다. 인류 사회를 규합할 통합 문명 기반은 하루아침에 형성된 것이 아니다. 세계의 유수한 사상 대맥들이 한반도를 지향한 관계로 세계 문화의 진수들이 비축될 수 있었다. 이만한 역사적 조건이라면 어떤 민족이라도 통합적인 사상을 발동시켰으리라.[537] 선각들은 일련의 사상적 통합 가능성을 사전에 엿보았을 뿐아니라 일부에서는 통합을 직접 시도하기도 했다. 이 땅에서 우후죽순처럼 일어선 민족 종교들이 한결같이 통합 사상을 들고 일어섰던것도 같은 맥락이다. 한민족은 정말 쌓고 쌓은 저력이 있어 문명 세계를 통합할 수 있게 되었는데 혹자는, "한민족이 고대에 모든 종교를 파생시킨 신교(神教)라는 모태 종교를 근간으로 해서 출발했기 때문에 세계의 제 종교 사상을 수용해서 통합하는 것이 선천적으로 배어 있는 전통"[538]이라고 하였다. 그러나 실상은 하나님이 모든 것을주관하셨기 때문이고, 統合 大道를 세워 이 땅에 강림하시기 위해서였다. 그래서 인류 역사의 맹아기 때부터 각처의 주류 도맥들이 한반도를 향해 머나먼 여행을 떠났다.[539] 세계가 언젠가는 하나로 합쳐질때가 있을 것을 대비해 한민족은 기나긴 세월 동안 문명 세계가 통합될 수 있도록 하는 실험 배양 과정을 거쳤다. 그런데 인류는 일찍이경험하지 못한 세계가 한마당이 된 문명시대에 펼쳐진 진리의 다원화 현상 앞에서 당혹해하고 있다. 자신들이 믿은 진리 세계가 전부인

---

537) 최한기의 경우, 인류의 평등과 상호 불침범, 평화로운 발전, 상호교류, 공동번영, 상호친애 등을 나누는 대동의 세계를 건설하기 위해서는 먼저 하나의 '세계어'를 만들고 현실적이고 보편적인 의의를 가진 교법(敎法), 그러니까 세계 종교를 만들어야 한다고 주장했다. 先天의 분열적인 요소로서는 어느 하나라도 전체 세계를 주도할 수 없으니, 동양의 도덕규범과 서양의 선진적인 과학 기술과 서로 결합한 '세계교'가 있을 때라야 인류를 감화시킬 대동의 이상 세계 실현이 이루어질 수 있다고 함 – 『한국철학사상사』, 주홍성·이홍순·주칠성 저, 김문용·이홍용 역, 예문서원, 1993, p.448.

538) 『동이비전』, 앞의 책, p.163.

539) 儒·佛·道와 서구 제도까지 이식되어 한 곳에서 전체 진리를 조망할 수 있는 판도 세계를 이룸.

줄 알았는데 여기서도 진리의 태양이 떠 있고 저기에도 떠올라 정신을 못 차리고 있다. 한민족은 세계가 당면한 이 같은 문제를 해결하기 위해 사명을 일깨워야 한다. 숱한 경험 과정을 거쳐 대책을 마련해놓았기 때문에 세계가 한마당을 이룬 태평양시대를 맞이한 지금, 동서 세계를 규합할 세계관적 기반을 제공할 수 있게 되었다. 한민족이 걸어온 족적이 이러할진대, 이것을 우리는 섭리를 통해 확인해야 한다. 後天시대를 주도할 핵심 근거이다.

그렇다면 하나님은 왜 한민족의 역사를 통해 각처에서 발생한 도맥을 끌어들여 통합 문명의 도래를 대비한 실험 모판을 짜게 하셨는가? 이 뜻, 이 섭리를 알면 한민족이 지닌 역사의 본질을 이해하고 나아가서는 세계의 섭리 역사를 완성할 수 있다. 한민족이 반만 년에 걸쳐 이룬 역사가 오늘날 충돌이 불가피하게 된 제 사상을 융화시킬 그릇으로 준비되었다. 그런데 이 같은 사실을 파악하지 못한 그동안의 주장들은, 이상은 원대하였지만 실질적으로는 편협될 수밖에 없었다. 세계 문명과 인류 역사를 주도할 보편성이 결여되었다. 한민족의 역사 스케일에 대해 웅대하게 펼치기는 하였지만, 무작정 이상만 나열한 상태로서는 아무런 실효성이 없다. 만사와 통할 보편성과 만 역사를 파생시킨 바탕 분모도 함께 추출해야 한다. 하나님의 창조 본의와 창조 원리를 밝힌 성업을 이루어야 했다.

창조는 만상이 벗어날 수 없는 역사와 진리의 공통분모이기 때문에, 창조 역사를 주재하신 하나님은 서양의 神에 대한 믿음과 동양의 道에 대한 신념을 하나로 묶을 수 있는 구심 실체이다. 하나님은 진리와 함께 만인이 받들어야 하는 근원된 실체이다. 억겁에 걸친 시공간을 주재해서 강림하신 것인데 어떤 민족, 어떤 역사, 어떤 문명 체제가 거부할 수 있겠는가? 통합 문명의 기저를 마련하기 위해 원대한 뜻을 한민족의 역사 위에 심어 두셨다. 이미 한민족의 문화 안에서 체질화되어 버렸기 때문에 어떤 성인이 출현하여 드라마틱하게 펼칠 성과물 같은 역사가 아니다. 그런데도 성과물인 것으로 기대하게 되면 그동안 발흥된 신흥 종교들처럼 국수성을 면하지 못한다. 그들이 세계를 관망한 때는 문명 세계가 모두 개관될 만큼 섭리 역사가 완수되지 못한 상태였다. 하나님이 창조의 본의를 밝힘과 함께 강림하시기까지는 세계가 더 완숙될 시기를 기다려야 했다.

원불교의 창시자인 소태산이 佛法을 주체로 세운 통종교관을 살펴보면, 道는 깨달았지만 진리관은 보편화되기 어려운 한계가 역력하다. "자수 자각으로 우주의 근본 원리를 대오한 다음 선각들의 등오처를 알아보기 위해 세상의 전통 경전들을 이웃 사람들에게 부탁하여 구해 대략 열람하였다"[540][541]고 말한 것은, 세계사의 섭리 대요를 진지하게 섭렵하지 못한 사실을 자인한 것이다. 깨달은 道에 대한 신념을 확인하기 위한 절차 행위에 불과하다. 근원된 뿌리를 추적했지만 그것을 보편적인 진리 실체로서 증거하지 못한 것이다. 확인할 수 있는 방도를 강구하지 못해 문명 세계를 빠짐없이 통찰한 진리로 기대하기 어렵다.

증산과 수운의 경우도 맥락은 비슷하다. 수운은 "天道는 儒·佛·道가 아니로되 儒·佛·道는 天道의 한 부분이라고 하면서 儒·佛·道의 장점들을 취한 행로"를 분명하게 밝혔다.[542] 天道는 깨우쳤어도 세계

---

540) 『원불교사상 논고』, 앞의 책, p.388.

541) "당시 소태산이 열람한 경전은 유교의 四書와 小學, 불교의 금강경, …… 동경대전, …… 기독교의 구약, 신약 등이다." — 『원불교 교리사』, 원불교중앙총부, 1975, p.30.

542) 『원불교사상 논고』, 앞의 책, p.381.

역사를 이것저것 취사선택한 것은 연면한 섭리 역사를 단절시킨 것으로 통합 문명을 주도할 수 있는 그릇이 아니다. 참신하기는 하나 다만 통합 구성에 필요한 요소일 따름이라, 섭리를 깨닫지 못하는 한 누구도 역사를 완성시킬 수 없다. 儒·佛·道·기독교를 파생시킨 진리 바탕이 하나란 사실을 알 길이 없다.

진리 면에서 웅대한 스케일을 가진 "증산 사상은 동양의 대표 철학인 易學[周易]과 정역(正易)을 수용해서"543) 한민족 역사의 대운을 주장했다. 그러나 실상은 그런 원리와 正易 자체가 세계에서 보편적으로 인준되지 못한 상황인데 이것을 기준으로 또다시 새로운 진리관을 세운 형태이다. 진리적인 이상은 가슴 부푼 것이지만 문제는 정말 그러한 진리를 세계가 수용할 수 있는가 하는 것이다. 그런데도 증산은 각 지역의 "도통신과 문명신을 거느려 여러 갈래 문화의 정수를 뽑아 모아 통일케 하였다"544)고 주장했다. 목소리는 큰데 속 알맹이가 어디에 들어 있는지 알 수 없다. 거느려 통일시켰다면 그만한 성과를 내보이고 하나인 창조 원리로 꿰뚫어야 했다. "각 족속의 문화 진액을 뽑아 모아 後天 문화의 기초를 정하였다"545)고 하지만 어떻게 확인할 수 있는가? "신명계를 통일하고 천지 도수를 물샐 틈 없이 짜 놓았다"546)고 한 것은 치밀한 합리성을 요구하고 있는 현대 사회에서는 오히려 도태된 교리 모양새이다. "증산은 어느 날 야소교당(교회)에 가서 그들의 의식과 교의를 견문한 후에 족히 취할 것이 없다.

---

543) 『코리아 웅비의 증산도』, 앞의 책, p.27.
544) 『증산사상중심의 인류갱생철학 개론』, 앞의 책, p.488.
545) 위의 책, p.488.
546) 위의 책, p.606.

서교(기독교)는 신명 박대가 심하므로 능히 성공치 못하리라. 어느 날 야소교서(성경)를 한 권 구하여 오라 하므로 주니 그걸 받아서 불살라 버리고 말았다."547) 이런 행적으로 어떻게 인류를 하나 되게 할 통합 문명 세계를 건설할 수 있겠는가? 이 연구는 증산 사상이 後天 세계를 개관한 선지성은 인정하지만 하나님의 대세 뜻에 근거한 역할 면에서는 한계가 있다는 측면을 지적하지 않을 수 없다. 증산은 "판이 넓고 일이 복잡하여 모든 法을 合하여 쓰지 않고서는 능히 혼란을 바로잡지 못하리라"548)고 했는데, 모든 法을 合하여야 한다고 한 행동 강령을 증산 신도들은 얼마만큼 실천했는가? 누가 구체적인 방도를 찾았는가?

통합은 모든 法을 의도적으로 合한다고 해서 되지 않는다. 우주의 생성 본질이 무르익어야 조성된다. 이때가 하나님이 강림하신 때이고 세계가 통합되는 때이다. 한민족이 사상적으로 통합을 위한 기반을 마련한 것은 하나님을 맞이하기 위한 섭리상의 사전 조처이다. 先天 섭리를 마무리 짓고 하나님을 맞이하는 것은 한민족이 이루어야 하는 본유 사명이다. 사명을 받들기 위해 걸은 반만 년 역정은 참으로 체질적인 것이라,549) 일체가 다가올 後天의 통합 질서를 창출하기 위해 예비된 역사였다고 해도 과언이 아니다. 모든 섭리 바탕이 한민족의 역사가 출발된 때부터 이미 준비된 것이다.

"한민족 사상의 역사적 원형을 추적해 보면 근본이념은 敬天하는 것이며, 天·地·人이 하나로 화합한 원리이다."550) 신라의 최치원 선

---

547) 『원불교사상 논고』, 앞의 책, p.384.
548) 『증산사상중심의 인류갱생철학 개론』, 앞의 책, p.487.
549) 한민족이 태고 이래로 하나님의 창조 섭리를 수행한 역할은 보다 본질적인 것으로 결코 편협되지 않았음.

생은, 우리 나라에 儒·佛·道가 유입되기 이전에 이미 "현묘(玄妙)한 道가 있어 이 道는 儒·佛·道 삼교를 포함하는 것"[551][552]이라고 했다. 儒·佛·道 삼교의 사상적 해후와 융통과 일치를 위한 노력이 고대의 전통적인 한국 사회로부터 풍미되어 이어졌다.[553] 우리가 쓰는 말 가운데는 '한'이나 '온'이란 말이 있는데, 이것은 끝이 없는 統極 상태를 직시한 것이고, '전부, 완전한 것을 채우는 정신 얼의 그릇'을 지칭한다. 언어를 통해 표현된 의식을 발판으로 한민족은 세계를 통합할 수 있는 철학과 학문·종교·정치·문화 등의 원리를 이해·납득·융화시켰다.[554] 통합이 가능한 사고적 그릇을 본성적으로 갖추었기 때문에 제 사상을 거부감 없이 받아들였고 민족 문화의 터전 위에서 꽃피웠다. 오늘날은 기독교를 받아들여 다시 번성하고 있는 중이지만, 그것은 기독교가 절대적인 진리 종교라서가 아니다. 儒·佛·道도 그렇게 해서 받아들인 외래 종교였지만 융성했다. 민족 자체가 체질적으로 원융회통적인 구도 자세를 지녀 제 사조를 차별 없이 수용하고[555] 통합을 위한 근원성을 추출하였다.

"불교의 경우에도 종파적인 색채를 지양한 통불교(通佛敎) 전통을 뚜렷하게 이었는데",[556] "승랑(僧朗)의 二諦合明中道思想, 원측(圓側)의 一切衆生悉有佛性論, 의상(義湘)의 法性圓融自在思想은 쟁론과 대립을 그

<hr>

550) 위의 책, p.547.

551) 위의 책, p.178.

552) "풍류도(風流道)는 儒·佛·道 三敎의 종지(宗旨)가 모두 포함되어 있었던 우리 고유의 사상이었던 것 같다." - 위의 책, p.374.

553) 『원불교사상 논고』, 앞의 책, p.373.

554) 『한주의 온얼 사상론』, 신정일 저, 정화사, 1986, 서문.

555) 『불교철학의 이해를 위하여』, 앞의 책, p.198.

556) 『한국전통철학사상』, 김종문·장윤수 저, 소강, 1997, p.59.

치고 일체 논란을 근본 목적인 성불에 귀일시키려고 한 것이다."557)
화쟁(和諍)이나 원융 논리는 원효뿐만 아니라558) 의천(義天)과 지눌
(知訥)도 선교의 대립 상황을 지양한 교관겸수(敎觀兼修), 정혜결사(定
慧結社) 같은 글을 남기게 하였으며, 이 같은 경향은 불교계뿐만 아니
라 한국 사상계의 보편적인 흐름이기도 하다.559) 이 같은 구도 자세
와 추구 노력이 세계의 근원인 道의 뿌리를 모두 드러낸 것은 아니지
만 세계가 하나 될 수 있는 진리로서의 회통 근거를 마련했다는 점에
서 다른 역사 속에서는 쉽게 찾아볼 수 없는 행로이다. 道를 통합하고
자 한 노력은 한국의 정신계를 일관시킨 맥락이다. 이 연구가 세계
통합을 표방하게 된 것도 알고 보면 일련의 전통을 종합한 측면이 크
다. 왜 그렇게 했겠는가? 그 답은 하나님을 이 땅에서 맞이하고자 한
선각들의 구도 행각을 살펴보면 이해할 수 있다. 그들은 강림의 길을
예비한 선지자로서, 그들의 활동이 있었기 때문에 이 땅에 하나님이
강림하실 수 있게 되었다. 한국의 사상사에서 점철된 道의 통합 노력
과 회통론은 끊임없이 논의된 화두이고 해결하고자 한 진리적 과제
이라, 한국 땅에서 의식을 가진 지성인이라면 三敎가 동근인 이치만
큼은 심정적으로 수용하고 있었다고 보아도 좋다.

　『삼국사기』에서 연개소문은 보장왕(642~668) 2년, 왕에게 아뢰었
다. "3敎가 나란히 함이 마치 솥의 다리와 같아 그 가운데 하나라도
없으면 안 됩니다."560) 서산 휴정의 통종교적인 『禪家龜鑑』, 그리고

---

557) 『불교철학의 이해를 위하여』, 앞의 책, p.198.
558) 『중학교 도덕(1)』, 서울대학교사범대학 1종 도서편찬위원회, 2001, p.75.
559) 『불교철학의 이해를 위하여』, 앞의 책, p.201.
560) 『한국철학사상사』, 앞의 책, p.64.

삼교일치관을 표현했던 유석질의론(儒釋質疑論), 함허기와(1376~1433)의 사상, 소태산의 一圓相[561]이 상징하는 의미 등등 이 같은 사상들이 배턴을 이었기 때문에 오늘날 사분오열된 문명 세계를 四通五達할 통합 道를 창출하게 되었다.[562] 이 道가 보혜사 하나님의 강림 본체를 증거하였을 뿐 아니라 본의를 밝혔고 인류가 하나 된 족보까지 가닥 잡았다. 그만한 섭리 기반과 쌓은 전통이 있었기 때문에 先天의 분열된 질서를 통합하였다. 先天에서는 원래 하나인 창조 바탕이 분열된 형국인데도, 이 극을 극대화시켜 등장한 과학 기술은 문명 간의 대립을 불가피하게 했다. 파국을 일으킬 세계관적 폭거 상태라고나 할까? 이때를 대비해 한민족이 새로운 세계관적 모델을 제시하기 위해 잠재력을 키운 것이다. 분열적인 질서 세계를 넘어서야 하는데, 이 같은 과제는 先天에서 사명을 수행했던 진리로서는 기대할 것이 없다. 오직 예수를 통해서만 구원 목적을 이루고자 한 기독교가 어떻게 불교와 하나 되기를 기대하겠는가? 분쟁의 도화선상에서 전쟁의 풀무가 되어 버린 이스라엘 민족이? 복음이 땅끝까지 미쳤는데도 선교력에 있어 한계를 드러낸 기독교 교회가? 과학 문명이 건설할 테크노피아적 이상이? 초강대국인 미국의 국방력이? 하지만 그들은 지난날 이미 크게 영광을 누렸거나 에너지를 갈취해서 연명하고 있는 말단 문명이지 새 문화를 창달할 저력을 비축한 뿌리 문명이 아니다. 르네상스를 토대로 구축된 서구의 근대 문명은[563] 오늘날에 이르러 문명력이 바닥을 드러낸 종말 문명이다.

---

561) 만유가 한 체성이며 만법이 한 근원이다.
562) 『원불교사상 논고』, 앞의 책, p.394.
563) 『서양사학사』, 이상신 저, 청사, 1984, p.167.

토인비는 문명 세계의 내적 프롤레타리아들이 세계적인 고등 종교를 만들어 역사를 주도한다고 보았는데, 서구 문명은 기독교란 세계 종교를 통해 안주하고 있는 상태라 전환된 통극시대에 대처할 만한 여력이 없다. 자체 세계를 끝까지 고수하는 것으로 사명을 마감하려 하고 있다.564) 한때는 온 인류를 구원하겠다는 정열과 진리 에너지로 충천했었지만 지금은 향유하려고 만 들 뿐 도무지 통합 과제에 대해서는 관심이 없다. 그래서 한민족은 先天의 하늘 아래에서 온갖 고초를 겪으면서 새로운 문명 세계를 창달하기 위해 꾸준하게 기반을 터 닦았다. 혼탁한 세계를 제도할 책임 있는 문화 생산국이 될 준비를 갖추었다. 조건이 가능한 것은 분열된 세계를 규합할 통합 사상을 창출한 데 있고, 그 열매가 곧 한민족이 맞이한 지상 강림 역사이다. 인류가 꽃피운 것은 특성 있는 분열 문명이었지만 한민족이 일군 것은 이들을 결집시킬 수 있는 본체 문명이다. 모두가 자기 밥그릇 챙기는 데 혈안이 되어 있은 때 한민족은 이들을 모두 담아낼 통 그릇을 준비했다. 문화는 선진성이 있어야 다른 지역으로 확산된다. 왜 선조들은 중국의 질 높은 인문주의 문명을 받아들이기 위해 목숨 걸고 바다를 건넌(배움) 모험을 감행했던가? '게르만족이 로마 문명을 모방했듯'565) 우리는 근세에 이르러 서구 문명 제도까지 받아들였다. 한민족은 부지런히 받아들였기 때문에 이제부터는 그들 문명을 종합해서 되돌려주어야 하는 입장에 섰다.566) 바야흐로 後天 문명 세계를 주도할 대 선도국이 되었다.567)

---

564) "현재 서구 사회의 내적 프롤레타리아트는 새 고등 종교를 만들어낼 것 같은 징조를 좀처럼 보이지 않고 있다." - 『역사의 연구(Ⅱ)』, 토인비 저, 노명식 역, 삼성출판사, 1983, p.418.

565) 『주역을 읽으면 미래가 보인다』, 박태섭 저, 선재, 1999, p.276.

566) 새로운 통합 문명 형태.

그러므로 한민족이 사명을 자각하는 데 무엇보다도 시급한 것은 분열된 문명 세계를 통합할 수 있는 잠재력을 일깨우는 것이다. 이것은 하나님이 불철주야 섭리하신 대의이기도 하므로, 이런 역할을 담당하는 데 한민족이 구비하고 있지 않은 섭리적 조건은 하나도 없다. 지난날 역사를 주도했던 어떤 민족보다도 한민족이 갖추고 있는 조건은 통합적이다. 즉, 반도 국가는 대륙과 해양 문화가 상호 교차하고 접촉되는 지점으로 인류 사회에서 커다란 분기점을 이루었다. 고대 서구 문화의 시원이자 철학의 근원이 된 희랍 철학은 그리스에서, 그리고 현대 서구 문명의 기둥이 된 로마 가톨릭교는 이탈리아에서 일어난 종교이다. 그런데 더욱 환상적인 조건을 갖춘 곳으로서는 중국 대륙을 통한 동양 전통의 대륙 문화와 일본 섬을 통한 서양 외래의 해양 문화가 만나는 분기점, 그래서 미래 인류 문화의 시원지로서 지목되고 있는 제3의 반도 국가로서 한반도가 있다.[568] "산업 사회의 도래와 함께 사장된 동양의 유기체론이 미래 사회에서는(정보화 사회) 새로운 패러다임으로서 기대된다고 하거니와, 한반도는 동서 문화가 만나는 중심지로서 어떤 형태로든 인류 문명이 합쳐진 패러다임의 탄생이 기대된다."[569] 세계의 문화를 흡수하였고 원천적인 생명력인 진액을 거두어놓은 만큼[570] 여건은 이미 충분하게 완숙되었다.

한반도는 지정학상으로 유리한 위치에 있어 세계의 섭리사를 집중시키게 된 것만은 아니다. 정신문화를 만개시킬 수 있는 토양일 뿐

---

567) 많은 것을 받은 만큼 많은 것을 다시 내놓아야 함.
568) 『동이비전』, 앞의 책, p.237.
569) 『동양철학은 물질문명의 대안인가』, 김교빈 외 13인 저, 웅진출판, 1999, p.128.
570) 강증산의 천지 공사 - 『증산사상중심의 인류갱생철학 개론』, 앞의 책, p.522.

아니라 영성적으로도 대자연의 신령들과 조화되고 교감한 천혜의 금수강산과 기후와 지기 조건을 두루 갖추었다.[571] "배달이란 밝달로서 하늘의 정기와 땅의 영기가 회통(會通)하는 천정지기(天精地氣)로 일컬어진다."[572] 문화는 자연이 이루는 조건적 소산이기도 한 만큼, 한민족은 하나님이 존귀한 본체를 강림시키기까지 신령스러운 하늘의 조화 작용을 영적인 교감으로 접했다. 한민족은 가장 과학적인 문자로 손꼽히는 한글을 창제해 갈고닦은 정신 혼을 담아둠으로써 장차 문화 민족으로서 대성할 수 있는 기틀을 이루었다. 우주의 영험 구조와 일치될 수 있도록 디자인된 문자를 보유하고 있어 사고한 의식을 통해 하나님과 함께할 수 있는 영적 경지를 가일층 끌어올렸다. 또한 이 나라는 보잘것없는 국토 면적을 가진 나라이나 지도를 거꾸로 놓고 보면 바다라는 무궁한 자원을 삼면으로 품고 있다. 대양을 향해 뻗은 거대한 대륙의 돌출부로서 동북아시아의 중심지인 것을 넘어 세계의 중심지로서 부상할 만한 조건을 갖추었다. 21세기가 열림과 함께 세계화 물결과 정보통신 혁명을 주도할 물류 대국으로서의 면모를 발 빠르게 갖추고 있다.[573] 지금의 선진 대국들은[574] 산업 혁명을 통해 기계 문명을 대량으로 확산시킨 나라들이다. 자원과 기술력을 선취하였기 때문에 세계가 부러워하는 선진 국가가 되었지만, 문제는 그렇게 해서 이룬 지금이 아니고 미래이다. 일군 역사가 찬란해 무언가 더 새로운 것이 나오리라 기대하지만 그들이 드러낸 문화로

---

571) 『불교철학의 이해를 위하여』, 앞의 책, p.194.

572) 『증산사상중심의 인류갱생철학 개론』, 앞의 책, p.359.

573) 『지도를 거꾸로 보면 미래가 보인다』, 김재철 저, 김영사, 2000, p.130.

574) 영국, 프랑스, 독일, 미국 등.

부터 기대할 만한 더 이상의 새로운 것은 없다. 보일 것을 다 보이고 바닥을 드러낸 문명이다.

반면에 한민족이 先天 역사를 통해 축적시킨 문명적 저력은 일찍이 인류가 경험하지 못한 신문명을 창달할 수 있는 결정적인 인자이다. 그런데도 문제는 자체 보유한 가치와 저력을 발휘할 역사적 계기를 마련하지 못하고 있는 것인데, 이 같은 때에 하나님의 지상 강림 역사가 실현되었다는 것은 무엇을 뜻하는가? 닦아놓은 통합 기반 위에서 하나님이 태초로부터 주재하신 창조 목적을 완성하기 위해서이다. 그래서 인류 역사를 새로운 형태인 통합 문명 체제로 재편할 것을 천명한 만큼, 그 역할의 전면에서 역사를 향도하게 된 것이 이 연구가 밝힌 세계 통합 메시지이다. 한민족은 이 같은 대명을 받들기 위해 만세 전부터 부름 받은 민족이고 세움을 약속받은 선민이며 실질적인 기반을 닦아 통합을 위한 기틀을 마련한 하나님의 백성이다. 이 사실, 이 영광된 쾌거를 한민족은 아는가? 과거에도 그러하였고 미래에도 그러할, 한민족은 진리·영성·섭리적으로 주목받은 하나님이 사랑한 민족이란 사실을 아는가?

5. 한민족 역사의 정통성 계승 본질

한민족은 先天이 아닌 後天의 시대가 도래했을 때 진리로서 세계를 주도하기 위해 만세 전부터 예비된 민족이다. 하지만 이 땅에 기독교가 들어온 지 200년이 넘었고, 하나님의 지상 강림 역사가 선언된 마당인데도 민족의 역사와 세계 역사를 연결시킬 수 있는 섭리 뜻을 구체적으로 밝힌 바는 아직 없다. 세계가 미성숙된 문제와 함께 이 연구도 합당한 뜻을 밝힐 시간이 필요했다. 이제 이 땅의 역사 위에서 실현된 하나님의 지상 강림 역사와 세계의 대세 섭리를 연결 짓는 것이 지금부터 해야 하는 중대한 사명 작업이다. 섭리의 정통성을 밝히는 것은 종말에 처한 인류를 구원하기 위해 역사된 하나님 섭리의 대요를 결정짓는 중요한 요소이다.

앞에서 본인은 하나님이 이 땅에 강림하신 사실을 숱하게 밝혔는데, 정작 그렇게 강림된 역사를 서술하는 것은 결코 쉬운 일이 아니다. 하나님이 강림하신 데는 높은 뜻이 있으며, 그 뜻은 참으로 심오하고도 세계적인 작용 원리에 근거하였다. 하나님이 한민족을 마음에 두신 속 깊은 뜻은 만세 전부터 작정되었다. 세인들은 당혹해할지 모르지만, 우리는 그 뜻을 알아차려야 인류를 구원할 수 있는 대명을 받들 수 있다. 구약시대에 "이스라엘 백성이 섭리의 주역이 될 수 있었던 것은 하나님을 향한 민족적인 신앙 전통이 대대손손 전수된 때문이다."[575] 우리 역시 하나님이 강림하신 뜻을 깨우쳐 계승시킬 수 없다면 세계사의 주역이 될 수 없다. 하나님의 뜻을 받들어야 한다. 아니 이스라엘 민족이 지녔던 믿음 이상으로 활발하게 민족적인 신앙으로 승화시켜야 한다.

구약성경에 기록된 역사는 "이스라엘 민족이 역사를 통해 경험한 하나님의 뜻이다."[576] 그런데 지금까지도 착각하고 있는 것은 당시의 이스라엘 민족만 하나님의 영광을 체험한 것이 아니라는 것이다. 알고 보면 한민족도 그에 못지않은 신앙 역정을 겪었던 것인데, 그 사실을 정작 우리 민족은 자각하지 못하고 있다. 하나님의 창조 섭리를

---

575) 『역사와 해석』, 안병무 저, 한길사, 1993, p.120.
576) 위의 책, p.54.

매듭짓기 위해 기독교가 이 땅에 들어왔는데도 자체 신학을 세우지 못하였다. 강림 의의를 신학적으로 정립해야 하는데, 일제 식민지하에서 창씨개명은 수치스럽게 여긴 민족이 자기 자식 이름을 베드로로 짓고 요한이라고 부르는 것은 당연하게 생각하였다. 진실로 눈을 크게 뜨고 하나님이 한민족을 위해 섭리하신 역사를 똑바로 보아야 하는데, 모두가 다 하나님의 뜻을 자세하게 살필 수는 없으므로 이 연구가 전면에 나서지 않을 수 없다. 노력해서 일구어야 섭리된 뜻을 자각하리라. '초기의 기독교 역사가들이 유대 민족의 역사를 자신의 선조 역사로 채택함으로써'577) 섭리적으로 정통성을 계승했던 것처럼, 한민족도 기독교 역사를 포괄함으로써 정통성을 계승해야 한다.

그렇지만 수천 년에 걸쳐 수놓아진 섭리를 지금에 와서 한민족의 역사와 연결시킨다는 것은 다소 억지스러운 면이 있다. 여기에 이 연구가 해결해야 하는 숙업이 있다. 지금까지 하나님의 영광을 독차지했던 주도 세력들은 이 연구가 밝히고자 하는 선지 역할에 대해서 거부감을 가질지 모르지만, "그 형들은 시기하되 그 아비는 그 말을 마음에 두었더라."578) 그 아비가 생각하길, 그는(요셉) 하나님이 약속해 주었던 사람이었구나. 이스라엘 지파 중 신앙을 이어갈 자가 내 자식 중에 있었구나. 즉, 하나님의 대세 섭리를 이을 차세대 신앙의 정통성을 한민족이 부여받았다. 문제는 그렇게 믿는 것만으로는 사명이 성립되지 않기 때문에 신앙의 배턴을 잇게 된 실질적인 섭리 발자취를 추적해야 한다. 하나님의 영광이 한반도에 미친 것이라면 우리는 그렇게 역사된 발자취를 확인해야 한다. 그리하면 '그리스도의 출현과

---

577) 『서양사학사』, 앞의 책, p.102.
578) 창세기 37장 11절.

함께 이전까지 사명을 맡았던 유대 민족의 역할이 끝났듯',[579] 하나님이 한반도에서 역사하신 소재가 드러남과 함께 기독교회가 담당했던 섭리 역사도 마감된다. 정통성을 계승하기 위해서는 이전까지 주재된 섭리 역정을 빠짐없이 포용해야 하는 과제가 있다. 단절되지 않도록 기독교 역사를 포괄한 상태에서 타당한 섭리 근거를 내포한 뜻을 가닥 잡아야 한다.

하나님의 섭리 손길이 끊어진 지가 오래 되었는데도 이스라엘이 아직도 구약을 유일한 신앙 모체로 고집하는가 하는 것을 한 번 더 재고해보면, 그렇게 신앙이 보전되었기 때문에 이를 근거로 이후의 기독교 역사가 성세했고 오늘날은 이 땅에서 지상 강림 역사까지 실현되었다. 어느 시대를 통해서도 하나님은 역사를 주재하셨고, 이전 것을 바탕으로(구약) 새 역사를 펼치셨다(신약). 특정 역사를 주관함과 동시에 전체적인 역사도 함께 작동시켰다. 이스라엘이 하나님의 영광을 나타내었을 당시에도 한민족은 하나님의 섭리 영역으로부터 벗어나 있지 않아 한민족이 이룬 역사도 버금갈 만큼 영적인 교감 역사를 수놓고 있었다. 다만 언제 클로즈업될 수 있는 것인지 때를 기다리고 있은 것일 뿐……

새 언약을 세운다는 것은 구 언약을 말끔히 지워 버린다는 뜻이 아니다(숙청). 대단원에 걸친 역사를 통섭한 상태인데도 뜻이 내재되다 보니 세속사 가운데서는 도리어 세상을 편 가름한 것 같은 역기능으로 비친다. 그러니까 하나님의 뜻을 지킨다고 한 것이 반대로 생성하는 역사 추진 섭리를 차단시켜 버려 뭇 이방인과 인류 전체의 하나님

---

579) 『서양사학사』, 앞의 책, p.91.

이 될 길을 막아 버리고 말았다. 하나님이 한반도에서 강림하신 것은 지금까지 야기된 문제 요인을 극복하고 온전하게 만인의 하나님이 되시기 위해서이다. 과거 믿음들이 차원적인 대세 뜻을 수용하지 못했던 것은 자체 지닌 믿음의 한계성 때문이지 하나님의 뜻이 그러한 것은 아니었다. 가능한 한 믿음은 하나 되어야 하는 것이 원칙이다. 지난 역사에서 하나님의 뜻을 온전하게 파악하지 못한 사실을 인정하고 오늘날은 이 땅에 강림하신 하나님을 참된 역사적 실체로서 맞이해야 한다.

역사가 생성하는 과정에서는 항상 A란 존재만 유일하고 절대적일 수 없다. A가 있다면 B도 있고, 지금은 없지만 앞으로 C, D……. 지속적으로 생성되리라. 그러나 이런 알파벳도 끝없이 나열될 수는 없다. Y, Z로 마감된다. 밭에서는 참깨도 자라고 고추도 자라지만 아무리 자라더라도 나무만큼 클 수는 없다. 자랄 만큼 자라고 나면 성장이 멎는다. 섭리도 마찬가지이다. 새 언약이 세워지면 구 언약의 기반이 흔들리는 것처럼 보이지만, 다시 제삼의 약속이 주어짐과 함께 섭리가 가닥을 접고 전체 섭리로서 완결된다. 그때서야 비로소 도무지 이해할 수 없어 모순으로 여겨졌던 역사가 통찰되고 일단락된다. 성부도 하나님이고 성자도 하나님인데 성부만 유일한 하나님으로 알았던 유대 민족에게 있어서 새롭게 등단된 성자는 도무지 인정할 수 없는 신앙 대상이었으리라.[580] 이 같은 상황은 기독교도 마찬가지라 성자 단독으로는 끝내 하나님의 존재성을 증명할 수 없었다. 성자만 바라본 역사로서는 하나님의 존재 전모를 입증할 근거가 완벽할 수 없었

---

580) 사전에 예고되었음에도 불구하고.

다. 신학도 성자가 성자된 존재 정립 문제에 급급하다 보니 완성된 하나님의 섭리 구조를 밝혀내지 못하고 말았다.

그러나 제3위인 보혜사 하나님이 성령으로서 강림하신 지금은 상황이 다르다. 성령은 성부와 성자와 독립된 하나님이 아니다. 성부와 성자의 시대 때도 함께했던, 그러면서도 오늘날 창조 섭리를 완수하심과 함께 이 땅에 강림하신 완성주이시다. 성자는 성부로부터 神적 본질을 타고났지만 성령은 성부와 성자를 통섭해서 본체를 완성한 하나님이다. 그래서 성령을 하나님으로서 받든 한민족은 성부와 성자가 이룬 역사도 한꺼번에 계승하는 입장에 선다. 나아가 하나님이 이룬 일체 역사도 계승하지 않을 수 없는 당위 근거이다. 섭리가 추진되는 과정에서는 각자 점유한 진리 세계가 절대였지만 완수되고 나면 완성을 이루기 위한 디딤돌일 뿐이다. 유대 민족처럼 가톨릭도 프로테스탄트에 대해서는 정통성(?)을 내세워 순전을 지키려고 몸부림쳤다. 종교 개혁을 주도한 자들을 파문하였고[581] 프로테스탄트에서 번역한 성서를 읽지 못하게 했다.[582] 자기 신앙을 지키려 한 노력을 누가 탓할 수 있겠는가만, 엿보아야 할 것은 하나님이 유대 민족의 신앙 테두리 안에서 머물지 않았던 것처럼, 가톨릭도 프로테스탄트를 통해서 역사하신 하나님의 뜻을 수용해야 했다. 하나님은 살아 계시고 역사하시는 분이기 때문에, 신앙의 순전을 지키는 것과는 별도로 지금도 생동하는 섭리 추진 상황을 분간해야 한다. 참으로 깨어 있는 자라면 하나님이 어떻게 달라진 모습으로 임하더라도 역사하신 본질을 꿰뚫어야 한다. 가톨릭과 프로테스탄트도 알고 보면 하나님이 섭

---

581) 루터, 위클리프, 츠빙글리 신부 등.
582) 『교부들의 신앙』, 앞의 책, p.111, 114.

리를 완성시키는 과정에서 취한 분분했던 역사의 한 형태이다. 일면만으로는 창조 역사가 완수될 수 없었다는 것이 자명하므로, 어제는 없었지만 오늘은 새롭게 생성될 수 있다.

『순수이성비판』은 로크, 버클리, 흄으로 대표된 영국의 경험론과 데카르트, 라이프니츠, 볼프로 대표된 대륙의 합리론을 조화시킨 저술 작품이다.[583] 잘 알다시피 합리론과 경험론은 서로 극단을 치달은 양대 인식론인데,[584] 칸트는 양극성을 잘 조화시켜 보다 상위인 본질성으로 통합시켰다. 하나님의 섭리도 역시 만 역사를 통섭하는 입장에 서야 한다. 과거 역사는 세계 완성을 위한 일종의 단계 과정으로 하나님이 이 땅에 강림하신 것은 유대 민족으로부터 발동된 섭리 역사가 가톨릭, 프로테스탄트를 거쳐 오늘날 그 배턴이 한민족에게로 넘겨졌다는 뜻이다. 아무에게나 넘겨질 수 없는 자격 조건이 바로 세계 역사를 통합할 수 있는 특정 능력이다. 어떻게 이스라엘 민족으로부터 태동된 섭리 역사가 긴 세월을 거쳐 한민족의 역사 위에 도달해 지상 강림으로 실현되었는가? 그것은 이스라엘 민족이나 한민족 할 것 없이 세상 만민은 일단 하나님이 창조하신 하늘 아래서 호흡하고 있는 백성들이라는 데 이유가 있다. 만민은 정말 하나인 하나님의 존재 본질을 근간으로 해서 창조되었다. 세상에서는 개개 혈통과 족속들이 수없이 나뉘지만 만유는 한통속인 창조 본질에 근거한다. 어디에도 하나님의 섭리가 미치지 않는 곳이 없다. 그러므로 하나님이 누구를 택하든 뜻을 받들 수 있는 기본적인 조건은 다 갖추고 있다.

사사무애법계에서처럼(불교) 개체인 입장에서는 분위와 분한을 지

---

583) 『세계사상대계 3(인간의 발견)』, 박종흥・이종우, 정석해 감수, 신태양사, 1965, p.144.
584) 두 대립되는 지식에 관한 이론.

키는 것이나 전체적인(하나님) 입장에서는 융즉하는, 섭리된 존재의 모든 경계를 허물어뜨린 인식 방식이다. 세로 기둥이 가로 기둥이고 가로 기둥이 세로 기둥임에 하등 문제가 없다.[585] 무상보리를 깨달은 육조 혜능은, "우리가 지닌 존재 성품은 나지도 죽지도 않는 것이요, 모든 것에 걸림이 없으며 하나가 참되매 모든 것이 참되어 모든 경계가 그냥 그대로"라고 했다.[586] 너와 나, 이스라엘과 한민족이 본질적으로 구분되는 경계선은 어디에도 없다. 원효가 말한 대로, "모든 경계는 무한하지만 다 一心 안에 들어간다."[587] 세상 섭리는 분분해도 하나님의 뜻 안에 있는 것인 만큼, 이스라엘의 역사와 한민족의 역사가 특별하게 구분되는 것은 없다. 正이 反이 되었다가 合이 되는 것이 변증법적인 논리인데, 애써 正·反·合을 구분하는 것은 우리가 지닌 인식의 분한성 때문이다. 같은 뿌리에 대해서 인식상 경계를 둔 것인데, 하나님은 모든 역사를 한꺼번에 생성시킨 관계로 그런 분한 자체가 처음부터 아예 없다. 무엇을 먼저 섭리하고 역사하신 것인지에 대한 외면적 구분을 찾을 수 없다. A가 있기 때문에 B가 있으므로, 사실 A나 B란 존재는 원래 정해져 있지 않았다. 창조 역사에 대한 정통성의 우선성을 따진다면 한민족이 오히려 그 이상의 원조성을 지닌 것일 수도 있다. 하지만 창조에는 원래 그런 순서와 경계가 없으므로 섭리 역사도 적통성을 따질 기준이 없다. A는 언제나 A인 동시에 B가 될 가능성을 지녔는데, 그 이유는 만유가 하나인 존재 본질로부터 창조되어서이다. 이스라엘 민족에게 내린 은총이 그대로 한민족에게

---

585) 『존재론·시간론』, 三枝充悳 저, 불교시대사, 1995, p.120.

586) 『육조단경』, 육조문인법해 기록, 한길로 역, 대한불교서적센타, 1967, pp.5~17.

587) 「無量壽經宗要」, 제3악인분별 - 『삼국통일과 한국통일(상)』, 김용옥 엮음, 한국사상연구소, 1994, p.214.

도 내릴 수 있다. 어제 죄인이었던 사람이 개과천선한 것은 사람 안에 양면성이 있어서가 아니다. 하나님의 영광이 함께한 섭리 역사가 교회는 주님의 몸이므로 한 교회를 섬겨야 하는 것이 마땅한데[588] 왜 분열되었는가? 섭리가 완수될 수 있는 역설이 숨어 있다.

> 예수님이 말씀하시길, "너는 베드로라. 내가 이 반석 위에 내 교회
> 를 세울 터인즉, 죽음의 힘도 감히 그것을 누르지 못할 것이다."[589]

이때부터 기독교인들은 지상 교회가 영원히 존속되고 절대로 패망하지 않으리라 굳게 믿었다.[590] 그러나 그런 주님의 언약도 면밀하게 분석해볼 필요가 있는데, 약속은 그렇게 이룰 역사에 대한 사전 의지 표명이며 새로운 역사를 펼치기 위한 의지적 다짐이다. 생성에는 항상 始와 終이 따라 붙는다. 이것은 하나님의 역사뿐만 아니라 삼라만상이 모두 그러하다. 그렇다면 영원한 존속성에 대한 약속은 무엇을 의미하는가? 역사가 끊어지지 않게 하리란 뜻이다. 가톨릭을 세우고 프로테스탄트를 세우고 한민족을 세워 섭리의 대통을 계승시키려고 한 것이 영원한 존속에 대한 약속의 참된 본의이다.

일부에서는 교회가 분파에 분파를 거듭하여 마침내 일인 일교파 상태에 이르고야 말 추세를 걱정하지만,[591] 그렇게 분열한 것은 다시 통합되기 위해서이고, 분열을 다하면 언젠가는 결말에 이른다. 주관된 섭리도 알고 보면 창조의 본질이 생성해서 나온 의지이다. 한뜻과

---

588) 『교부들의 신앙』, 앞의 책, p.49.
589) 마태복음 16장 18절.
590) 『교부들의 신앙』, 앞의 책, p.71.
591) 위의 책, p.104.

계시를 받든 믿음에서 보면 유일한 메시지이지만 자세히 살펴보면 하나하나가 엮어진 것이다. 우리는 세계의 본질이 생성함으로써 존재하게 되었다. 1cm 안에서는 곧은 직선이 곡선이고 1km 안에서는 원을 구성한 부분일 수 있다. 인간이 받든 믿음과 하나님이 이루고자 한 뜻 사이에도 이와 같은 현상이 있다. 그래서 파악해야 할 것은 일체를 규정한 창조 목적과 구성된 본질이다. 만물은 예외 없이 분열함으로 생성하고 생성함으로 통합된다고 했거니와, 이것은 道를 통해 드러난 영원한 생성원리이다. 섭리 역사도 생성해야 영원히 지속된다. 세계가 분열한 것은 분열을 다하므로 새로운 역사를 이룰 수 있기 때문이다.[592] 누구도 거부할 수 없는 대세 섭리가 곧 생성이다. 하나님은 생성을 통해 모든 역사를 사전에 예비해서 만상을 통합시킬 준비를 넉넉하게 하셨다. "진리의 성령이 오시면 너희를 이끌어 진리를 온전히 깨닫게 하여 주실 것이다."[593] 창조 목적을 밝히겠다고 한 것인데 그때가 바로 지금이다. 교회가 강력한 과학 진리의 대두를 감당하지 못하고 소외되었던 것은[594] 섭리의 흐름을 막을 수 없었기 때문이다. 그런데도 프로테스탄트가 가톨릭으로부터 분리된 과정에서는 얼마나 피비린내 나는 전쟁을 치렀던가?[595] 하나님이 도모하신 새 역사에 대해 무지하니까 반목이 횡행했다.

따라서 이 연구는 무엇보다 한민족이 계승한 대세 섭리의 정통성을 세계 생성적인 바탕에 입각해서 밝히리라. 선현들이 주장했던 것

---

592) 그렇게 해야 영원하게 지속됨.

593) 요한복음 16장 13절.

594) 『교부들의 신앙』, 앞의 책, p.78.

595) 위의 책, p.47.

처럼 만법은 귀일하는 법이고 만물은 일체이다. 無極이 太極으로 생성을 극하면 통합된다. 다람쥐 쳇바퀴 돌듯 陰이 陽이 되었다가 陽이 다시 陰으로 반복되는 것이 아니다. 생성을 극하므로 有的 에너지가 영원하게 충당된다. 세계가 영원하게 생성하도록 구축된 시스템이란 사실을 감안한다면, 한민족이 강림하신 하나님을 받들어 세계사의 무대에 등단하는 것도 인류 역사를 영원하게 하기 위해서이다. 그렇게 해야 역사가 계속 추진될 수 있는 에너지가 공급된다. 역사가 전환되는 것은 정치적인 혁명과 같은 깜짝쇼가 아니다. 대세가 전환되는 것은 세계가 실로 태고로부터 생성되어 왔기 때문인데, 오늘날 드디어 先·後天을 가름한 통극시대를 맞이하였다. 그러나 전환되었다고 해서 先天에 이룬 역사가 모두 소실되어 버린다는 뜻은 아니다. 때가 되면 다시 소생할 수 있도록 엑기스 상태로 비축된다. 그것이 바로 한민족의 역사 가운데서 압축되어 보존되었다. 先天 문명이 생성해서 남긴 고귀한 결과 씨앗이다. 先天으로부터 추출된 문명적 본질이 한민족의 역사를 통해 새겨지지 않은 것은 하나도 없다. 이것을 한민족이 마련한 통합 문명 역사를 통해 부활시키리라.

부활 역사가 결코 동일한 모습일 수는 없다. 조선이 오백 년 동안 유교 정신을 국시로 삼았지만 그런 엄중한 예법이 장래 역사에서 그대로 복고될 가능성은 없다.596) 증산교에서는 원시 반본이란 우주 원리를 주장하였는데, 틀에 박힌 순환과 회귀성 역사라면 무슨 의미가 있겠는가? 역사는 항상 통합을 이루기 위해 생성하므로 동일하게 재현되는 법은 어디에도 없다. "뉴턴 이후의 물리학은 모든 고전 물리

---

596) 『주역을 읽으면 미래가 보인다』, 앞의 책, p.431.

학과 현대 물리학의 기반이다."[597] 그런데도 양자론과 상대론이 주축인 현대 물리학은 뉴턴이 세운 물리학의 복고가 아닌 통합된 상태이다.

동일하게 재현되는 역사는 결코 없다.[598] 초림 상황과 동일한 재림 역사와 하나님의 섭리 역사를 계승한 한민족의 역사도 과거에 있었던 이스라엘 역사의 재현일 수 없다. 인도의 바라문과 불교의 견성 역사,[599] 이스라엘 민족의 신앙 역사, 중국의 유교 문화가 한민족에게 계승된 것일진대, 그 형태는 지극히 통합적이다. 고향을 떠난 풍운아가 세파를 헤치고 다시 돌아왔을 때는 떠날 때의 그 모습이 아니다. 우주의 대 이법이 시사하는 섭리성의 본원적 회귀는[600] 직선적일 수 없다. 그렇다고 원환적이라는 것은 더더욱 아니다.[601] 생성된 본질에 근거하여 시공간을 모두 함유했다. 先天 본질이 전환됨과 함께 새롭게 부여된 한민족의 정통성 계승 본질을 구태의연하게 받아들이려 해서는 안 된다. 오랜 생성 과정을 거쳤는데 옛날 신앙을 기준으로 판단하면 곤란하다. 옛날의 그가 곧 오늘의 그이고 오늘의 그가 옛날에 집을 떠났던 그 풍운아이다. 같다고 하면 다르고 다르다고 하면 같을 수 있다. 그러므로 겉모습만 보지 말고 주류 역사를 이은 정통성의 정확한 계승 본질을 이해해야 한민족은 길이길이 간직한 통합혼을 되살려 하나님의 섭리 맥을 당당히 이을 수 있다

만법과 섭리와 우주가 근본으로 돌아가는 것은 틀림없지만,[602][603]

---

597) 『물리이야기』, 로이드 모츠·제퍼슨 헤인 위버 저, 차동우·이재일 역, 전파과학사, 1992, p.9.

598) "윤(輪)이라 함은 수레바퀴이며, 회(迴)라 함은 갔다가 다시 돌아온다는 뜻이다." - 『성리제석』, 국제도덕협회(일관회), 삼남교육출판사, 1989, p.37.

599) 『7만년 하늘민족의 역사』, 앞의 책, p.278.

600) 『증산사상중심의 인류갱생철학 개론』, 앞의 책, p.41.

601) 『원불교사상 논고』, 앞의 책, p.181.

602) 『증산사상중심의 인류갱생철학 개론』, 앞의 책, p.460.

인도의 순환 사상이나604)605) 니체의 영구회귀 사상 등은606)607) 창조
된 통합성 상태를 보지 못한 불완전한 인식 체제이다. '만사는 극에
이르면 다시 돌아가고608) 우주와 역사가 되풀이해서 반복'609)되는
것처럼 보이지만, 실상은 어느 누구도 역사가 극에 달한 상황을 보지
못했고, 전환된 통합 세계를 경험하지 못해 격상된 차원 세계를 이해
할 수 없었다. 차원은 존재한 경계가 분명한 것이기 때문에, 後天의
통합 질서를 先天의 분열 질서로서는 이해할 수 없었다.

그러므로 한민족이 계승한 역사의 혈맥이란 것도 직접 볼 수 있는
것은 아니지만 원인에 대한 결과 추출만큼은 명백하다. 혼과 맥이 생
성되어서 하나 되었다. 시공간을 초월한 무진본(無盡本)이다. 본질 안
에서 연결되지 못할 것은 하나도 없다. '현대의 선진 문화를 대표하
는 나라를 들라면 프랑스·독일·영국·미국'610) 등을 꼽는데, 그들
은 고대로부터 한 국가, 혹은 한 민족을 이룬 나라가 아니다. 그런데
도대체 무엇을 계승해서 대표할 수 있단 말인가? 이전에는 형태조차
없었다. 예수는 바울에 의해, 孔子는 맹자에 의해 도맥이 계승되었
고,611) 달마 대사는 佛陀로부터 28대, 중국에서는 초조로서 6조 혜능
에게까지 의발(衣鉢)이 전해졌지만 이후 실전되었다.612) 도맥의 계보

603) 극과 극은 서로 이어져 통함.

604) 위의 책, p.663.

605) 윤회, 불교의 십자장=卍.

606) 『역사철학』, 최재희 저, 청림사, 1975, p.101.

607) "역사는 동일한 주기로 해서 그 자체를 되풀이 한다." - 『세계사상대계(3)』, 앞의 책, p.406.

608) "反者道之動" - 『노자도덕경』, 40장.

609) 『원불교사상 논고』, 앞의 책, p.146.

610) 『서구의 사고방식과 비판정신』, 유준수 저, 경문사, 1985, p.19.

611) "孔子의 道는 증자와 자사에게 전해지고 다시 맹자에게 전해졌다. 이후 宋代의 정자와 주자에게 전해졌
고 조선의 퇴계로까지 이어짐" - 『한국철학사상사』, 앞의 책, pp.251~252.

로 보면 개체 간에 있어 연관되어 있는 것은 하나도 없다. 왕위를 승계하는 것과 달리 道나 섭리를 계승하는 것은 시공간을 초월한다. 한 민족이 섭리된 도맥을 잇는 상황도 마찬가지이다. 섭리가 계승되는 여건은 항상 동일하다. 하나님이 부여하신 大命을 어떻게 주체적으로 자각하는가 하는 차이일 뿐, 계승은 일어서 받드는 것이고 요청해 구하는 것이다. 하나님은 원해도 받아들이는 자가 거부한다면 무슨 소용이 있겠는가? 준비도 갖추지 못한 민족에게 사명을 부여하실 리는 만무하다. 제 사상과 종교와 이념이 이유 없이 집중되었을 리 없고, 반만 년 역사가 지켜졌을 리도 없다.613) 하나님이 만세 전부터 역사하신 이유는 지각이 있을진대 굳이 답할 필요조차 없다. 하나님이 이 땅에서 강림하신 것은 한민족을 택하셨기 때문이고 고난으로부터 구원하시어 궁극적인 창조 목적을 이루시기 위해서였다.614) 역사상 "단 한 번 시내 산에서 모세 앞에 영광을 나타내신 하나님의 출현 목적은 이스라엘을 하나님의 백성으로 양자 삼기 위해서였다."615) 그리고 다시 이 땅에 강림하신 뜻은 한민족을 세워 창조의 섭리 맥을 계승시키기 위해서이다.

> "무릇 하나님의 영으로 인도함을 받은 그들은 곧 하나님의 아들이라. 너희는 다시 무서워하는 종의 영을 받지 아니하였고 양자의 영을 받았으므로 아바, 아버지라 부르짖느니라."616)

---

612) 『성리제석』, 앞의 책, pp.32~33.

613) 『동이비전』, 앞의 책, p.6.

614) 이중예정론 – 『두산세계대백과』, 인터넷자료.

615) 『구약신학』, 원용국 저, 세신문화사, 1991, p.41.

616) 로마서 8장 14절.

"하나님의 섭리가 머문 그곳에 바로 하나님의 영광을 계승할 섭리의 정통성이 있다."[617] 한민족은 역사 위에서 살아 숨 쉬고 있는 하나님의 발자취를 자각함으로써 반드시 선택된 민족으로서 일어서야 한다. 한민족이 하나님의 역사를 계승한 것은 그만한 작용 원리에 근거하여 사전에 모든 길을 예비할 수 있었기 때문이다. "내일은 어제의 종점인 오늘의 역사적 현실에서부터 출발된다."[618] 한민족이 하나님의 섭리를 계승하는 데 있어 이 연구가 근거를 제시하는 것은 그 자체가 분명한 정통성을 확인하는 절차이다. 제대로 해야 조상들이 쌓아올린 피어린 역사를 되살릴 수 있다. 이 땅에서 호흡한 선현들은 무엇보다 역사를 심도 깊게 통찰해서 다가올 문명 세계를 준비하였다. 창조 원리를 알고 진리로서 길러 보전했다.[619] 하나님의 존체 현현과 강림을 위해 만세 전부터 길을 예비했던 민족이다. 『天符經』에서는 '一始나 無始가 一'이라고 했다. '一에서 시작되었으나 시작이 없는 것이 一이다.'[620] 창조 원리를 직시한 진언으로서 한민족이 지킨 진리의 핵심 꽃이다. "선현들은 공염불로서 진리를 붙들고 있지 않았다. 세계의 생명성을 道로서 호흡하였고, 창조주 하나님을 道를 통해 떠받들었다."[621]

하지만 지금까지 이 연구가 제시한 정통성 계승 근거들은 하나님의 뜻을 간접적으로 밝힌 형태이다. 하나님이 한민족을 향해 고한 직

---

617) 『길을 위하여(3)』, 졸저, 인쇄본, p.34.
618) 『서구의 사고방식과 비판정신』, 앞의 책, p.208.
619) 이스라엘 민족만이 하나님의 영광을 모신 민족이고, 교회 역사를 통해서만 하나님의 대세 섭리가 이어진 것이 아님.
620) 『요해 한민족의 비서』, 앞의 책, p.18.
621) 『세계창조론 서설』, 앞의 책, p.73.

접적인 메시지는 『길을 위하여 3』을 탈고했을 때, 다음과 같은 말씀을 통해 준엄하게 천명되었다.

> "이스라엘 자손이 애굽 땅에서 나올 때부터 제3월, 곧 그때에 그들이 시내 광야에 이르니라. 그들이 르비딤을 떠나 시내 광야에 이르러 그 광야에 장막을 치되, 산 앞에 장막을 치니라. 모세가 하나님 앞에 올라가니 여호와께서 산에서 그를 불러 가라사대, 너는 이같이 야곱 족속에게 이르고 이스라엘 자손에게 고하라. 나의 애굽 사람에게 어떻게 행하였음과 내가 어떻게 독수리 날개로 너희를 업어 내게로 인도하였음을 너희가 보았느니라. 세계가 다 내게 속하였나니, 너희가 내 말을 잘 듣고 내 언약을 지키면 너희는 열국 중에서 내 소유가 되겠고, 너희가 내게 대하여 제사장 나라가 되며, 거룩한 백성이 되리라. 너는 이 말을 이스라엘 자손에게 고할지니라."[622]

이 말씀은 옛적에 하나님이 모세에게 나타나 이스라엘 민족에게 한 계시이지만, 오늘날은 시대적인 정황상 하나님이 이 땅에 강림하시어 본인으로 하여금 한민족에게 고하라고 命하신 계시로 전환된다. 지난날 하나님이 어떻게 독수리 날개로 업어 한민족을 인도하셨는가 한 사실을 밝히라 하셨다. 이스라엘 민족은 이 命을 끝까지 준행하지 못해 실패하였지만, 한민족은 반드시 영광을 이룰 민족으로서 일어서야 한다. 이스라엘 민족이 못 다한 뜻을 한민족이 계승해서 이룰 것을 고대하셨다. 참으로 하나님은 바로의 압제로부터 이스라엘 민족을 인도하신 것처럼 한민족이 안고 있는 분단의 아픔으로부터 건져내실 것이며, 열방 가운데서 거룩한 백성으로 세우시리라. 그래서 반만 년을 함께하신 것인 만큼, 뜻을 받들어 일어서는 데 정통성을 계승한 참된 역사가 있으리라. 한민족은 정녕 열국 중에서 하나님의 소유가

---

622) 출애굽기 19장 1~6절.

되고 제사장 나라가 되며 거룩한 백성이 되리라.

6. 한민족 역사의 사명 본질

한민족이 後天의 통합 문명 역사를 주도하는 데 있어 하나님이 이스라엘 민족에게 내리신 구원 약속을 계승하게 되었다는 것은 온 인류가 주목해야 할 대 역사적 사건이다. 때가 도래하였고 종말을 맞이하였는데[623] 하나님의 뜻을 몰라서는 안 된다. 때가 때인 만큼 지상 강림 역사를 통해 이스라엘 민족이 못다 한 사명을 한민족이 전격 계승했다. 하나님이 강림하시고 세계가 종말을 맞이한 시점에서 보면, 길을 예비한 한민족 외에 하나님의 섭리 역사를 계승할 대책은 달리 없다. 하나님의 창조 섭리가 이스라엘 민족으로부터 출발해 기독교 교회에 머문 역사는 부인할 수 없다. 그런데도 시온의 영광을 이루지 못하고 끝내 종말을 맞이하고 말았다. 근대 세계를 이루는 과정에서는 축복을 한 몸에 받아 창조 섭리를 적극적으로 추진시켰다. 그러나 하나님을 전혀 모르는 피억압 민족들을 발 벗고 구원했어야 할 그들이 선교를 빌미로 국가적인 이익에만 혈안이 되었던 것은 하나님의 뜻을 오도한 것이었고 은혜마저 저버린 과오였다. 충분한 기회와 축복이 있었는데도 불구하고 서양은 하나님이 주신 섭리 에너지를 엉뚱한 곳에 탕진해 버렸다. 그래서 세상이 종말을 맞이한 지금은 정작 문명적 에너지가 고갈되어 버렸다. 그래서 하나님은 모든 구원 이상을 한민족에게 집중시켜 시온의 영광을 이룰 결실 민족으로서 선지

---

623) 종말이 되었기 때문에 하나님이 강림하신 것이라기보다는 하나님이 강림하셨기 때문에 종말이 필연적으로 도래한 것임.

하셨다.624)

"한민족이 인류를 구원할 주역으로서 일어설 수 있는 것은 그만한 섭리 역사가 준비되어 있기 때문이다."625) 인류 사회를 위해 헌신할 문명적 에너지를 철저하게 비축하였다. "동도서기(東道西器)란 말처럼 선각자와 지성인들은 마침내 무너지고야 말 물질문명을 대신해서 동양의 정신문명, 그중에서도 코리아가 중심이 되어 일어설 것을 예지한 것이니",626) 한민족이 뭇 영혼을 진리로서 인도하고 一家 世界를 건설할 사명을 가진다는 것은 새삼스러운 일이 아니다. 한민족이 짊어진 운명의 막중함을 의식하고 있었다고 해도 과언이 아닐 만큼 하나님으로부터 선지된 데는 그만한 이유가 있다. 하나님이 축복하여 세우신 것은 부여된 사명을 통하여 세상 만민을 구원하기 위해서이다. 길이 天命을 거부할 수 없었듯 한민족도 영광된 역사를 이룰 것을 알았기 때문에 하나님이 반만 년 역사를 지키셨다. 제사장 나라로서 선지하신 만큼, 한민족은 이 같은 뜻을 받들어 일어서야 한다.

한민족은 인류의 동질성을 회복할 만한 문명의 근원 원질을 지니고 있고, 사랑과 진리로서 인류 사회를 결집시킬 원력을 보유하고 있다. 이스라엘의 모태 신앙을 저버림도 아니고 2,000년 기독교가 쌓은 역사를 단절시키는 것도 아니다. 더없는 은혜로 인류 사회를 포용하고자 함이고, 하나도 버림 없이 통합시키고자 함이다. 수없는 외세의 침략 가운데서도 한민족이 존재한 분명한 이유는 때가 되면 유덕한 인류애를 만민에게 베풀기 위해서였다. 한민족은 분명 이 같은 사명

---

624) 한민족에게 목적의식을 부여함.
625) 『길을 위하여(3)』, 앞의 책, p.122.
626) 『동이비전』, 앞의 책, p.230.

을 받들기 위해 역사적 시련을 견디어낸 의로운 민족이나니, 제세이화(濟世理化)하기 위해 예비된 민족이고 내일의 영광을 위해 오늘을 고통받은 선민이다. 창대할 하나님의 뜻을 진리로 받든 민족으로서 쌓아올린 정신문명과 도덕적 가치를 만 인류에게 전파해야 할 구원의 사도이다. 한민족이 하나님의 강림 본체를 받든 민족으로서 입은 은혜는 지고한 것이나니, 웅비할 기상을 만방 가운데 떨쳐야 한다.

대한민국은 만유의 어버이 된 하나님의 강림 본체를 모신 나라로 국기인 태극기는 성령의 보혜성을 생성하는 진리 모양으로 표상하였다(태극). 한민족이 일어서는 것은 세계를 유익하게 하는 것이고, 인류 사회가 한민족을 중심으로 결합되는 것은 만국이 지닌 이해관계를 초월한다. 인류가 세계 통합의 기치를 따르는 것은 은혜 입은 백성으로서 따라야 하는 당연한 도리이며 지상 목표이다. 그리해야 이 땅에 참으로 삼위가 함께한 지상 천국이 건설될 수 있다. 기미년 3월 1일, 방방곡곡에서 대한 독립 만세를 부르면서 일어섰듯,[627] 2002년 월드컵의 신화를 창조하는 과정에서 한민족이 인류 사회에 보여준 도도한 기상 이상으로, 한민족은 하나님의 본체를 모신 민족으로서 일어서야 한다. 누가 이 대의명분을 부인할 것인가? 부르심을 거부할 것인가? 한민족은 말세 인류를 구원하기 위해 부름받은 민족으로서 세계사 위에서 영광된 사명을 완수해야 한다.

---

627) 『논문사전』, 방기환·장경학 편, 선진문화사, 1958, p.404.

7. 한민족 역사의 구원 본질

"萬國活計南朝鮮은 인류를 구원할 法方이 한반도 남녘땅에서 나온다"[628]고 본 예언이다. "한국이 세계 인류를 구원할 철학과 사상을 품고 있다"[629]는 뜻인데, 대세기가 전환되는 "개벽기에 한민족이 세계를 구원할, 노스트라다무스가 말한 헤르메스의 지팡이, 혹은 남사고가 말한 구원의 해인을 가진"[630] 민족이란 의미이기도 하다. 인류를 구원할 것이란 예언 실현의 중심에 하나님이 先天 섭리를 완수한 창조주로서 강림하셨다. 하나님이 이 땅에 오신 제일 목적은 창조된 본의를 밝혀 멸망에 처한 인류를 구원하기 위해서인데, 구원은 하나님이 천지를 창조하셨기 때문에 멸망에 처한 세상을 구하지 않을 수 없게 된 천업이다. 지상 천국 건설도 인류를 구원하고 난 이후의 부차적인 문제이다. 그래서 주관된 섭리 역사가 강림된 이후에 밝혀진 것이지만, 구원 문제만큼은 대처 방안이 달라 문제가 생긴 즉시 해결 방도를 내놓았다. 연면한 역사 가운데서도 각 시기마다 뜻을 분명하게 한 것은 구원을 이룬 역사 때문이다. 다양한 형태로 즉각적인 대비 체제를 구축해 인류를 위기에서 구원하셨고, 여건에 따라 적합한 인물들을 세우셨다. 그중 하나님이 모세로 하여금 이스라엘 민족을 인도하신 것과 예수 그리스도가 이방 인류까지 구원할 수 있도록 하신 것은 섭리 행로에 있어 큰 획을 이룬 전환 역사이다. 천지 세계가 우주적인 대 변국을 맞이한 지금은 종말의 도래가 불가피해졌기 때

---

628) 『동이비전』, 앞의 책, 표지 글.
629) 『증산사상중심의 인류갱생철학 개론』, 앞의 책, p.623.
630) 『충격 대예언』, 앞의 책, p.336.

문에 한민족을 불러 세우셨다.[631] 이 같은 상황은 내림한 성현들도 처방할 수 없는 총체적인 변국 상황이라, 지켜온 구원의 대맥을 전면 집중시켜 세계를 구원할 사명 역할을 한민족에게 부여하셨다. 이스라엘과 함께한 구원 역사가 서구 유럽의 교회사로 옮겨지면서 수많은 영혼들이 은혜를 입었지만, 종말이 도래한 지금은 지구 상에 마지막 남은 자들까지 구원해야 한다.

이에 한민족은 천고로부터 쌓아온 문화 민족으로서의 저력을 기반으로 하여 인류 사회를 새로운 문명 세계로 이끌어야 한다. 하나님이 미명의 역사, 진리의 횃불을 높이신 데는 그만한 이유가 있다. 서양은 물질문명을 일으켜 세상을 구원하고자 했지만 세계가 종말을 맞이한 지금은 한민족이 모든 국면에서 구원 역할을 담당해야 한다. 그 실질적인 방안으로 세계 가운데서 연면한 한민족의 역사가 예비되었다. 인류를 구원할 실질적인 프로젝트를 한민족을 인도해서 마련하셨다. 하지만 이것이 이스라엘 민족에게 있었던 역사의 재현은 아니다. 모세가 이스라엘을 인도했을 때와는 상황이 다르지만 그들을 통해 이룬 구원 섭리의 本은 오늘날에도 적용될 수 있다. 한민족에게 적용시키기 위해 예비된 일종의 섭리 패턴이다.

그래서 혹자는[632] 인류 역사가 각본 섭리란 시각도 가졌는데,[633] 하나님이 인류를 구원하기 위한 첫 단추를 이스라엘 민족을 통해 꿰셨던 것처럼, 그렇게 해서 마련된 각본으로 오늘날 한민족을 통해 꿰

---

631) 『코리아 웅비의 증산도』, 앞의 책, p.106.
632) 『세계역사의 대심판』 저자.
633) "인류 역사는 시대마다 중심 사명자로서의 주연 사명자와 조연 사명자를 택하신 '원본섭리 역사'와 '견본섭리 역사', '주류섭리 역사'와 '지류섭리 역사'로 분류될 수 있다." - 『세계역사의 대심판(상)』, 앞의 책, p.584.

고자 하신다. 어떻게 과거에 이루어진 이스라엘 역사가 시공간을 넘어 이 땅에서 실현될 수 있는가? 그 가능성에 대해 토인비란 역사학자는 역사의 생성·성장·소멸 과정을 통해서, 그리고 통일교에서는 '복귀섭리 역사'[634]란 섭리 진행 상태로서 타진하기도 했다. 사실은 복귀 섭리라기보다는 제 섭리를 포섭한 상태에서 받들 수 있게 된 통합적인 계승 명맥이며, 길을 준비한 민족에게 주어질 당연한 결실이다. 하나님이 한민족을 통해 만 인류를 구원하리란 것은 천지창조 시 이미 작정되었다고 해도 과언이 아니다. 단지 문제는 한민족이 어떻게 모든 뜻을 자각하여 일어설 수 있는가 하는 것이다. 불가능한 것 같지만 이 나라가 열국 가운데서 선택되고 제사장 나라로서 세워지리란 약속은 지금까지 밝힌 섭리적인 대의로서 뒷받침된다. 뜻을 거부할 수 없을 만큼 큰 은혜를 입었다. 태고로부터 진리의 빛을 부여받아 그 빛을 영글게 한 동방의 빛나는 등불이고 민족이고 역사이기 때문에 하나님이 한민족의 역사 위에 직접 임하여 구원하리라 하셨다. 그 약속을 반드시 이 땅의 자손들에게 고하라고 하셨다.

---

634) "창조 본연의 것으로 복귀하려는 섭리" – 『원리강론』, 세계기독교통일신령협회 편저자, 성화사, 1982, p.114.

제4편

결론

반만 년에 걸쳐 섭리된 한민족의 섭리 비밀과 선천 하늘에서 이룬 역사의 본질을 밝힐 수 있는 관건 열쇠가 바로 한민족이 이룬 문명이 인류 문명을 파생시킨 뿌리 문명이고 시원 문명이라는 판단은, 창조주 하나님이 보혜사 진리의 성령으로서 이 땅에 강림하게 된 결과에 근거한다. 하나님이 반만 년의 역사를 총결산한 성업을 바탕으로 강림하셨기 때문에 이를 근거로 한민족의 상고사 비밀을 풀어헤치게 되었다.

제10장

섭리사의 대결론

先天의 인류 역사가 온갖 가정과 전제와 의혹을 앞세운 역사였다면 지상 강림 역사가 완수된 지금은 그렇게 도달된 대결론을 바탕으로 지나온 과정을 가닥 잡을 수 있어야 한다. 어떻게 先天 역사가 완수되었는가 하면 인류 역사의 막바지에서 세계의 종말을 선언하였고,[635] 이를 기점으로 성령의 시대를 개막시킨 때문이다.[636] 이를 통해 이 연구가 천만 년에 걸쳐 섭리된 先天 역사를 마무리할 판단 관점을 확보하였다.

이 연구가 숱하게 천명한바, 하나님이 강림하셨다는 사실은 말만의 주장이 아니다. 창조 이래로 주재된 인류 역사를 결산해서 얻게 된 결과이다. 대통령이 국민에 대해 행한 대공약 정책은 행정력이 뒷받침되는 실효성이 있는 것처럼, 이 땅에서 이루어진 지상 강림 역사는 일체의 先天 역사가 뒷받침한다. 그래서 내린 결론이 '인류 역사는 하나님이 이 땅 위에 본체를 드러내기 위해 섭리하신 역사이고, 본체

---

635) 2010년 3월 31일, 『세계의 종말 선언』을 저술함.
636) 2011년 9월 9일, 『성령의 시대 개막』을 저술함.

자로 강림하시기 위해 치리하신 역사'이다. 先天 역사는 하나님이 진리의 성령으로 강림하시기 위해 본체를 구성, 조직해 존재자로서 완성시키려 한 역사이다. 이로써 하나님이 이 땅에 본체자로 강림하셨고 거의 전능한 지혜자로 드러나셨다. 하나님이 강림하신 사실이 확정되어야 선현들이 왜 무엇을 위해 고투하였고 길을 마련하기 위해 애썼던가 하는 사실을 알게 된다.

헤겔은 "역사는 한마디로 절대 정신의 자기실현 과정이라고 했는데"637) 여기서 절대정신이란 神의 섭리와 유사한 개념이며, 그렇게 추진된 과정을 통해 자기를 실현할 목표인 본체를 드러내고자 했다. 神의 섭리는 자기의 목적, 즉 절대적이고도 이성적인 세계의 궁극 목적을 실현하려 한 무한한 힘을 지닌 지혜이다. 그래서 그는 神의 섭리가 세계의 모든 사건을 이끌어간다638)고도 보았다. 섭리로 이끌었다는 것은 존재하신 하나님이 의지로 역사를 주재하셨다는 말과 같다. 쇼펜하우어는 『의지와 표상으로서의 세계』란 책에서, "세계는 일대 의지의 발현이라고 했다. 세계상의 모든 역사는 神의 뜻이 인간을 통해 나타난다."639) 지성들이 각성했던 것처럼 세계가 정말 존재 의지의 발현이고 神의 뜻이 나타난 것이라면, 이런 역사를 종합했을 때 드러날 것은 정말 하나님의 본체 모습이리라. 先天 섭리가 완수된 막바지에서 당연한 결과로서 주어지게 된 것이 바로 하나님의 본체 강림 역사이다.

돌이켜 보면 선현들은 한결같이 하나님이 세상 진리를 통해 본체

---

637) 『철학 역사를 만나다』, 안광복 저, 웅진, 2006, p.179.

638) 「헤겔의 역사철학에 있어서의 종말론 연구」, 강일남 저, 충남대학교대학원 철학과 서양철학전공 문학석사학위논문, 1982, p.35.

639) 『섭리로 본 세계의 역사』, 최재인 저, 유림문화사, 1976, p.245.

자로서 강림할 수 있도록 인식적인 바탕을 마련하고자 했다. 본체자는 그대로 존재자로서의 모습이라고도 할 수 있어, 전체적인 모습이 구성되지 못한 여건 속에서도 순환론적인 시간관, 혹은 역사관이 확산됨으로[640) 세계가 바로 본질을 가진 존재란 사실을 간접 시사했다. 화이트헤드(A. L. Whitehead)의 경우 "자연을 감각 지각 저편에 있는 사건들의 관계망(Nexus)의 총체로 본 것은 세계의 본질을 존재성을 통해 접근한 것이다."[641) 슈펭글러는 "문화를 생명체로 여겼는데, 소위 문화형태학이란 것이 문화를 일종의 생명체로 간주했을 때 성립한다는 것은 말할 나위조차 없다."[642) 문화가 생명체의 법칙을 따른다고 여긴 것은 세계를 존재자로서 드러내기 위한 과도기적 인식이다.

특히 동양의 覺者는 본체란 개념을 통해 궁극적인 존재 실체에 접근했던 선구자이다. 유교에서는 理氣論, 太極論을 통해 우주적 본체론을 전개하였고, 노자는 '천지자연의 道를 통해 우주의 본체'를 생성적으로 접근하였다.[643) 특히 불교가 眞如門과 生滅門을 구별하여, "진여문은 발생도 소멸도 없으며, 증감도 차별도 없는, 절대적 본체인 한마음의 본질적인 측면을 의미하고, 생멸문은 발생과 소멸이 있고 차별도 있는 한마음의 상대적인 현상적 측면을 의미(원효)"한다고 강조했다.[644) 창조로서 말미암은 세계의 바탕이 된 본체 자리를 확증했던 것이다. 그러면서도 두 門이 갈라진 것이 모순이 아니고, 관계가 하나

---

640) "주로 중국, 인도, 중동, 그리고 희랍-로마 세계에 널리 확산됨" - 「오스카 쿨만의 구속사에 나타난 기능적 기독론 비판」, 박주석 저, 총신대학교대학원 신학과 조직신학전공 석사학위논문, 2006, p.24.

641) 「노장의 자연철학에 관한 연구」, 노승만 저, 성균관대학교 유학대학원 유교경전학과 석사학위논문, 2000, p.74.

642) 『문화철학의 연구』, 한정석 저, 경문사, 1996, p.252.

643) 「노자의 무위자연론 연구」, 박선미 저, 경성대학교 교육대학원 윤리교육전공 석사학위논문, 2002, p.13.

644) 『한국사 특강』, 한국사특강편찬위원회 편, 서울대학교출판부, 1994, p.340.

이면서도 둘이고 둘이면서도 하나[645]라고 설명한 것은 진여문이 바탕 본체로서 창조를 통해 생멸문을 생성시킨 것을 엿본 상태이다. 하나인 창조 본체로부터 삼라만상이 생성되었기 때문에 하나이면서도 둘이고 둘이면서도 하나인 본체 논리 방정식이 성립된다.

한편 민족의 선지자인 수운 대신사는 시천주(侍天主) 사상을 가지고 "모든 사람은 태어나면서부터 한울님을 네 몸에 모셨다"[646]고 하였는데, 이것은 하나님과 인간을 이격시킨 기독교 신앙과 달리 하나님을 내재시켜 본체자로 강림하실 수 있도록 여건을 한발 앞당긴 선견이다. 달에서 채취한 월석은 지극한 일부분인데도 달의 생성 비밀을 고스란히 담고 있는 것처럼, 선현들이 확보한 道 역시 세계의 생성적인 섭리 비밀을 그대로 담고 있다. 그 풀기 어려운 암호 메시지가 바로 先天의 진리들이 품고 있는 여건 자체이다. 본체를 드러내기 위한 몸부림이다. 미완의 본질 상태이지만 道, 天, 神이란 개념들을 통해 궁극적인 실상을 최대한 표현하였다. 하지만 노자가 道生一로부터 三生萬物인 우주 발생론을 일갈했더라도[647] 이런 도식 상태로서는 아무리 수많은 세월을 더 기다린다 해도 우주적인 본체론을 완성시킬 수 없다. 본체가 뒷받침되지 못한 상황에서는 관념성을 면할 수 없다. 종국에 하나님이 본체자로 강림하셔야 했다. 본체는 생성 질서를 초월해 직시할 수는 있지만 본체 자체는 생성이 완료되어야 드러난다. 깨달아서 안 道와 본체와는 별개이다. 自性을 깨친 것은 成佛할 길을 튼 것일 뿐, 自性의 깊은 내면에 있는 본체까지 成佛한 것은 아니다. 득도

645) 위의 책, p.340.

646) 『전환기의 한국종교』, 서울대학교종교학과 종교문화연구실 편, 집문당, 1986, p.49.

647) 『기철학을 넘어서』, 박삼영 저, 라브리, 1991, p.193.

해도 수행은 지속되어야 한다. 섭리도 마찬가지이다. 진리적으로 바탕은 마련되었지만 하나님이 본체를 드러내지 못한 先天에서는 제 진리 영역이 강림 때를 간절하게 기다리고 있었다. 강림되어야 제 道와 진리와 역사가 완성된다. 온전하게 해명된다.

그러므로 先天에서 선각들이 구한 道는 세계의 본질이 처한 생성 상황을 직시한 형태로 道에 대한 이해가 부족해서 어렵게 설명한 것이 아니라 최대한 가까이서 엿보았을 뿐이다. 하나님이 본체자로 드러나기 위해 역사 중인데 누가 완전한 모습을 보았겠는가? 그래서 우주의 창생 역사를 道生一이란 도식으로 표현할 수밖에 없었고(노자) 진멸문, 생멸문으로 만상과 본체와의 관계를 미묘하게 표현했다(원효). 만상과 우주의 생성 상황을 진각한 명제 가운데는 본체와 연결된 비밀의 고가 있다. 과일은 어떻게 해서 꼭지가 달려 있는가? 몸에는 왜 배꼽이 있는가? 본체로부터 떨어져 나왔기 때문에 남게 된 필연적인 흔적이 아닌가? 이 고는 천지 만상과 道가 창조되었기 때문에 지니게 된 본체와 연결된 비밀 실마리이다. 섭리된 역사도 이 같은 형태의 고가 있기 때문에, 이것을 하나님이 강림하셔서 풀어주셨다. 선각들이 본체를 드러내기 위해 수많은 세월과 정열을 바친 만큼 역사에는 반드시 이것을 해명할 수 있는 때가 도래해야 했다. 본체 세계로 접근하기 위한 각고의 노력이 있어 온갖 진리가 만개되었고, 하나님의 주재 의지가 표출되었다. 쉼 없이 분열하여 펼치기만 하면 무엇하나? 모두 규합해야 본체자로 구성될 수 있다. 하나님이 역사하신 이면에는 항상 통합을 위한 목적 의지가 작용하였다.

이런 측면에서 본다면 인류 역사는 섭리적으로 통합을 목적으로 분열 역사가 촉진되었다고도 볼 수 있다. 즉, 성현들의 자각과 등장이 있은 2~3천 년 전에 지금까지 권위를 지닌 위대한 종교들이 한꺼번에 나타났다. 힌두교, 유교, 불교, 조로아스터교, 기독교 등등648) 불과 몇백 년밖에 차이가 안 나는 특정한 큰 시대에(제1차축시대) 인류의 문화 차원을 업그레이드시킨 영혼들이 우후죽순처럼 나타났다. 그렇게 해서 구축된 거대 문명 단위만 하더라도 슈펭글러는 여덟 개를 명시하였고, 토인비는 스물하나로 잡았다가 나중에 스물셋으로 고칠 만큼 분분하였다.649) 이런 상황에서도 통합 의지만큼은 줄기차게 발현되어 끊이지 않았다. 시대의 영웅들이 나타나 대제국을 건설하고 천하를 통일하려고 했던 시도, 사상가들이 체계화된 큰 인식 틀을 마련하고자 했던 행위 등등 다방면에 걸쳐 관심을 쏟았는데, 본체가 드러나지 못한 것은 先天 하늘 전체가 분열 중이었기 때문이다. 그러니까 통합을 이루고자 한 노력들이 섭리적으로는 先天이 지닌 분열 본질을 극대화시키는 데로 쏠렸다. 이것이 先天 역사가 지닌 본질이다. '인류사는 문명사'650)라고 할 정도로 문명을 중심으로 결속되었지만, "인류 사회에 가장 폭넓은 동일성의 틀을 제공한 것이 분명한 것인데도 불구하고, 문명 자체는 세계 본질의 일환으로서 분열되었다."651)

인간이란 존재 규정이 모호했던 때 플라톤이나 데카르트 같은 철인은 정신과 육체를 철저하게 분리시킨 이원적 사고를 통해 인간을 이해했다.652) 그렇게 해야 이후 인간의 모습을 온전하게 완성시킬 수

---

648) 『뜻으로 본 한국역사』, 함석헌 저, 일우사, 1962, p.24.

649) 『문명의 충돌』, 새뮤얼 헌팅턴 저, 이희재 역, 김영사, 1997, p.52.

650) 위의 책, p.43.

651) 인류의 문명사는 고대 수메르와 이집트에서 그리스, 메소아메리카(중미의 고대 문명)를 거쳐 서구와 이슬람에 이르기까지 헤아릴 수 없이 많은 세대를 통하여 전개됨 - 위의 책, p.43.

652) "정신은 사유하고 연장이 없는 실체이고, 물질은 사유하지 않고 연장만 가진 실체로 보아 완벽한 이원론을 탄생시켰다. 일찍이 플라톤의 이원론은 존재의 위계를 전제했기 때문에 일원론적 이원론이자 이원론

있다. 사상적으로 통합을 이룬 혁혁한 사례로서는, 아리스토텔레스의 철학을 가톨릭 세계관에 도입하여 체계화시킨 토마스 아퀴나스, 대륙의 합리론과 영국의 경험론을 종합하여 그 위에 새롭게 독일 관념론을 출발시킨 칸트 등을 들 수 있고, 동양에서는 송학·이학을 집대성한 남송의 주자가 도가와 불교의 관념을 취하는 등 당시의 중요한 사상들에 뿌리를 두었던[653] 업적이 있어 동서의 문명적 본질을 가닥 잡고 인류 사회가 하나 될 수 있는 기틀을 이루었다. 통합은 분열을 위해서, 분열은 다시 통합을 위해서 끊임없이 추진되었다.

　동양에서는 체용(體用)의 논리를 통해 體를 발견했다고 보지만, 그렇다고 體가 서양의 神과 같다고 속단할 수는 없다.[654] 體를 발견한 것은 하나님이 강림하실 수 있는 본체적 기반을 터 닦은 것이지만, 體만 가지고서는 하나님이 강림하실 수 없었다. 用에 해당하는 성령의 역사가 본격화되어야 했다. 그렇지 못하니까 體만으로서는 아무리 하나님을 보고자 해도 모습을 초점 잡지 못했다. 근접했으면서도 하나님인 것을 분간하지 못했다. 창조 섭리가 완수되지 못한 결과이다. 노자는 道를 통해 천지를 낳고 시공을 초월하고 천지가 생기기 전에 존재하였다고 보아 神적인 창조성, 바탕성, 선재성, 초월성을 모두 언급했다.[655] 그러면서도 道를 물질세계를 초월한 추상적인 사유 개념으로 말해 기독교적인 神(야훼, 하나님) 개념과 철저히 다르게 말했다.[656] 꺼풀이 쓰인 것도 아닌데 본체를 엿보고서도 하나님이 아니라

　　　적 일원론이었지만, 데카르트의 이원론은 정신과 물질이 동등한 실체로서 병립하는 전형적인 이원론이다." - 『사람이 알아야 할 모든 것 철학』, 남경태 저, 들녘, 2007, p.238.

653) 『세계문화사』, 이태언 저, 세종출판사, 1993, p.179.

654) 『박성배 교수의 철학강의(깨달음과 깨침)』, 윤원철 역, 예문서원, 2002, p.10.

655) 「노장의 자연철학에 관한 연구」, 앞의 논문, p.41.

고 한 것은 道의 운용격인 진리의 성령이 강림하여 역사하지 못한 때문이다. 세계가 온전히 분열하지 못한 것이 주된 이유이다.

先天에서 道가 끊임없이 분열하고 있었다는 것은 그렇게 분열시킨 바탕 본체가 있었다는 뜻이다. 지금 우리가 존재하고 있는 것은 조상이 있었기 때문이듯……[657] 역사가 분열됨으로써 통합성을 지향했다고 할진대, 삼라만상이 정녕 하나인 바탕 본체로부터 창조되지 않았다면 분열을 목적으로 한 삼라만상이 하나로 결속될 이유 또한 없다. 천지는 하나로부터 창조되었기 때문에 천지는 다시 하나 되기 위해 통합을 지향할 수밖에 없다. 그리고 그렇게 하나 되었을 때 하나님이 본래의 본체적인 모습을 구성할 수 있다. 이런 이유로 하나님이 강림하시기까지 인류 역사는 하나님의 본체를 드러내고자 한 것이 섭리의 대세 성향이었다.

바울은 기원 초에 서양 문화의 샘구멍인 아테네의 아레오바고에서 역사적인 웅변을 했다.

"각 나라 백성을 한 혈맥으로 지으사 온 땅에 거하게 하시고 저의 연대를 정하시고 거하는 지경을 한정하셨으니 하나님을 찾을 때라."[658]

하나님을 찾아 알게 하는 것이 인류와 모든 시대를 종합한 통일적인 역사철학[659]이고 목적이다. "역사가 무엇이냐? 사람이 하나님을

---

656) 『기철학을 넘어서』, 앞의 책, p.126.
657) "道는 스스로 바탕이 되고 스스로 뿌리를 뻗어 천지가 생기기 이전의 옛날부터 있던 것이다(『장자』, 대종편)." 즉, 道는 그 어떤 것으로부터도' 파생된 것이 아니라 천지 만물의 기원이라는 것이다. - 앞의 책, p.125.
658) 사도행전 17장 26절.
659) 『뜻으로 본 한국역사』, 앞의 책, p.324.

찾는 기록이요, 하나님이 그 아들을 찾는 기록이다."660) 그래서 펼쳐
진 세계의 섭리 역사를 이 시점에서 다시 결론 내린다면, "先天 역사
는 본향적으로 정처 없이 하나님을 찾아 나선 역사이고, 하나님도 이
에 부응해 본체를 이 땅에 강림시키기 위해 노력한 역사이다." 이를
위해 인류 역사가 숨 가쁘게 분열되었다. 대단원의 결과로 창조주 하
나님이 보혜사란 진리의 성령으로 강림하신 것이나니, 강림 역사의
실현으로 先天의 섭리 역사가 완수되었고, 하나님이 세계를 구성한
본체자로 이 땅 위에서 현현하셨다.

---

660) 위의 책, p.57.

제11장

세계사의 대결론

해는 새벽의 여명기를 거쳐 동녘 동산에 찬란한 햇살을 드러낸다. 하나님은 태초에 천지를 창조하셨는데, 첫째 날로부터 빛 → 궁창 → 바다, 땅, 식물 → 해, 달, 별 → 조류, 어류를 순서대로 창조하시고, 여섯째 날에는 동물과 사람을 창조하셨다. 사람은 자기 형상대로 창조하시되, 남자와 여자를 창조하시고 축복하셨다.[661] 그리고 천지와 만물을 다 이룬 일곱째 날에는 안식하셨다. 이로써 천지 만물의 역사가 출발되었지만, 인류 역사가 본격적으로 시작된 것은 하나님이 아담과 이브를 짓고 이름을 부여하신 이후부터라, 이름이 지어지기까지의 여명 기간이 얼마 동안 지속되었던 것인지는 아무도 알 길 없다. 성경을 연구한 학자들은 아담으로부터 지금까지 인류 역사가 이루어진 기간을 대략 6,000년 정도로 추정하였는데, 이것은 해가 새벽의 여명기를 거치는 것처럼 만물의 창조 이후 하나님이 인류를 위해 성령으로서 본격적으로 활동하기 시작한 기간 동안이라고 보면 큰 무리

---

661) 창세기 1장.

가 없으리라. 첫 조상인 아담에게 마치 부모가 자식에게 신혼방을 차려주듯 동방의 에덴에 동산을 창설하시고 이끄사 온갖 아름다운 것과 먹기에 좋은 나무를 마련하여 부족함이 없도록 꿈같은 환경을 조성하여 놓고, 독처하는 것이 좋지 않다고 여겨 배필까지 지어 주셨으니 그 이름은 이브였다. 이로써 인류 역사가 가정이라는 천국 생활로부터 출발되었다.662) 따라서 아담과 이브는 인류를 있게 한 첫 조상인 것은 물론이고, 무엇보다도 하나님의 지으심과 은혜와 당부하신 말씀을 직접 새긴 직계 장자이다. 그런데도 에덴동산으로부터 추방되고 만 것은 무엇을 의미하는가? 금기한 선악과를 따 먹고 부여된 순수성을 잃어버린 결과 눈이 밝아져 부끄러움을 알게 되고, 말씀을 어긴 죄악이 저주와 타락이란 심판으로까지 이어졌기 때문이다.

이 내용은 기독교가 전한 설화 메시지로서 성경에 기록된 내용인데 어떻게 세계의 역사를 거론하는 데까지 도입될 수 있겠는가 하는 반문도 있겠지만, 천지창조는 그렇게 표현된 설화 내용을 통해서도 엿볼 수 있다. 특히 성경의 창조 설화는 인류 역사의 시원을 밝히는 데 있어 수만 년 역사를 결정한 하나님의 절대 의지를 표명한 계시일 수도 있다. 아담이 타락한 것이 인류가 타락한 원인이 되었고, 아담에게 내린 저주가 전체 세계로 파급되었으며, 아담이 에덴동산으로부터 추방된 이후로 인류는 아직까지 천국이란 본향 세계로 진입하지 못해 고통을 감내하고 있다. 인류가 엮어온 先天 역사에서 실낙한 상황을 한 치도 벗어나지 못했다. 그렇게 된 원인이 아담의 타락에 기인되었다고 보아, 이것을 일명 원죄설이라고도 부른다.

---

662) 인류의 첫 역사가 가정을 이룬 것으로부터 출발됨. 가정을 이루어야 역사가 이루어질 수 있게 됨.

어떻게 자신과는 아무 상관도 없는 것 같은 원죄가 우리들의 운명과 핏속에 남아 있는가 하고 의아해할 수도 있겠지만, 살펴보면 인류의 대다수는 지금도 하나님에 대해 무지할 뿐 아니라 공공연하게 무신론자를 자처하고 있다. 설사 원죄라고 하지 않더라도 우리들이 처한 실존 상황에서는 누구라도 혹한 유혹에 빠질 수 있고 타락할 수 있는 소지를 안고 있다. 이것은 원죄가 결코 만인과 무관할 수 없는 근거이며, 장담할 수 없는 인간 본성이다. 고를 끊고 청산해야 하는데, 인류 중 누구도 죽을 때까지 이 같은 잠재 가능성으로부터 자유로울 수 없다는 점에서 원죄는 아담이 인류의 후손들에게 남긴 유산으로 유효한 저주인 것이 분명하다. 그런데도 그 책임 소재를 아담에게만 전격 돌릴 수 없는, 우리 자신이 하나님의 뜻을 바르게 준행하지 않았기 때문에 근절되지 않고 있는 죄악이기도 하다. 왜 하나님은 선악을 알게 하는 "열매를 따먹지 못하게 했을까?"[663)664)] 만약의 경우를 대비하여 정녕 죽으리란 엄포까지 놓았는데, 그 이유는? 어김과 함께 부여된 신성한 첫 창조성이 허물어져 버리기 때문이다. 그리되면 이후는 누구도 통제할 수 없는 타락과 죄악이 엄습하고 만다. 비록 작은 구멍이라도 밑창이 뚫려 있으면 그 배는 언젠가는 침몰하고 만다. 인류의 타락 속성도 동일하다. 첫 말씀을 어긴 결과로 인류 역사가 결국 종말에까지 이르고 말았다. 만약 선악과가 에덴동산에 그대로 보전되었더라면? 천국 유업이 계속 이어졌으리라. 하지만 그 축복과 약속은 더 이상 유효하지 않게 되어 아담이 낳은 첫아들 가인이

---

663) 「실낙원에 나타난 구원의 섭리에 관한 연구」, 손은광 저, 명지대학교대학원 영어영문학과 문학석사학위 논문, 2002, p.27.

664) "여호와 하나님이 명하여 가라사대, 동산 각종 나무의 실과는 네가 임의로 먹되 선악을 알게 하는 나무의 실과는 먹지 말라. 네가 먹는 날에는 정녕 죽으리라 하시니라." - 창세기 2장 16~17절.

동생 아벨을 죽이게 되는 끔찍한 악행들이 반복되었다.

그렇다면 아담의 타락 이후 인류 역사는 어떤 양상으로 전개되었는가? 실낙이 의미하는 인류 역사의 본질은? 先天 역사는 하나님의 뜻을 따른 신앙 역사인가, 하나님의 뜻을 어긴 배역 역사인가? 실낙한 이 땅에서 인류가 이룬 것은? 아담의 핏줄을 이은 역사는 일관된 것이 아닌가? 잃어버린 복낙원은 되찾았는가? 에덴 설화는 "인간이 神에게 귀속되어야 하는 영원한 섭리를 밝힌 것인데",665) 지금도 방황하고 있는 이유는 무엇인가? 안타깝게도 대답은 긍정적일 수 없다. 아담으로부터 비롯된 타락과 죄악이 계속 반복되어 인류 역사가 하나님의 뜻을 어긴 배역의 역사로서 점철되었다. 인류 역사는 참으로 하나님의 뜻을 무시하고 속단한 것을 넘어 철저하게 배역한 역사이다. 그렇게 해서 맞이하게 된 결과가 종말이고 총체적인 심판 국면이다. 이것이 피할 수 없는 세계사의 본질이며 대결론이다. 아무런 근거와 원인도 없이 종말이 도래하였겠는가? 실낙한 땅에서는 어떤 영역, 제도, 종교, 사상, 국가, 민족, 문화도 하나님의 영광을 꽃피운 지상 천국을 건설할 수 없었다. 꿈을 실현할 씨앗이 아예 움트지 못했다. 先天 역사는 神의 뜻을 무시한 것을 넘어 인간들이 자신들의 욕망을 채우기 위해 神의 뜻까지도 이용한 역천의 역사이다. 세계사의 어느 영역에서도 하나님의 뜻을 정확하게 알고 실천한 역사가 없다. 자신들은 신실한 백성이고 종이라 자처하였지만 뜻을 알지도 못했으며 온전하게 반영하지도 못했다.

그렇다면 지난 역사에서 인류가 하나님의 뜻을 바르게 파악하지

---

665) 위의 논문, p.5.

못한 이유는 무엇인가? 하나님은 말씀하셨고 약속하셨고 온갖 은혜를 베푸셨는데 오히려 배역하고 만 것은 하나님이 본체를 드러내지 못했고 섭리 역사를 완수하지 못했으며 진리로서의 전모를 밝히지 못한 데 주된 이유가 있다. 누구도 하나님의 뜻을 온전히 알 수 없었고, 모르니까 어긋날 수밖에 없었다. 하나님의 뜻이 함께하지 않은 역사는 완성될 수 없고 분열의 극대화로 언젠가는 종말을 맞이할 것이었다. 피비린내 나는 전쟁과 잔악한 역사 행로가 그치지 않았다. 뜻을 알았을 리 만무하며, 알았다 해도 아전인수 격으로 해석했기 때문이다. 백보 물러서서 진리성을 엿보았더라도 전체를 종합하지 못했기 때문에 결국에는 그릇되었다. 이것이 先天 역사가 벗어나지 못한 분열 본질의 한계이다.

고대 신흥 마케도니아에서 일어난 알렉산더 대왕은 유럽, 아시아, 아프리카에 걸친 대제국을 건설하여 그리스 문화와 오리엔트 문화를 융합시킨 새로운 헬레니즘 문화를 이룩하였고, 세계 시민 사상을 바탕으로 한 코즈모폴리터니즘(Cosmopolitanism)을 이루었다.[666] 그런데도 섭리적인 면에서는 무력에 의한 세계 정복 야욕과 정권 유지가 얼마나 일시적이고 허망한 것인가를 내보인 세계사적 사건이기도 하다. "기원전 323년에 대왕이 불의에 급사하여 한마디 유언도 없게 되자 제국은 그의 유장(遺將)들에 의해 3分되었고, 전쟁의 산물로 탄생된 3대 제국은 또한 서로 전쟁하는 가운데서 살다가 종래는 그 전쟁으로 망하고 말았다."[667] 알렉산더, 그는 결코 대업을 이룬 것이 아니며, 비극적으로 횡사한 왕이다. 하나님의 뜻이 함께하였더라면 그렇

---

666) 『섭리론 본 세계의 역사』, 앞의 책, p.70.
667) 위의 책, p.70.

게 종국을 맞이하지는 않았으리라. 어떤 역사도 상황은 마찬가지이다. 하나님의 뜻이 없다면 어떤 영광도 사상도 제도도 학문도 결국 허망할 뿐이다.

그렇다면 초기 신앙의 어려움을 견뎌내고 그 위에 절대 신권 체제를 구축했던 서구의 중세 천년 기간 동안에는 얼마만큼 하나님의 뜻을 실현시켰던가? 세속 권력까지 장악하였는데 그것이 과연 지상 목표였던 것인가? "기독교 본연인 그리스도 정신과 이상과는 너무도 거리가 먼 기형적인 기독교 사회가 이루어졌기에, 갖가지 쇄신을 강구한 노력에도 불구하고(수도회 운동 등) 세속적인 욕망을 중심 잡은 교권적 투쟁의 악몽에서 깨어나지 못해 부패와 타락의 도만 더해 버렸다."668) 하나님의 본체가 강림하지 못한 상태에서는 하나님의 뜻을 온전히 판단할 수 없다. 그래서 중세인들이 품었던 기독교적 이상은 르네상스란 거센 문예부흥의 물결이 덮침과 함께 허물어지고 말았다.

그래도 중세시대에는 교회는 부패했지만 하나님을 절대적으로 믿은 신앙은 순수했었다고 여겨지는데, 르네상스를 거쳐 근대 사회로 접어들면서부터는 아예 神 자체를 믿지 않는 무신론 사상이 확산되었다. 기독교도 하나님이 살아 계심이 무색할 정도로 인간적인 본색을 드러내는 데 급급했다. 그들이 식민지 개척 과정에서 드러낸 침략적인 야욕과 제국주의적 위압은 급기야 지구 상의 숱한 민족들을 고통 속으로 몰아넣어 아담의 타락과 예수의 십자가 처형, 중세 교회의 부패에 대해 지울 수 없는 죄악만 가중시켰다. 하나님의 은혜와 사랑을 만민에게 전했어야 할 그들이 온갖 악행을 저지르는 역할에 앞장섰

---

668) 위의 책, p.146.

다는 것은 참으로 어처구니없다. 왜 세계사 위에 이 같은 모순과 죄악이 반복되었는가 하면, 각자가 지닌 진리관, 신앙관, 세계관이 지극히 아족적이었기 때문이다. 하나님의 본체가 드러나지 못했기 때문에 주어진 어쩔 수 없는 한계성이다. 神을 버림과 함께 神의 뜻을 배역한 잔악한 역사 행로가 본격화되었다.

"400년 남짓 동안 서구의 국민 국가[669]는 서구 문명 안에서 다극적 국제 체제를 형성하여 서로 어울리고 겨루며 전쟁을 벌였다. 동시에 다른 모든 문명에 진출하여 그들을 정복하고 식민지화해 결정적인 영향력을 행사하였다."[670] "15세기 말이 되자 무어인들은 이베리아 반도에서 마침내 축출당하고 포르투갈의 아시아 정복과 스페인의 아메리카 정복이 시작되었다. 그 이후 250년 동안 서반구 전역과 아시아 주요 지역은 유럽의 지배를 받거나 그 주도권 아래 들어갔다."[671] "스페인은 북미 멕시코에 상륙하여 잔인한 방법으로 원주민 국가인 아즈텍을 멸하고 뉴에스파냐의 식민지를 개설하였다. 1533년에는 불과 200명의 병대로 지금의 남미 페루 지방인 잉카 제국을 탈취하였다."[672] 하나님이 애써 가꾸어놓은 고귀한 창조 꽃을 여지없이 짓밟았다.[673] "유럽 제 민족이 아메리카, 흑인 노예제국(아메리카 남부지역 지칭), 향료제국(동양의 말라카 제도 지칭), 희망봉 등을 발견했을 때 이들을 누구에게도 속하지 않은 것으로 간주했다. 원주민들은 아예 없는 것과 같다고 생각했다. 또한 동인도(힌두교도)에서는 단지 상

---

669) nation state: 영국·프랑스·스페인·오스트리아·프로이센·독일·미국 등.
670) 『문명의 충돌』, 앞의 책, 1997, p.20.
671) 위의 책, p.60.
672) 『섭리론 본 세계의 역사』, 앞의 책, p.251.
673) 서구 문명이 인류 역사에서 다시는 하나님의 구원 사명을 거론할 수 없게 된 이유임.

업적 식민을 의도한다는 구실을 세워 외국(서구)의 군대를 들여보내 원주민을 압박하고 제 국가(인도 지역의)를 광범한 전쟁지역으로 만들고 말았으며 기아, 내란, 배반, 기타 인류를 괴롭히는 모든 화(禍)와 악의 탄식을 있는 대로 모조리 발생시켰다(칸트의 「영구평화론」).”674) 얼마나 하나님의 뜻과 존엄함을 무시한 잔악한 인간 행로인가? 그렇지만 정작 중요한 세기말적인 세계 전쟁은 유럽의 한복판에서 제1, 2차 대전으로 발발하였다.675)

성지를 회복한다는 명분으로 일으킨 유럽 중세의 십자군 원정으로부터 자신들의 신앙을 지키기 위해 싸운 유럽 근대의 종교전쟁, 하나님의 은총 아래 복음을 땅끝까지 전하리라고 한 선교 사명을 앞세워 자행한 신대륙 및 아프리카, 아시아에 대한 유럽의 식민지화 침략 등676) 자신들은 하나님의 뜻을 위한다고 믿었지만 과연 그렇게 한 역사적 행보 위에 하나님의 뜻이 함께했던 것인가? “유럽 근대의 초기 200년 가까이에 걸쳐 같은 유럽인 동지 간에 가톨릭교도와 프로테스탄트(신교도) 간에는 잔인한 살상이 계속되었는데”,677) 같은 하나님을 두고 대립된 이들에 대해 하나님은 도대체 누구 편을 들었을 것인가? 그들은 자신들이 먹고 누릴 세속적인 밥그릇을 챙기기 위해 싸웠다. 이슬람 경전인『코란』에는 “우리(무슬림, 곧 이슬람교도를 가리킴)의 神과 너(기독교도를 의미함)의 神은 같은 한 분의 神이시니, 우리는 그분께 순종함이라.” 그런데도 왜 같은 神을 믿은 두 갈래 신앙

---

674)『역사와 진보』, 이찌이 사부로 저, 지양사, 1983, p.37.
675) 위의 책, p.24.
676) 위의 책, p.107.
677) 위의 책, p.97.

이 1,000년 가까이 처절하게 싸움을 벌였는가?[678] 神의 뜻과 배치된 것이 명백한 사실 앞에서는 다시 천년의 세월이 흐른다 해도 하나 될 수 없다. 神의 뜻을 실천한 역사가 아니다. 뜻을 배역한 역사이고 더 정확하게 말하면 역천한 역사이다.

인류가 神의 뜻을 어기고 죄악이 가중된 이면에는 사상적인 배경도 한몫 하였다. 이런 유의 사상을 추적할진대 인류가 저지른 역사적 행보가 어떻게 해서 배역하게 되었는가 하는 이유가 더욱 분명해진다. 하나님이 천지를 창조하심으로 역점을 두신 것은 에덴동산을 창설하고 아담과 이브를 시조로 한 가정을 두어 이들을 통해 자손을 번성시키고 민족과 나라를 구성할 수 있게 한 데 있다. 비록 아담이 말씀을 어기기는 했지만 하나님이 품으신 원래 뜻은 변함이 없다. 그런데도 서구 유럽은 근대 사회를 이루는 과정에서 이 땅에 하나님의 나라를 건설하려고 한 것이 아니라 인간 중심의 나라를 세우려고 추진 방향을 선회시켜 버렸다. 그것도 이방 백성들은 괄호 밖으로 내던지고 선진 기술과 군사적 우위를 남용하여 자신들만의 이상향을 건설하려고 했다.

이런 아족적 작태를 사상적으로 뒷받침한 전적이 바로 찰스 다윈(C. Darwin)이 기독교의 창조론을 부인하고 내세운 진화론이다. 진화론은 세계 각국을 식민지로 개척하기 위해 혈안이 되어 있던 세력들과 이해타산이 맞아, "제국주의자들이 앞장서 다윈의 진화론을 사회진화론으로 발전시켜 제국주의 시대의 약육강식적인 세계 질서를 합리화시켰다. 강한 국가가 약한 후진국을 침략·합병하는 것은 자연의

---

678) 『철학 역사를 만나다』, 앞의 책, p.87.

이치이고, 그 자체가 역사 발전의 한 과정"이라고 믿었다.679)680) 하지만 그렇게 합리화시킨 진화와 진보 뒤에는 얼마나 피눈물 나는 식민지 약소민족들의 아픔이 있었던가? "서구는 그들이 지닌 사상·가치관·종교의 우위에 의해서가 아니라 조직화된 폭력의 우위로서 세계를 정복하였다."681) 하나님이 뜻으로 세운 지상에서의 왕국 건설을 사명으로 실천하지 않았다. 제대로 했더라면 역사가 이처럼 전개될 수 없다. 그들이 외친 자유와 평등과 神의 뜻은 그들만이 권력과 영화를 독점하기 위한 이기적 이념이다. 자신들의 자유를 유지하기 위해 약소민족의 자유를 억압함으로써682) 평등성은 출발선부터가 이미 불평등하였다.

그런데도 막스 베버 같은 학자는 "근대 문화는 유럽인 특유의 것이며, 자신들만 창조할 수 있고, 유럽 이외의 민족들은 모방이 있을 뿐(문화유형론)"683)이란 독단론을 거침없이 쏟았다. 그들은 군사 강대국으로서의 지위를 지키기 위해 핵무기를 선점했으면서도 세계 평화란 미명 아래 다른 나라는 결단코 핵무기를 더 이상 개발하지 못하도록 압력과 감시의 눈초리를 떼지 않는다. 정말 평화를 위한다면 솔선해서 핵무기를 폐기해야 할 텐데, 그럴 의사가 전혀 없다는 것은 자신들의 군사적 우위를 유지하려 하는 이율배반적 정책일 뿐이다. 이

---

679) 『한국의 역사가와 역사학(하)』, 조동걸 외 엮음, 창작과 비평사, 1996, p.304.

680) "사회진화론은 인간 사회를 생존경쟁과 적자생존의 법칙이 지배하는 사회로 파악하도록 하였다. 강대국이 약소국을 침략하여 식민지로 삼는 제국주의적 침략과 식민 지배의 상황을 필연적이며 불가피한 현실로 받아들였다." - 『21세기에도 우리 문화가 살아남을 수 있을까』, 김기승 외 저, 지영사, 2003, p.356.

681) 『문명의 충돌』, 앞의 책, p.62.

682) "근대 유럽의 자본주의의 체제하에서 자유는 역사적 현실에 있어서 소위 선진국의 내부에 있어서조차 강자가 약자를 수탈 또는 구속할 수 있는 자유를 출현시킨 것이다." - 『역사와 진보』, 앞의 책, p.100.

683) 『역사란 무엇인가』, 이기백·차하형 편, 문학과 지성사, 1982, p.229.

모순된 힘의 강세 역사를 어찌 하나님의 뜻이라고 할 수 있겠는가? 권력뿐만 아니라 서구 문명 전체가 하나님의 뜻과 배치된 방향으로 치달았다. 20세기를 특징지은 거대한 정치 이념들 중에는 사회주의, 무정부주의, 마르크스시즘, 파시즘 등이 있는데, 이들은 한결같이 서구 문명이 낳은 부산물들이다.684) 이뿐만 아니다. 각종 무신론 사상, 유물주의적 사상들도 함께 쏟아내었다. 이런 사상들 위에 하나님이 주재하신 섭리 목적, 곧 인류를 하나 되게 하고자 한 통합 의지를 갖다 대고 보면, 배치된 죄악 구조가 아담으로부터 한 치도 달라지지 않았다는 사실을 확인할 수 있다.

전쟁과 약탈로 수놓아진 인류 역사, 아담의 타락과 예수를 십자가에 못 박은 죄악을 답습한 인류 문명은 결코 하나님의 뜻을 반영한 역사일 수 없다. 눈부신 과학 문명도 알고 보면 神의 절대 권능에 도전한 인간의 오만함이 쌓아올린 배역의 바벨탑일 뿐이다. 서구 국가들이 지금 누리고 있는 문명적 영광은 진정 하나님의 뜻을 따랐기 때문에 내려진 축복이 아니라 착취를 통해 군림하게 된 피방석일 뿐이다. 인류 역사가 배역의 길을 걸었는데 어떻게 하나님의 창조 목적이 이 땅에서 실현될 수 있었겠는가?685) 그런데도 이 같은 사실을 깨닫지 못한다면? 도래할 결말은 종말밖에 없다.

그러므로 인류 역사는 하나님이 밝히신 세계 통합 의지에 근거해 다시 써야 하고 사명을 자각한 자들에 의해 새롭게 펼쳐져야 한다.686)

---

684) 『문명의 충돌』, 앞의 책, p.64.

685) 그렇다면 배역하지 않을 하나님의 참뜻을 알아야 하는데, 하나님은 창조 이래 창조로 인해 분열된 삼라만상 세계와 인류 사회를 하나 되게 하고 통합하고자 하는 것이 참된 목적이다. 그런데도 인류 역사는 이 통합 의지에 반하여 배치된 결과 종말을 맞이하였다.

686) 하나님은 인류를 위해 섭리하셨지만 인류는 이 같은 뜻을 제대로 알고 실천하지 못했다. 그래서 하나님이 이 땅에 강림하신 오늘날 인류를 구원하고 하나 되게 할 분명한 뜻을 밝히신 만큼, 이 뜻에 입각해서

강림하신 뜻을 알아야 만 영혼이 구원되고 원대한 창조 목적을 성취할 수 있다. 그 사명, 그 역할을 누가 담당할 것인가? 만세 전부터 역사를 주재하고 영혼을 구속하신 하나님이 모든 길을 예비해두지 않으셨겠는가? 왜 하나님은 지금까지 역사하신 서구 세계를 떠나 한반도 이 땅 위에서 지상 강림 역사를 완수하셨는가? 하나님이 반만 년 동안 한민족의 역사를 지키신 섭리적 비밀은? 그 뜻을 알진대 한민족은 정말 미래의 인류 사회를 선도할 수 있는 으뜸 백성으로 세워지리라.

인류의 후천 역사는 새롭게 펼쳐져야 한다. 다시 써야 한다면 과연 어떤 관점에서?(-세계 통합)

제12장
한민족 역사의 섭리 비밀

한민족은 단군의 자손으로서 반만 년 역사를 이어온 단일민족임을
자랑하고 있지만, 단군신화를 역사로 보아야 하는가 신화로 보아야 하
는가 하는 문제에 대해서는 논란이 많다. 어차피 사료적인 측면에서는
세계의 어떤 민족 역사도 상고사를 확고하게 파헤칠 수 없다. "5천 년
역사라고 하면서 기록에 남아 있는 것이라고는 고려시대에 와서 편찬
된 『삼국사기』와 『삼국유사』의 몇 권이 있을 뿐이다."687) 삼국시대가
우리 나라로서는 최초의 고대국가 형태를 갖춘 시기라고 보고 있는데,
더 소급되는 것이라면 다시 확인하는 절차를 거쳐야 한다.

그런데 1911년 계연수에 의해 편찬되고 1979년 세상에 알려지게
된 『한단고기(桓檀古記)』688)에 따르면, 우리 나라는 반만 년 역사를
넘어 일만 년 역사를 지닌 민족이란 사실을 기록하고 있다.689) 한국-

---

687) 『뜻으로 본 한국역사』, 앞의 책, p.124.

688) "한단고기의 내용은 삼성기, 단군세기, 북부여기, 태백일사의 4종 史書를 하나로 묶은 것임" – 『한단고
기』, 임승국 번역·주해, 정신세계사, 1986, p.2.

689) "한단고기는 단군 이전의 역사 기록이 적힌 역사서로서, 여기서는 한(환)국시대(桓國時代)가 일곱 분의
한님과 3301년의 역사시대가 있었고, 18인의 한웅에 1565년의 신시개천(神市開天)시대가 있다고 적고
있다. 그러므로 1986년을 기준으로 신시 기원으로는 개천 5884년이요, 한기로는 9185년이 된다." – 위

신시(배달국)-단군조선-북부여-고구려-대진국(발해)-고려시대까지 수 놓아진 한민족 역사의 상고시대가 찬란하기만 하다. 놀라운 역사를 이야기하고 있어 우리 민족의 위대성과 영토 활동 무대가 상상을 초월한다.[690] 눈부신 영웅들이 등장하고 수메르 문화, 중국 문명이 모두 우리 민족으로부터 시작되었다고 밝히고 있다. 광활한 대국을 무대로 찬란한 꽃을 피우며 활약했던 이야기가 담겨 있다. 한 번도 들어보지 못한 이야기이다. 우리 민족은 문자를 만든 최초의 민족이고 (가림토 문자), 최초로 문명국가를 세운 민족이며, 각국에 문명을 전파한 하늘 민족이란 내용을 담고 있다.[691] 5천 년의 역사를 지닌 나라를 예로 들라고 한다면 충분한 조건을 고려하더라도 중국이나 이집트 등 손가락으로 꼽을 정도인데, 그 무엇을 보태더라도 일만 년의 역사와 비교할 수 있는 역사는 지구 상 어디에도 없다.[692] 일만 년 역사는 유사 이래 인류의 모든 역사를 송두리째 감싸 안고도 남음이 있다. 이런 역사가 만에 하나 존재했을 가능성이 있다면 한민족은 망실된 민족 역사를 회복하는 것이 급선무인데, 실증하기 어렵다는 것이 문제이다.

세계 인류가 원시의 미몽에서 깨기도 전인 上古代의 한민족 사회에 지금까지 신화적인 인물로 취급해온 한웅 천황에 의하여 체계화된 합리적인 선행 종교가 있었다는 것을 추정하고,[693] 우리 나라가 삼국

의 책. p.29.

690) "우리 상고사는 중국 대륙＋몽고 대륙＋만주 대륙＋시베리아 대륙＋한반도＋일본 열도에서 전개된 역사이지 결코 한반도만의 역사가 아니다." - 위의 책, p.347.

691) 추적: 한단고기 열풍(상고사의 비밀을 풀 열쇠) - 유인촌 사회, KBS 「역사스페셜」.

692) 아담으로부터 시작된 인류 역사도 6천 년 정도로 가정함.

693) 『민족사상의 원류(신선도의 근원적 규명)』, 안창범 저, 교문사, 1986, pp.24~25.

시대 때 고대국가를 갖춘 것이 아니라 그 이전에 찬란한 한인, 한웅, 단군시대의 문화를 창조하였다694)는 것을 기록하고 있지만(한단고기), 찬란한 역사를 이룬 민족으로서 갖춘 역동성을 그런 기록만으로 확인하기는 어렵다. 아무리 잔존하고 있는 사료를 끼워 맞추더라도 완벽한 복원이 어려운 것인 만큼, 우리는 앞으로 펼칠 역사를 통해 새로운 사명을 자각하는 방법으로 상고사를 주름잡았던 민족이란 사실을 재차 확인하는 수밖에 없다. 찬란한 역사를 이룬 문화민족이 지난 역사를 망실했다고 해서 지금 우리들이 살고 있는 문화 속에 존재하고 있지 않은 것은 아니다.

근원은 알 수 없더라도 지류가 있다면 본류 또한 존재한다는 사실을 안다. 본류만 있다면 어디서도 본류를 있게 한 근원이 존재한다는 사실은 짐작할 수 있다. 한민족이 펼칠 미래 역사가 감히 누구도 거부할 수 없을 정도로 세계사 위에서 찬란한 주류 역사를 이룰 수 있다면 애써 상고사로 덧칠하지 않더라도 역사를 이룬 본류로서 인정할 수 있다. 우리가 부모님의 자식이란 사실은 굳이 호적등본을 떼어보거나 족보를 더듬지 않더라도 확인할 수 있다(사료적 근거). 나의 핏속에 사랑과 은혜를 이은 근원이 함재되어 있다. 고고학적인 발굴 성과를 통하지 않더라도 선조들이 이룬 문화적 전통은 지금 우리들이 호흡하고 있는 생활 의식 가운데서 도도히 흐르고 있다. 함축되어 있어 역량을 일깨울진대 놀라운 역사를 재현하지 못하리란 법도 없다. 남북의 허리는 가로막혀 있어도 산맥들은 뻗어서 북으로 향하였고, 임진강은 흐르고 흘러 남한의 들녘을 적시고 있다. 일만 년을 이

---

694) 『한단고기』, 앞의 책, p.4.

론 상고사의 맥이 이어지고 이어져 지금 우리의 혼맥 속에 머물고 있지 않다 할 것인가? 천만 년 동안 펼쳐진 섭리 역사는 일체의 사료적 근거를 초월한다. 창조 역사는 일관되어 있어, 맥을 추적할진대 어떤 태고적 상고사도 이 시점에서 판단할 수 있다. 하나님이 만세 전부터 모종의 비밀을 함축시켜 놓은 것일진대, 섭리된 맥은 충분하게 탐색할 수 있다.[695]

판단할 수 있는 근거가 존재할진대 우리 민족의 문화와 역사와 사상적 전통을 들추어보면 근원적인 뿌리 문명인 것을 추정할 수 있는 특성을 발견하리라. 나무를 보고 그것이 뿌리인지 가지인지조차 분간하지 못할 사람은 없을 것이듯, 문화와 역사도 마찬가지이다. 상고 역사가 지금까지 존재한 문명 역사를 파생시킨 근원 본체인 것이 사실이라면 거기에는 반드시 뿌리 문명으로서 지닌 특성이 존재하고 있다. 인류 역사를 더듬어 보라. 아무리 흥기한 제국들도, 영혼 구원을 표방한 고등 종교들도, 영원한 진리를 주장한 사상들도, 인류 사회를 하나로 결속시킬 만큼 통합력은 발휘하지 못했다. 모종의 근원으로부터 뻗어난 가지 문명이었기 때문에 부분적인 본질성에 머물렀다.

하지만 일체의 문화와 종교와 제도를 파생시킨 한민족의 상고 문명은 뿌리 문명이기 때문에 뿌리 문명다운 특성을 생각과 사상과 연면하게 이어온 문화 전통 속에서 남김없이 표출하였다. 우리보다 더 유리한 조건 속에서 상고사를 들여다볼 수 있었던 신라시대의 최치원은 "우리 나라에 현묘한 道가 있으며, 그 길은 유교와 도교와 불교의 교리를 모두 포함하고 있다"고 천하불후의 금석 같은 말을 비문에

---

695) "5천 년 역사를 가만히 씹어 보면 모든 시대의 일은 각기 다 다르면서도 한결같이 그 밑을 꿰뚫어 한 개의 뜻이 움직이고 있음을 알 수 있다." - 『뜻으로 본 한국역사』, 앞의 책, p.37.

남겼다(난랑비서문).”696) 혹자가 밝힌바, 민족의 전통 사상 뿌리에는 신선도(神仙道)가 있는데, “이 道는 인류 사회의 어느 문명보다도 먼저 개화하여 먼저 사라지기는 했지만, 참으로 현묘한 道로서 세계적, 일원적, 호혜적 성격을 가진 원융 무애한 종교이다. 현대 종교가 전체주의와 개인주의, 유물론과 유심론, 자기와 타인, 흑과 백, 선과 악처럼 양극관계의 대립과 갈등을 조장한 종교라면, 신선도는 양극관계의 대립과 갈등을 능동적으로 해소시키고 융화 내지 포용한 종교”697)라고 강조했다. 한마디로 신선도는 근원된 뿌리 문명으로서 통합적인 본체 문명인 근거를 지녔다.

儒·佛·道 삼교가 분파된 종교인 것이 확실하다면 그 뿌리는 정말 무엇인가? 보다 상위 체제로 존재했던 문명을 추적해서 찾아야 한다. 현재의 분파성을 보고 근원을 추적하는 방법이다. 민족의 고유 경전인 『천부경』에서는, “하나(一)란 우주의 근본이요, 만유의 비롯되는 수이니, 이 하나보다 먼저 비롯됨이 없느니라. 이를 분석하면 하늘과 땅과 사람의 삼극(三極)이 되지만, 그 근본은 다함이 없다”698)고 했는데, 이 진언은 우리 민족이 바로 만유를 있게 한 바탕 민족이고 하나님의 뜻을 받든 시조 민족이란 사실을 시사한다. 그리고 이것은 『천부경』이 이와 같은 경전을 지킨 한민족에게 알리고자 한 섭리적 비밀이다. 한민족은 나라가 개천한 때부터 제세이화(濟世理化), 홍익인간(弘益人間)을 선포함으로써 만유를 이롭게 하고 포용하고자 한 기본 틀을 갖추었다.699) 한민족의 상고 역사는 더 이상의 근원을 찾을 수

---

696) 『한단고기』, 앞의 책, p.367.

697) 『민족사상의 원류(신선도의 근원적 규명)』, 앞의 책, p.1, 3.

698) “一始無始一 析三極無盡本” - 『전환기의 한국종교』, 앞의 책, p.119.

없을 만큼 무진본에 뿌리를 둔 민족인 것을 확인할 수 있는바, 콩 심은 데 콩 나고 팥 심은 데 팥이 나는 것과 같은 시원 문명이고, 바탕이 된 문명으로서 걸맞은 통합성과 귀일적 특성을 발휘했다. 이 같은 통찰 관점은 반만 년에 걸쳐 엮어진 한민족의 역사가 지닌 섭리적 비밀을 푸는 관건이기도 하다.

이 땅의 종교인 원불교는 법신불 일원상(法身佛 一圓相)을 신앙의 대상과 수행의 표본으로 삼고 있는 민족 종교인데, 일원은 우주 만유의 본원이고, 제불제성(諸佛諸聖)의 심인(心印)이며, 일체 중생의 본성이라고 설명했다. 바탕 본체이기 때문에 대소 유무에 있어 분별이 없는 자리이고, 생멸거래(生滅去來)에 있어 변함이 없는 자리이며, 선악 업보가 끊어진 자리이다. …… 아무리 만유가 각자 다르게 존재해도 바탕이 된 근원은 일원이며, 일원은 만유의 본원이다.[700] 본원이 있기 때문에 만유는 본체를 벗어날 수 없고, 근원이기 때문에 결국은 일원으로 귀일한다. 일원은 삼라만상을 있게 한 바탕 본체 자리로서 만상, 만 역사, 만 문화를 포용한다.

기독교 문화는 다른 이방 문화를 담아낼 여력 공간이 남아 있지 않아 자기 문화 외는 모두 배척하였으며, 이슬람은 타 민족을 무력으로 정복하였지만, 한민족은 본체 문명이고 바탕 문명이기 때문에 말미암게 된 일체 문화를 거부감 없이 포용하였다. "한국 사회에는 무속 또는 샤머니즘(Shamanism) 같은 선사종교와 양생과 불로를 추구하는 도교와 같은 고대 종교뿐 아니라 유교, 불교, 기독교와 같은 세계 종교가 서로 공존하고 있다. 다시 말해서 시간적으로는 선사시대로부터

699) 『현대문명의 성향』, 김정의 저, 혜안, 2001, p.14.
700) 『전환기의 한국종교』, 앞의 책, pp.153~154.

현대에 이르기까지, 공간적으로는 동양과 서양의 대표적인 종교들이 한국인의 생활 영역 안에서 자리 잡고 정신생활에 영향을 주고 있다. 이들은 모두 동등한 영향력을 행사하면서 한국인에게 살아 있는 문화요인으로서 공유되고 있다. 한국은 인류 종교의 전시장으로서, 다종교 현상이야말로 한국 종교 현실의 대표적인 성격이다."701) "한국은 이미 중국적인 문화,702) 인도적인 문화, 일본적인 문화를 소화시켰고, 미국적인 문화마저 소화시켜 동서 문화를 모두 섭렵한 통합 문명을 일구고 있다."703)

한민족이 기억조차 아득한 상고시대에 인류 문명을 파생시킨 시조 문명이고 시원 문명으로서의 역사적 소임을 다하고 사라졌다는 것은 아무 근거 없는 주장이 아니다. 상고로부터 지금까지 이어진 섭리적 가닥을 확인할 수 있기 때문에 충분하게 추정할 수 있다. "『주역』에서는 帝가 震에서 나오고…… 만물이 진에서 나오니 진은 동방이라고 해석했다. 즉, 해가 뜨고 달이 뜨는 것과 세상만사 모든 것이 동방에서 시작된다는 것은 자연의 이치이다."704) 한반도는 아시아 대륙의 동쪽 끝에 위치하여 떠오르는 태양을 제일 먼저 맞이하는 민족이다. 이런 지리적인 특성 때문에 한민족은 태양을 처음 맞이한 민족으로서의 신성함을 간직하고 있다. 여느 종족이나 민족이 지구 상 곳곳에서 태양을 숭배하는 행위와는 격조가 다르다. 한민족은 선천적으로 신성함을 한 몸에 지니고 있는 하늘 민족으로서의 신비감을 문화적

701) 위의 책, p.16.
702) 유교는 그 영향력이 퇴보된 것 같지만 "1984년 12월 한국 갤럽조사 연구소가 서울지방에서 실시한 종교조사에 의하면 응답자의 91.7%가 유교적 신념 체제에 근거해서 살아가는 이른바 실천유교인이었다." - 위의 책, p.19.
703) 『현대문명의 성향』, 앞의 책, p.318.
704) 『민족사상의 원류(신선도의 근원적 규명)』, 앞의 책, p.22.

으로 풍겨 내었다. 그것이 바로 인류 역사의 시원 민족으로서 지닌 섭리적 비밀이다. 그렇기 때문에 정말 원조 문명답게 다른 민족이 한 국 문화를 바라보았을 때는 무언가 본향 문명에 대한 동경과 장엄함 과 비밀감에 휩싸인 격조를 느꼈으리라. 우리 나라의 국기인 태극기 나 아리랑은 그와 같은 신비감을 일으키는 대표적인 대상이다. 아리 랑의 그 빠르지도 그렇다고 너무 느리지도 않은 곡조의 흐름은 인류 가 태초부터 간직한 원초적인 정감을 품어내고 있다. 신비감과 경외 감이 흠씬 묻어 있다. 또한 태극 문양은 푸른 색깔과 어울린 검붉음 이 바다 위로 떠오르는 일출의 장엄함을 표상하고 있어, 지구 상의 문명들이 그렇게 떠오른 태양과 함께 시작된 것을 추정하게 한다. 상 식적으로 보아도 해를 가장 먼저 맞이한 한국인은 시차상 1시간 늦은 필리핀인보다 일찍 눈을 떠 문명의 밭을 일구었으리라. 단지 문제는 해가 일찍 뜬 곳에서는 그만큼 해가 일찍 지는 것처럼, 한민족의 문 명 역사도 같은 운명이다. 한민족은 문명의 해를 먼저 맞이했기 때문 에 문명의 해가 먼저 져버렸다. 먼저 핀 꽃일수록 먼저 낙화되고 만 다. 한민족의 상고사는 시원 문명으로서 인류 사회의 어떤 문명보다 먼저 개화했지만 안타깝게도 먼저 사라져 버려 지금은 흔적을 찾기 어렵게 되었다.[705]

우리는 자신의 탄생 과정을 기억할 수 없는 것처럼 한민족의 상고 사도 비슷하다. 하지만 철이 들면 부모로부터 자신이 어떻게 태어났 는가를 알 수 있는 때가 오는 것처럼, 우리의 상고사도 하나님이 강 림하심으로서 의문을 풀 수 있게 되었다. 인류 역사가 걸어온 발자취

---

705) 위의 책, p.1.

와 한민족이 쌓아올린 문화적 특성을 근거로 섭리된 역사를 판단할 수 있다. 인류가 지난날 걸은 문화의 전파 경로는 누가 보더라도 분명한 것인데, 그 루트는 마치 태양의 이동 경로가 그러하듯 동방에서 발생하여 지중해, 대서양을 거쳐 태평양시대를 이루었고,[706] 그 과정에서 인류의 유수한 문화유산들이 한결같이 한반도로 흘러들어 집적되었다. 이런 경우를 역사적으로 경험한 나라는 지구 상 어디에도 없다. 왜 그런가? 한반도는 바로 문명의 시원 해가 떠오른 곳으로서 인류의 상고 문명을 발생시킨 곳이고, 반드시 귀환해야 하는 문명 역사의 근원된 본향이었기 때문이다. 연어는 더 넓은 세계로 진출했다가도 산란기가 되면 자신이 태어났던 강으로 다시 거슬러 올라가고, 무성했던 만물도 결국은 본래의 뿌리로 돌아가는 것과 같이, 인류 역사도 섭리적으로 처음 문명이 발생된 본향을 찾아 나섰다. 태양을 가장 먼저 맞이하는 민족이 둘이 있을 수 없는 것처럼, 문명의 태양을 제일 먼저 맞이한 원천 민족도 둘이 존재할 수 없다.[707] 그래서 파생된 사상과 문화들이 손에 든 지도 하나 없이, 휴대한 나침반도 없이 한반도를 향해 본성적으로 길을 찾아 나섰다. 한민족은 이런 섭리의 신비함과 경건함과 존엄한 비밀을 자각해야 한다. 그렇게 해야 한민족은 미래 역사를 이끌 문화 민족으로서 역할을 다할 수 있다.

---

706) "세계사는 동방에서 서방으로 진행한다. 왜냐하면 유럽은 세계사의 마지막이고 아시아는 역사의 시작이기 때문이다. 동양이라는 것은 그 자체로서 상대적인 것이기는 하지만, 세계사에는 절대적인 의미에서의 동방이 있다. 지구는 구체를 이루고 있는데도 불구하고 역사는 지구의 둘레를 원을 그리면서 도는 것이 아니고 오히려 역사는 일정 동방을 가지며, 이 동방이 아시아이다. 밖에 있는 자연의 태양도 여기에서 떠올라 서쪽으로 진다(헤겔)." —『역사철학강의(만화)』, 헤겔 저, 심옥숙 글, 배광선 그림, 김영사, 2009, p.192.

707) "아시아의 세계사에 있어서의 위치는 일반적으로 일출(日出)의 세계라는 것이다. 물론 아시아는 아메리카에서 본다면 서쪽에 위치한다. 그러나 유럽이 일반적으로 구세계의 중심이고 종국이며, 그러한 의미에 있어서 절대적으로 서쪽이라는 점에서 보면 아시아는 절대적으로 동쪽이다. 따라서 정신의 광명과 세계사는 아시아에서 시작하였다(헤겔)." — 위의 책, p.192.

인도에서 발생한 대승불교의 이동 경로를 보라. 간다라, 서역을 거쳐 전진, 전한(→ 동진)으로 갈라진 불교가 고구려, 백제, 신라를 거쳐 일본까지 전해진 것이니,[708] 그 도도한 경로를 눈여겨보라. 한민족이 시원이었기 때문에 한반도를 향했던 것이고, 이 땅이 바로 그들의 최종 도달 목적지였다.

"인류의 문화는 아무 데서보다도 동방에서 와서 그 세계성, 보편성을 발양하였다. 그런데 조선은 동방의 지진두(地盡頭)에서 오랫동안 酉에서 유동하여 오는 모든 문화를 모조리 받아가지고 동서 문화의 종합적 보유자로 특이한 존재를 세계의 역사상에 빛내고 있다(「조선불교」, 제9장)."[709]

불교, 유교, 기독교 등 각 문명을 대표한 종교들이 정작 교주가 태어난 종교 발생의 근원지에서는 무성했던 가지가 거두어져 버렸는데, 문명적 대류가 한결같이 한반도에 이르러 결실을 맺고 엑기스 상태로 보존되었다. 이것은 한민족이 지닌 문명이 뿌리 문명이기 때문에 뿌린 씨에 대해 열매를 거두어들인 형국이다. 그래서 무성했던 문명들은 시들어 버렸지만 만개한 결과는 열매로 맺어져 한민족의 역사 속에 비축되었다. 열매는 그 식물의 종(終)이면서도 열매가 간직한 씨는 다시 새로운 싹을 틔우는 시(始)가 되듯, 先天 하늘에서 만개된 문명을 모두 거두어들인 한민족은 축적시킨 문화적 저력을 바탕으로 장차 어떤 문명 역사를 다시 펼칠 것인지 귀추가 주목된다.

따라서 우리는 하나님이 한민족을 불러일으키기 위해 지난날 어떤

---

708) 『한권으로 읽는 인도사』, 김진섭 엮음, 이명선 그림, 지경사, 2007, p.154.
709) 최남선의 불함문화권(不咸文化圈) - 『역사란 무엇인가』, 앞의 책, p.321.

섭리 역사를 펼쳤는가 하는 것을 상세하게 알아야 한다. "한국 사람으로서 한국 사람인 것을 발견하는 가장 현명한 방법은 한국의 역사를 정당히 이해하고 올바른 사관을 파악하는 일이다. 그러나 대부분은 표면적으로 나열해서 기록한 것이 많고, 우리 민족과 우리 나라의 역사적 성격과 본질을 깊이 파고들어가 높은 시야에서 통찰하고 앞으로 전개될 민족의 미래에 대하여 예견하는 사관을 쓴 것은 일찍이 찾아볼 수 없었다."710) 하나님이 한민족에게 두신 섭리 뜻을 살펴야 반만 년 역사, 아니 그 이상의 역사까지 이 시대에 다시 살릴 수 있다. 한민족은 엄청난 역사적 잠재력과 문화적인 역동성을 함축하고 있지만, 크로체(1866~1952)가 지적한 것처럼 내적 동기를 부여받지 못해 침체되어 있다. 섭리를 통찰할진대 한민족은 반드시 자체 역사에 대해 인식을 달리한 계기를 가지리라.711) 역사를 어떻게 보는가에 따라 한민족은 고난만 당한 힘없는 민족으로 보이기도 하고 고난을 감수한 의로운 민족으로 승화되기도 하리라. "독일의 철학자인 딜타이(1833~1911)는 역사의 의미는 고정되어 있는 것이 아니고 역사가의 시대와 문화적 위치와 개인적인 세계관의 적극적 관심도에 따라 달라진다고 했다. 그의 영향을 받은 크로체는 역사란 본질적으로 역사가가 지닌 현재의 눈을 통하여 현재의 문제에 비추어 과거를 보는 데서 성립한다고 했다. 역사는 역사가의 현재성과 더불어 영원히 현대의 역사가 될 수밖에 없다. 생의 발전이 요구하면 죽어 있던 역사도 다시 소생하고 과거의 역사가 다시 현재가 된다."712)

---

710) 『뜻으로 본 한국역사』, 앞의 책, p.454.

711) 『한단고기』, 앞의 책, p.419.

712) 위의 책, p.417.

그런 만큼 한민족의 역사를 어떻게 볼 것인가 하는 문제는 우리가 역사를 어떻게 이룰 것인가 하는 문제보다 더 중요하다. 새로움을 자각하면 은총이 되고 모르면 숙명이 된다. 알면 하나님의 백성이 되지만 모르면 종으로 전락하고 만다.[713] 사실이 아닌데 허풍만 친다면 죄가 되므로, 이 연구는 하나님이 한민족의 역사 위에 두신 사랑과 뜻을 줄기차게 밝혔다. 섭리된 가닥을 분명하게 제시했는데 믿음과 용기가 부족해 사명을 받들 수 없다면 누가 힘을 더 보탤 수 있겠는가? 출애굽 당시 이스라엘은 노예집단에 불과했지만 하나님이 부르시자 응해서 믿음을 불태웠기 때문에 당시 가장 강성한 이집트의 울타리를 벗어나 자유를 얻고 특별한 예외로서 존경받는 국민이 되어 하나의 형태를 이루었다. 그들이 선택되었다는 것은 하나님의 임재, 인도, 구원 역사를 통해 확인할 수 있고, 역사를 통해 하나님의 존재 속성까지 드러내었다.[714]

마찬가지로 한민족도 이 땅에 강림하신 하나님의 뜻을 자각해야 하나님이 한민족의 역사를 통해 만민을 구원하고자 하신 뜻을 발견할 수 있다. 한민족은 하나님이 두신 섭리 의지를 분명하게 자각해야 한다. 그래서 하나님은 이 땅에 함석헌과 같은 선각자를 미리 보내어 민족의식을 일깨우게 한 것인지도 모른다. 우리는 그가 외친 말에 귀를 기울여야 하고, 뜻을 새겨 역사를 새롭게 도모해야 한다. 한민족의 역사를 섭리사에 입각해서 개척해놓았으므로 남은 자들은 이에 대한 각론을 펼칠 수 있어야 한다.

함석헌이 『뜻으로 본 한국역사』를 쓰게 된 정신적 기조는 그리스

---

713) 『뜻으로 본 한국역사』, 앞의 책, p.83.
714) 『현대문명의 성향』, 앞의 책, p.258.

도가 명하신바, "새 술은 새 부대에 넣으라(눅 5:38)"란 종말사관에 있다. 하나님은 이스라엘 민족에게 온갖 축복과 약속을 주셨지만 이후의 역사를 살펴보면 그들만을 통해 역사하신 것이 아니란 결론이다. 초기 압박시대에 성도들이 흘린 피를 의롭게 여기사 새로운 시대, 새로운 땅에 새 선민인 게르만족을 택하여 그들로 하여금 중세 서구의 기독교 역사 장을 장식하게 하셨다.715) 삼위일체 교리와 개신교 신앙도 처음에는 아무것도 있지 않았다. 오직 자신들의 신앙이 옳다는 믿음 하나로 온갖 이설을 물리치고 얻게 된 역사의 산물이다. 역사는 개척하는 것이고 새롭게 창조하는 것이다. 그래서 현 시대를 정확하게 진단해서 새 시대를 대비할 것을 외쳤다.

"미래의 싸움은 진리로 싸우는 싸움이요, 믿음으로 이기는 싸움이다. 유교도 저 할 일을 하려다가 채 못했고, 불교도 저 할 일을 하려다가 채 못했고, 기독교도 저 할 일을 하려다가 채 못하고, 세계는 크게 달라졌다. 모든 문명, 모든 종교의 찌꺼기를 다 지고 새 날을 위해 준비를 하려는 우리에게는 새 종교가 필요하다. 뜻있는 자는 싸움 준비를 할 때이다. 새 시대를 낳으려는 세계의 산통의 소리가 점점 높아간다. 불안의 공기가 세계를 뒤덮었다. 그러나 그것은 불길이 서기 전에 설 엉키는 연기와 같이 차차 오려는 위대한 시대의 예고에 지나지 않는다. 그러므로 용사들아 옷을 팔아 칼을 사라. 세대는 보통이 아니다. 낡은 관념의 옷, 제도의 옷, 의식의 옷을 팔아 좌우에 날선 진리의 검을 사라. 낡은 종교, 낡은 세계관, 낡은 역사 철학, 낡은 인간 의식, 지상의 도덕, 지상의 사상을 모두 팔라. 팔아서 영원의 풀무간에서 거룩한 대장장이가 다듬어낸, 정금보다 더 순수한 진리의 검을 사라. 이제부터 소용 있는 것은 그것뿐이다."716) "새 프로테스탄트가 나와야 한다. 종교개혁이 다시 나와야 한다. 어느 종교나 종파만 아니라 통히 종교 그것이 새로워

---

715) 『섭리로 본 세계의 역사』, 앞의 책, p.115.
716) 『뜻으로 본 한국역사』, 앞의 책, p.452.

져야 한다. 먼저 왔던 것이 제때에는 저 할 일을 다 했지만 제때가 지나간 다음에는 그냥 서 있으면 이제는 도둑이요, 강도이다. 그러므로 그들을 내쫓고 새 말씀을 외쳐야 한다. 그러기 위하여 새 역사 이해를 가져야 한다."[717]

그는 先天의 진리가 지닌 사명이 한계점에 도달했다는 사실을 누구보다 뼈저리게 절감한 선각자이다. 하지만 장차 올 그날은 누가 아느냐? 자신도 알 수 없고 아무도 모른다고 고백했지만, 때가 이른 오늘날 한민족은 하나님이 이 땅에 강림하신 역사를 통해 그날을 맞이하게 되었다.

"지금까지 인류가 추종했던 역사의 목표가 그 반대편에서 비친 허상이란 사실을 알게 되었다면 어떻게 될 것인가? 방향을 돌이켜야 하므로 앞섰던 자가 나중 되고 나중에 섰던 자가 앞서게 되는 사태가 초래되리라. 이제 보기에는 인류 역사 위에서도 그런 일이 일어나려 하고 있다. 때가 오려니와 지금이 그때다. 벌써 일어나고 있다. 한국이 세계의 한국이 되려고 하는 것이 무엇을 의미하느냐? 이때까지 약육강식을 근본 원리로 삼고 나오던 문명이 차차 그 목표가 허상인 것을 알기 시작했다. 이제 장차 역사의 방향이 180도 변할 것이다. 반드시 그렇게 될 것이다. 앞으로의 역사는 도덕적인 싸움이 될 수밖에 없다. 그날에는 다, 그날에는 한국이, 하기만 하자 한다면 할 일이 있지 않을까?"[718]

무력, 자원, 자본, 땅덩어리 크기보다는 도덕, 진리, 의를 지킨 것이 앞으로의 인류 사회를 이끌 진정한 원동력이라고 할진대, 이런 조건이라면 한민족도 이때쯤 드디어 히든(hidden) 카드를 던져볼 만한 민족이다.

---

717) 위의 책, p.29.
718) 위의 책, pp.441~442.

"우리 민족은 세계사의 무대에서 이렇다 할 만한 것을 한 일이 없이 기다렸다. 한편 구석에서 학대받고 있는 동안에 이 밤이 다 새는가 하였다. 그러나 이제 때가 왔다. 세계의 불의를 담당함으로써 인류의 역사를 도덕적으로 한층 높이 올리는 일이다. 그것이 역사의 하수구 아닌가? 낮은 일은 높은 맘이 아니고는 할 수 없고, 작은 일은 큰맘이 아니고서는 할 수 없고, 더러운 것을 치우려면 무엇으로도 더러워지지 않는 마음이 있어야 하고 죄를 처분하려면 어떤 죄로도 상하지 않는 거룩한 혼이 있어야 할 것이다. 이것을 하기 위하여 하나님이 우리에게 주신 것이 착함이다. 不忍之心이다. 仁이다. 몇 천 년 동안에 우리는 한 번도 남을 침략한 일이 없다."[719]

한민족은 반만 년 동안 하나님의 뜻을 지키기 위해 고난받는 민족이며, 고난을 통하여 하나님의 사명을 받들 수 있도록 믿음을 준비한 민족이다. "자기보다 더 위대한 힘을 믿는 것이 수난의 道이다."[720] 고난을 통해 오히려 어떤 어려움도 헤쳐 나갈 수 있는 역량을 갖추었다. 하나님을 의뢰할 수 있는 여건을 마련하게 된 것이나니,[721] 민족의 장래를 결정하는 것은 자체로 어떤 능력을 지녀서가 아니다. 섭리가 그렇게 명하기 때문이다. 역사의 필연이다. 그래서 세계 불의의 결과가 우리에게 지워졌다. 만일 그것을 깨끗이 씻지 못한다면 다른 사람은 할 자가 없다. 사명은 우리가 아니고서는 짊어질 자가 없다. 영국도 그것을 할 수 없고 미국도 그것을 할 수 없다. 그것을 하기에 그들은 너무 넉넉해졌고 너무 높아졌다. 세계의 하수구요, 공창인 한민족만 할 수 있는 일이다. 하지 않으면 안 되는 일이다.[722] 이 뜻, 이 사명을 한민족이 깨달아야 한다. 지중해를 제패해서 세계적인 대제국

---

719) 위의 책, p.445.
720) 위의 책, p.447.
721) 하나님으로부터 새로운 사명을 받들 수 있도록 일체 힘없는 민족으로서 지켜짐.
722) 위의 책, p.448.

을 건설한 로마인과 해상강국을 이루어 세계의 역사를 주도한 대영제국이 영원할 것처럼 위세를 떨쳤고 온갖 영화를 누렸지만, 결국 역사의 무대 뒤로 사라지고 만 것은 무슨 이유 때문인가? 위대한 문명의 창시자였던 애굽은 왜 멸망하였는가?[723] 하나님의 의를 지키지 않고 뜻을 바르게 실천하지 않았기 때문이다.

따라서 우리가 지난 역사 속에서 하나님이 이루고자 하신 뜻을 발견해야 하는 것은 그렇게 했을 때 펼쳐지게 될 새로운 역사의 해석 지평이다. 하나님이 강림하신 뜻을 알아야 그로부터 상상을 초월한 섭리의 비밀 가닥을 붙들 수 있다. 영원한 나라를 세울 수 있는 건축 자재이다. 상고사가 지닌 불명확성을 극복하고 한민족의 역사가 얼마나 창대할 것인가를 안다면, 그것은 상고사에서 빛났던 찬란한 역사 이상이다. 통합 문명 뿌리가 오랜 때를 기다려 다시 발아될 것이나니, 싹이 움 돋고 가지가 뻗어날진대 그 늘어난 가지가 능히 만대까지 인류 역사를 영화롭게 하리라. 누구도 아닌 바로 한민족이 만세 전부터 예비된 하나님의 뜻과 인류 사회를 위하여 행해야 할 사명 과제를 받들어야 고통받고 방황하는 영혼을 구원할 수 있는데, 이런 과제를 함석헌이 앞서 통찰하였다. 그가 이런 사상을 세우게 된 것은 수운의 개벽관처럼 先天 진리의 운수가 다한 것을 통감했기 때문이리라. "기성 종교는 그대로 화석이 되어 역사의 지층 속에 남고 말 것이라 믿고"[724] 새 진리, 새 종교, 새 사상, 새 시대, 새 사명, 새 인물을 구하고자 했다. 새로움에 대한 형태와 구비 조건도 지극히 통합적이다. 한민족이 지혜를 쏟아 이루어내어야 할 과제이다.

---

723) 위의 책, p.436.
724) 위의 책, p.27.

"지금은 과거의 세계관이 거의 해체되어 버리고 새것은 아직 얼거리도 잡지 못한 때이다. 보편적 세계 이상의 결여, 이것이 현대가 당하는 비참의 원인이다. 이 때문에 모든 정력이 쓸데없이 소모되고 있다. 지금 핵무기의 실험 같은 것은 그 한가지이다. 이 때문에 문명의 날카로운 기계가 도리어 인류의 자살하는 연모로 되지 않나 하는 두려움을 품게 되었다. 현대를 건지려면 군축회의 경제회의도 필요하겠지만, 그보다 먼저 새로운 세계 이상을 세워야 한다. 머리가 달라져야 한다. 달라져도 웬만한 정도가 아니라 아주 근본적으로 달라져야 한다. 그것을 위하여 역사를 고쳐 읽자는 것이다. 이제는 모든 인류의 아들들을 지금까지 서로 원수인 듯 다투고 죽이던 모든 민족, 나라, 인종, 교도, 주의자를 총동원하여 한 전선에 내세워 모든 모순, 모든 허비, 모든 오해를 다 내버리고 새로운 건설적인 하나에 향하게 하여야 한다. 그것 못하면 가장 열심 있는 노력이 도리어 길을 더디게 하는 방해요, 가장 높은 도덕이 도리어 역사를 떨어뜨리는 추요, 가장 깊은 재주가 도리어 사람 죽이는 독이 된다. 그러므로 전일화(全一化)하는 인류적 동원령은 절대로 시급하다. 그런데 그것은 세계 역사의 새로운 해석 아니고서는 안 된다. 한 조상을 어서 발견해야 한다. 그리하여 한 형제인 줄 알아야 싸움을 그만둔다. 한 나라 백성인 줄 알아야, 그리하여 한곳에 가서 만날 것을 알아야 서로 제 주장하기를 그칠 것이다. 하나를 어서 인식하여야, 그리하여 각각 서로 한 몸의 지체인 것을 깨달아야 이 미친 자살적인 경련이 그칠 것이다. 그러나 그 하나를 가르쳐줄 자가 누구냐? 하나를 믿는 자만이 할 수 있을 것이다."[725]

모두를 하나 되게 하는 것이 대립을 극한 先天의 인류를 손잡게 하고, 새 역사를 창조해야 종말을 맞이한 인류를 구원할 수 있다. 그런데 이 같은 사상은 함석헌이 독창적으로 입안한 신념이 아니다. 한민족이 펼친 유구한 섭리 가닥을 붙든 것이며, 지속적으로 해결하고자 했던 절실한 과제이다.

역사적으로 인간 사회에 큰 변화가 있을 때는 그 이면에 보다 큰

725) 위의 책, pp.26~27.

틀로서의 세계관이 뒷받침되어야 했다. 즉, 삼국의 여건은 다 비슷하겠지만 무속 신앙과 조상신 숭배(박혁거세, 김알지 탄생 설화) 신앙을 기반으로 한 신라 사회가 여러 부족들을 통합한 고대 국가로 발전하기 위해서는 부족의 조상신 차원을 넘어서는 보편적 종교 및 사상이 요청되었다. 각자가 조상신, 무속 신앙을 앞세운 상태로서는 여러 부족과 씨족을 함께 아우르는 국가적 통합이 어려웠다.726) 이런 요구 앞에서 시대에 부응한 영웅이 등장했었고 다양한 사상들이 잉태되었다. 옛 질서는 무너지고 새로운 가치관은 세워지지 않은 상황에서 새 시대를 이끌 이념을 제시한 사람들이 나타났다.727) 서양에서는 데카르트가 이 요구에 부응했는데, 신라에서는 원효와 의상 등이 불교를 통해 역할을 담당했다. "삼국이 분열하여 쟁투한 시대적인 상황 속에서 통합과 화쟁이란 신라 불교의 개성을 잉태시켜 외연(外緣)으로서 작용했다."728) '보편성에 입각한 통합 이념의 전개'729)는 이후로 한국 불교의 전통을 이루었다(통불교).

이와 같은 전통과 경험을 가진 한민족이 오늘날 세계에서 유일한 분단국가로 남게 되었다는 것이 의미하는 참으로 속 깊은 뜻이 무엇일까? 몸에 상처가 생기면 면역 체제가 그곳으로 집중되는 것처럼, 우리 민족은 다른 어떤 민족보다 분단 상황을 극복할 통합 이념과 논리를 활발하게 생성시켜야 한다. 그래서 "한국의 사학계는 1960~1970년대에 식민사관을 극복하고 민족사학을 수립하기 위하여 노력

---

726) 『원효와 의상의 통합사상』, 박태원 저, 울산대학교출판부, 2004, p.8.
727) 『철학 역사를 만나다』, 앞의 책, p.124.
728) 『원효와 의상의 통합사상』, 앞의 책, p.11.
729) 위의 책, p.7.

해왔고, 1970년대 중반부터 냉전 이데올로기와 분단의식을 극복하고 통일을 지향하는 역사학을 수립하려 하고 있다. 구체적으로 통일을 준비하고, 또 통일 이후까지 전망하는 한국 사학을 수립해야 하는 과제를 안고 있다."730) 그래서 함석헌은 말하길, "휴전선(38선)은 하나님이 이 민족을 시험하려고 낸 마지막 문제인지 모른다"731)고도 했다. 한민족이 처한 분단 상황은 이 민족이 당면한 역사적인 문제인 것을 넘어 온 인류 역사가 함께 풀어헤쳐야 하는 마지막 섭리 가닥이다. 이 숙업을 풀어야 인류 사회가 대립된 이념의 벽을 허물고 자유롭게 어울리는 한마당 세계로 나올 수 있다. 한민족이 분단의 문제를 딛고 인류 사회에 공헌할 수 있도록 남겨놓은 하나님의 높은 뜻이다. 분열된 세계를 통합할 사상적, 세계관적 틀을 구축해야 하는 것이 한민족이 지닌 막중한 과제이다.

지금의 인류 사회는 어떤 때보다도 동서 간의 문화 교류가 활발해 다문화 현상을 직접 체험하고 있는 중이며, 그중에서도 우리 나라는 이런 현상의 한가운데 서 있다. "오늘 한국의 문화 정황 가운데 가장 중요한 점은 다종교 상황 즉, 다원 가치 상황이다. 그런데 독단적인 자기주장과 자기 팽창으로 문제를 해결할 수 있다고 고집한다면 이것은 문화적 제국주의의 태도이고, 매우 불행한 종교 간의 마찰을 가져올 소지를 남긴다. 따라서 각 종교는 마땅히 종교 간 공존하는 슬기와 문화 균형을 유지하는 새로운 질서의 법칙을 찾아야 할 책임이 있다. 하지만 기본적으로 종교 단체 내지 종단은 전통에 입각한 보수적인 성격 때문에, 개혁의 숨결은 오히려 종단 밖의 학계에서부터 일

---

730) 『한국의 역사와 역사학(하)』, 앞의 책, p.368.
731) 『뜻으로 본 한국역사』, 앞의 책, p.391.

어날 수 있다. 문화 균형에 대한 현대적 책임은 타 종교의 존재에 대한 인정과 타 종교의 절대 신념체제에 대한 존중의 태도를 갖는 데서부터 시작되므로, 이 같은 문화적 요청은 전통적인 교리 체제 안에서 제기되고 해답을 찾을 수 있는 성격이 아니다. 현대의 다종교 상황이 요청하는 것이기 때문에 현대 지성의 맥락 속에서 그 해답을 찾아야 한다."732)

그렇다면 세계의 지성들은 그 해답을 찾았는가? 쉽게 찾을 수 없는 문제인데 우리 민족은 지니고 있는 문화 자체가 다문화, 다 가치를 분열시킨 시원 민족으로서 분열이 극한 오늘날 도리어 이들을 통합할 수 있는 문화적 역량을 본성적으로 갖추었다. 역량을 발휘할진대 다문화, 다 가치 현상을 모두 안아 인류 사회를 통합할 문명 세계를 창출하는 것은 시간 문제이다.733) 그런데 같은 한민족, 한반도에서 호흡하고 있는 동족이지만 북한은 같은 가닥을 이룬 통합 섭리에 대해 "유교를 객관적 관념론이라 규정하고, 불교를 주관적 관념론이라고 낙인찍어 이들을 모두 유물론에 대한 반동사상이라 매도하였으며 유물론만 정통으로 인정해"734) 한민족의 도도한 섭리 맥락을 동강내어 버렸다. 남은 곳은 대륙의 제일 끝자락인 남녘 땅 뿐인데, 이곳으로부터 반만 년 동안 비장된 보화들을 모두 들추어내어야 한다. 그것이 곧 뿌리 문명으로서 지닌 새 문화, 새 역사를 창조할 가능성이다.

14세기 플로렌스를 중심으로 일어난 이탈리아의 문예 부흥 운동은

---

732) 『전환기의 한국종교』, 앞의 책, pp.31~32.

733) 한민족의 역사가 인류 문명을 파생시킨 뿌리 문명이고 시원 문명인 제일의 근거는 상고 역사를 밝혀 입증한 데 있는 것이 아니라, 창조주 하나님이 반만 년의 역사를 총결산하여 한반도 이 땅에 강림하신 사실에 있다.

734) 『한국의 자기발견』, 한국정신문화연구원, 대한교과서주식회사, 1986, p.442.

해양 문명과 대륙 문명을 접한 반도국가에서 일어난 것인데, 한반도도 이만한 조건은 모두 갖추었다. 지정학적으로 대륙 세력과 해양 세력이 충돌하는 접점에 위치하고 있어 역사적으로는 수많은 전란을 겪기도 했다. 그러나 이 위치는 마치 호령의 사령탑과도 같아 이 나라를 얻는 자는 동양을 얻을 것이고 동양을 얻으면 세계를 얻을 만큼 중요하다 보니[735] 한쪽 세력의 완전한 독점을 저지하기 위해 나라까지 갈라놓고 말았다. 그러므로 우리는 그 중요한 조종석 핸들을 더 이상 남에게 내맡기지 말고 직접 휘어잡아 동양의 역사, 세계의 역사를 한민족의 의지 안에 두어야 한다. 그리고 "우리 민족은 세계에서 유례가 드물 만큼 피를 같이한 단일민족으로서의 순수성을 지켰을 뿐 아니라, 다른 나라에서는 희귀하리만큼 1천 년 동안이나 단일한 국가, 그것도 중앙집권화된 국가에서 살아 왔다."[736] 눈을 조금만 더 크게 뜨고 보아도 한민족의 역사가 지닌 특별함은 곳곳에서 발견할 수 있다. 다른 나라에도 사계(四季)는 있으며, 온대성 기후대에 속한 나라가 한두 나라이겠는가만, "우리 나라의 사계는 매우 특이하다. 대륙과 대양의 중간에 위치하여 대륙성 기후와 해양성 기후의 영향을 받아 여름과 겨울의 기온 차이가 극히 심하다. 그래서 한대·열대·온대가 모두 공존하고 있다."[737] 이런 조건은 한반도가 자원, 동식물, 정감, 사상 등 모든 방면에 걸쳐, 세계의 모든 지역에 적용 가능한 종합적인 통합 문명을 창출할 수 있는 조건을 지녔다는 의미이기도 하다. 나아가 우리 민족이 훈민정음(한글)을 창제해서 사용하게 된 것

735) 『뜻으로 본 한국역사』, 앞의 책, p.388.

736) 『한국사 특강』, 한국사특강편찬위원회, 서울대학교출판부, 1994, p.298.

737) 『뜻으로 본 한국역사』, 앞의 책, p.86.

은 인류 사회를 한 언어로 소통시켜 통합 문명을 건설할 수 있는 핵심 기반이다. 인류가 만교와 영통한 언어와 문자를 가질 수 있다면 그것은 세계가 하나 되는 길에 있어 가장 실질적인 기반이다.

반만 년을 이어온 한민족의 역사가 겉으로 보기에는 가시 면류관을 쓰고 걸은 불행한 민족 같지만, 사실은 어떤 민족보다도 하나님으로부터 사랑받은 민족이고, 은혜 입은 역사이며, 오랜 세월 성령의 역사가 함께했던 나라이다. 하나님이 가호하시고 긍휼히 여기셨기 때문에 지금까지 지켜졌다. 반만 년 동안 이어진 국맥을 살필진대, 한민족이 하나님의 혈통을 이은 천손(天孫)이란 주장은 결코 빈말이 아니다. 이스라엘 민족은 자칭 선민(選民)738)이라고 믿어 특별한 의식을 가지고 있지만, 하나님과 이룬 약속을 파기해 버려, 한때는 총애를 받았을지 몰라도 지금은 단절되고 말았다. 그러나 한민족은 선민이 아니라 천손으로서 민족을 이룬 천민(天民=하늘 백성)이기 때문에, 계약을 하고 파기할 수 있는 그런 관계가 아니다. 단군 역사가 시사한바, "한민족은 한임(하나님)의 자손이요, 한임은 우리의 조상이신 천부(天父)이시다. 하나님을 주님으로서 받든 유대인의 천주(天主) 사상과는 차원이 근본적으로 다르다. 천부 사상은 천신(天神), 곧 하나님이 나를 낳아 주셨다고 한 생부(生父)로 받든 사상이기 때문에 하나님을 친아버지같이 사랑하고 존경하고 친근하게 대하여 항상 가까이 모시고 하나가 된다."739) 천부적인 혈통을 이어 한민족이 하나님의 정통 섭리를 계승하게 된 것이나니, 이 놀라운 혈통적 비밀이 하나님의 지상

---

738) "선민사상은 神을 역사라는 무대에서 공연되는 연극의 연출가로서 생각하여 神이 그 뜻을 실현하기 위해 어떤 민족을 선택하였으며, 이 선택된 민족이 지상을 다스려 갈 것으로 가정하는 이론이다." - 『역사주의와 역사철학』, 이한모 저, 문학과 지성사, 1990, p.5.

739) 『전환기의 한국종교』, 앞의 책, p.118.

강림 역사로 밝혀지게 되었다. 하나님이 반만 년 동안 어떻게 한민족의 역사와 함께하실 수밖에 없었던 것인지 속 깊은 뜻을 알 수 있다.

그러므로 한민족은 자체 역사 속에 새겨진 놀라운 섭리 뜻을 자각함으로써 민족의 혼에 사명의 불을 활짝 지펴야 한다. 비장된 섭리 가닥을 풀진대, 그 영향은 그대로 인류를 구원하는 역사로까지 이어진다. 하나님의 뜻을 자각함과 동시에 한민족은 인류 역사를 주도할 중심 민족이 되리라. "주 예수를 믿으면 너와 네 집이 구원을 얻으리라"[740]고 했는데, 하나님이 이 땅에 강림하신 뜻을 안다면 온 인류가 구원되리라. 그래서 하나님은 역사를 통해 항상 택정한 민족을 세웠던 것이나니, 그와 같은 역사 본이 오늘날은 한민족을 통해 실현되어 한민족이 만 인류를 구원하기 위해 역사의 전면으로 나서게 되었다.

한민족은 하나님이 말세에 만민을 구원할 수 있도록 예비해둔 민족이고 하나님의 영광을 이룰 천손이란 사실을 분명하게 자각해야 하나니,[741] 그리해야 한민족도 하나님을 찾게 되고 그 품 안에 안길 수 있다. 천부의 사랑과 은혜를 알고, 하나님과 함께하는 지상 천국을 건설할 대열에 참여하리라. 세계사의 섭리 목적이 한민족의 역사를 통해 현실화되고 이 땅 위에서 본격화되리라. 우리의 마음이 다한 곳에는 道가 있고, 우리의 진리가 다한 곳에는 하나님이 계시며, 우리의 사랑이 다한 곳에는 천국이 머물러 있나니, 마음을 다하고 정열을 다하고 사랑을 다한 그곳에는 정녕 나의 어머니가 계시고 나의 하나님이 계시며 천국 본향이 다 함께 존재하리라. 만백성이 빠짐없이 入道, 入神, 入國할 수 있도록 거룩한 혼을 기꺼이 바쳐라.

---

740) "가로되 주 예수를 믿으라. 그리하면 너와 네 집이 구원을 얻으리라." - 사도행전 16장 31절.
741) 하나님이 한민족의 역사 위에 두신 섭리 뜻을 통해 확인함.

하나님이 왜 무엇 때문에 길을 세우셨고 한민족의 역사와 함께하셨는가? 이 뜻을 알아야 하나님이 先天 하늘에서 인류 역사를 주재하신 놀라운 섭리 뜻을 받들 수 있다. 인고를 다해 통찰할진대 그곳에서 우리는 정말 태초로부터 좌정해계신 거룩한 보좌 위의 하나님을 뵈옵게 되리라. 온 인류가 그렇게 찾아 헤매었던 진리의 본체가 그곳에 있고, 하늘을 우러러 간구한 아버지 하나님이 거기에 계시나니, 사랑하는 민족이여! 세계여! 인류여! 그대들은 강림하신 하나님이 이 땅에 영원히 거하실 수 있도록 믿음을 일깨울지어다. 뜻을 보위하여 일어설지어다. 天命으로 세계를 통합할지어다.

염기식

1957년 경남 진주 출생
진주고등학교 졸업(47회)
경상대학교 사범대학 체육교육과 졸업
ROTC(19기) 임관
서남대학교 교육대학원 졸업
1984년 교직에 첫발을 내디딤(현 교사)
자아와 세계에 대해 눈떴을 때부터 세상의 분파된 진리에 대해 의문을 품고 '길은 어디에 있는가'란 명제 하나로 탐구의 길에 나서 현재까지(56세) 다수의 책을 저술.

『길을 위하여』Ⅰ(1985)
『길을 위하여』Ⅱ(1986)
『길을 위하여』Ⅲ(1990)
『세계통합론』(1995)
『세계본질론』(1997)
『세계창조론 서설』(1998)
『세계유신론』(2000)
『세계섭리론』(2004)
『세계수행론』(2006)
『가르침』(2008)
『세계도덕론』(2008)
『통합가치론』(2008)
『인간의 본성 탐구』(2009)
『선재우주론』(2009)
『수행의 완성도론』(2009)
『세계의 종말 선언』(2010)
『미륵탄강론』(2010)
『용화설법론』(2010)
『성령의 시대 개막』(2011)
『역사의 본질 탐구』(2012)
「진로의사 결정유형과 진로의식 발달수준과의 관계」(2006)

세계의 섭리 역사

초판인쇄 | 2012년 4월 13일
초판발행 | 2012년 4월 13일

지 은 이 | 염기식
펴 낸 이 | 채종준
펴 낸 곳 | 한국학술정보㈜
주   소 | 경기도 파주시 문발동 파주출판문화정보산업단지 513-5
전   화 | 031) 908-3181(대표)
팩   스 | 031) 908-3189
홈페이지 | http://ebook.kstudy.com
E-mail | 출판사업부 publish@kstudy.com
등   록 | 제일산-115호(2000. 6. 19)

ISBN   978-89-268-3265-3 93230 (Paper Book)
        978-89-268-3266-0 98230 (e-Book)

내일을여는지식 ■ 은 시대와 시대의 지식을 이어 갑니다.